10|18
12, avenue d'Italie — Paris XIIIe

Du même auteur
aux Éditions 10/18

TANTE MAME, n° 2985

AUTOUR DU MONDE AVEC TANTE MAME

PAR

PATRICK DENNIS

Traduit de l'américain
par Alain DEFOSSÉ

10|18

« Domaine étranger »
dirigé par Jean-Claude Zylberstein

SALVY

Sur l'auteur

Patrick Dennis, de son vrai nom Edward Everett Tanner, né à Chicago en 1921, est mort en 1976. Après des études classiques, il fait ses débuts en littérature comme « nègre », puis écrit plusieurs livres, dont *Tante Mame*, qui fut refusé par douze éditeurs avant d'être accepté par Vanguard Press qui en vendit deux millions d'exemplaires. *Tante Mame* fut ensuite adapté au théâtre, au cinéma et sous forme de comédie musicale.

Titre original :
Around the World with Auntie Mame

ISBN 2-264-02425-9

À la seule et unique
Rosalind Russell.

CHAPITRE I.

TANTE MAME ET LA POSTÉRITÉ.

Noël approche, et je le vois arriver avec une répugnance grandissante. Les boutiques qui n'avaient pas installé leurs décorations pour la Saint-Michel ont rattrapé leur retard pour Halloween, avec une ostentation sans vergogne. Partout, on n'entend que chants de Noël bêlés à la radio et dans les rues. Les vendeuses de chez Saks sont plus maussades encore, celles de chez Lord & Taylor plus hautaines, celles de chez Bergdorf plus fielleuses qu'en toute autre saison.

Partout, je vois des enfants que l'on traîne par la main jusqu'au rayon des jouets pour y rencontrer de braves Pères Noël, dont le simple souvenir vide mon compte en banque. Matin et soir, je croise dans le train des pères chargés d'énormes paquets, des hommes qui ne parlent plus impôts, ni politique, ni Bourse, mais de leur difficulté à monter un train électrique ou une bicyclette anglaise.

J'ai appris à détester mon bureau. Rien ne m'y attend — un message de ce jeune blanc-bec du Département d'État m'annonçant que nous ne possédons toujours aucune information fiable, mais que les recherches se poursuivent activement ; un télégramme de la comtesse d'Upshot (anciennement Vera Charles) déclarant qu'elle les a manqués de peu aux obsèques de l'Aga Khan, en juillet dernier, mais qu'elle *pense* les avoir vus à l'aéroport de Copenhague, en septembre ; une lettre interminable autant qu'incohérente de mon détective londonien, Percy Pankhurst (« L'Œil qui Voit Tout »), m'assurant que l'agence est sur les dents et sur leurs talons, et me demandant une rallonge de cent livres.

Je déteste plus encore rentrer le soir chez moi. Notre demeure, vaguement géorgienne, est située à Verdant Greens, localité de quelque deux cents maisons, dans quatre styles différents, située à un peu plus d'une heure de New York, lorsque le train n'est pas en retard. Ma femme et moi la détestons, tout comme nous détestons Verdant Greens. Nous nous y sommes installés à la naissance de notre fils, afin qu'il pût jouir des espaces verts, de l'air pur, et d'une éducation relativement médiocre sous la férule incisive et omniprésente des Mères de Verdant Greens, orgueilleuses de leurs trois mots de jargon psychiatrique. Et à présent, ma femme et moi avons également commencé de nous détester l'un l'autre. Notre petite maison trop onéreuse, mal fichue — sept pièces, deux salles de bains et demie, combles aménagés — n'est plus qu'une coque vide, une prison où végètent deux êtres solitaires, muets, dépossédés de tout. Le fils, l'enfant pour qui cette maison avait été achetée, n'est plus. Il a disparu, kidnappé en 1954.

Quand je parle de kidnapping, je n'évoque nullement des demandes de rançon, ni l'échelle dressée contre le mur. Il nous a quittés juste après son septième anniversaire, avec notre bénédiction et force baisers d'adieu. Nous lui avons même fait signe à Idlewild, tandis qu'il s'envolait vers l'Inde dans le gros avion de la Pan American. Mais depuis, nous ne l'avons plus revu — et les nouvelles ont été rares. Nous étions en juin 1954. Il était censé revenir à temps pour la rentrée des classes. Deux ans et demi se sont écoulés, et nous voilà de nouveau face à un Noël mélancolique, sans Michael. Et tout cela parce que Tante Mame s'était entichée de notre fils, et voulait l'emmener faire un petit voyage !

Ma tante Mame est une femme très particulière. Elle m'a élevé depuis l'âge de dix ans, quand je devins orphelin. Non que quiconque en eût émis le souhait — loin de là —, ni qu'elle eût ressenti le désir de prendre en charge un petit garçon abandonné, alors qu'elle était au sommet de sa gloire, en 1929. Simplement, elle était ma seule parente encore en vie. Imposés l'un à l'autre, nous dûmes nous en tirer aussi bien que possible.

Elle m'éduqua, effectivement, mais à sa manière désordonnée, et sous les regards horrifiés de mon administrateur, Mr. Dwight Babcock, de la Knickerbocker Trust Company, membre du corps enseignant de St. Boniface Academy, Apathy, Massachusetts (où il avait fini par m'inscrire, après les initiatives de Tante Mame en matière d'éducation moderne), et, parfois, sous mon propre regard horrifié.

Tante Mame et moi vécûmes dans de multiples lieux. Il y eut le grand duplex de Beekman Place, dans les années vingt, quand elle s'appelait encore Miss Dennis ; elle était riche alors, et en pleine période japonaise. Ensuite, ce fut une petite maison à Murray Hill, pendant la Dépression, avant qu'elle ne rencontre l'amour, le mariage, et une fortune largement accrue, sous le nom de Mrs. Beauregard Jackson Pickett Burnside. Nous passâmes quelque temps dans une plantation en Géorgie, avec Oncle Beau. Sur quoi, Tante Mame devenue la neuvième veuve la plus riche de New York, nous emménageâmes dans un vaste hôtel particulier de Washington Square. Nous voyageâmes également beaucoup, résidant dans diverses parties du monde, jusqu'à mon mariage. Ensuite, l'adresse de Tante Mame — dans la mesure où elle demeurait assez longtemps en place pour en avoir une — fut l'hôtel St. Regis. Aujourd'hui, j'ignore où elle vit. Et j'aimerais bien le savoir, car c'est là que vit également mon fils Michael. À supposer qu'il soit encore de ce monde, évidemment.

Mais aussi particulières, excentriques — ses détracteurs n'hésitent pas à utiliser des termes tels que « pathologiques » ou « dépravées » — qu'eussent été les conceptions de Tante Mame en matière d'éducation, je crois que je n'eus jamais à en souffrir.

Point de vue, toutefois, que ne partage pas mon épouse Pegeen. Lorsque je suis rentré à Verdant Greens, hier soir, celle-ci m'attendait sur le pas de la porte.

« Il ne fait pas chaud », dis-je en l'embrassant. « Il y a du courrier ? Je veux dire, une de ces abominables cartes de Noël, par exemple ? »

Pegeen savait parfaitement ce que je voulais dire. Elle n'en fit pas mystère :

« Je sais très bien ce que tu veux dire. Ce que tu veux dire, c'est : "Avons-nous reçu des nouvelles de notre enfant, ou de cette folle qui nous l'a enlevé ?" La réponse est non. Et c'est la même depuis quatre mois. Non ! Non ! Non et non ! Écoute, Patrick, je ne mange plus, je ne dors plus, je n'arrive même plus à penser, tellement je suis inquiète à l'idée que notre bébé est entre les griffes de cette vieille maniaque. Notre pauvre petit Michael est peut-être mort et enterré, et nous n'en savons rien.

— Oh, cela m'étonnerait. On nous aurait sûrement prévenus.

— Prévenus ? On nous prévient de quoi ? Six télégrammes, quelques cartes postales minables — le Taj Mahal, un sauna à Tokyo, une lamaserie au Tibet, un immeuble de Tel-Aviv qui ressemblait plutôt à une commode avec ses tiroirs ouverts, le Hilton d'Istanbul, le Festival Mozart de Salzbourg, *Animation sur la pla-*

ge * au cap d'Antibes. Une douzaine de trucs dans ce genre, et rien, pas un mot de plus sur notre enfant, en deux ans et demi !

— Ce n'est pas tout à fait exact, Pegeen. Michael et Tante Mame se sont parfaitement souvenus de nos anniversaires, de celui de notre mariage, de Noël — et ils n'ont pas lésiné. Je porte toujours ce...

— Noël... Comment oses-tu *prononcer* ce mot ? Cela va être notre troisième Noël sans le petit. Ne sais-tu pas que les gens commencent à parler, à Verdant Greens ?

— Oh, je suis certain que tous les gens parlent beaucoup, mais c'est rarement assez digne d'intérêt pour...

— Ce gosse va avoir dix ans. La dernière fois que je l'ai vu, il en avait sept. Il ne sera jamais louveteau. *Je* ne serai jamais marraine des louveteaux.

— En tout cas, *pas* si j'ai mon mot à dire, en effet.

— Bon, je dramatise peut-être un peu. Mais pense à tout ce qu'il manque. Une éducation digne de ce nom. La compagnie d'enfants de son âge. Le sport. Le catéchisme.

— C'est absurde », dis-je d'un ton aussi neutre, aussi détaché que possible. De fait, j'étais aussi inquiet que Pegeen quant au sort de Tante Mame et de Michael, mais il n'était pas question de le lui montrer. « Comme le disait Tante Mame, je pouvais apprendre plus de choses en dix minutes dans son salon qu'en dix ans à l'école. Et elle avait raison. J'ai vu plus d'enfants de mon âge que je n'en souhaitais. Et pour Noël, elle m'a toujours offert des cadeaux fantastiques.

— Par exemple ? »

Ceux dont je me souvenais, à brûle-pourpoint, n'étaient guère faits pour rasséréner une mère aux

* Les mots en italique suivis d'un astérisque sont en français dans le texte. *(N.d.T.)*

abois : un alligator vivant, un sabre de samouraï, un chimpanzé, qui n'avait d'ailleurs pas tardé à mourir, et un abonnement à vie chez Arthur Murray.

« Oh, je ne sais pas. Mais toujours des choses vraiment bien choisies.

— Mais ne te rends-tu pas compte qu'elle nous a littéralement volé notre enfant ? S'il entrait dans cette pièce, à l'instant, il ne reconnaîtrait même pas ses parents. Oh, je vois clair dans son jeu. Moi aussi, je suis femme. Elle projette de nous l'enlever définitivement, de le former selon son caprice, de lui apprendre la vie selon *ses* conceptions — la vie telle que la voit Mame Dennis Burnside —, de sorte qu'il finira aussi écervelé, aussi désaxé qu'elle.

— Une seconde, si tu veux bien... Elle m'a élevé depuis l'âge de dix ans, jusqu'à ce que je m'échappe... je veux dire, jusqu'à ce que je te rencontre. Tu me trouves à ce point désaxé ? Est-ce que je n'arrive pas à prendre une douche tous les matins, à occuper un poste convenable dans une société réputée ? Me vois-tu collectionner des bottes cloutées et des fouets dans la cave ? Ai-je jamais oublié de payer mes impôts, ou de rentrer à la maison par le train de 18 h 03 ? Parfois, je souhaiterais même être un peu plus original — un peu moins terne.

— Moi aussi. Mais là n'est pas le problème. Le problème, c'est que ta tante Mame est partie avec notre fils depuis deux ans et demi. Elle nous avait promis qu'il serait de retour pour la rentrée des classes, et nous voilà en 1957, et...

— Il faut être honnête, Pegeen. Tante Mame n'a jamais précisé de *quelle* rentrée il s'agissait.

— Ne m'interromps pas ! Elle a pris le pouvoir, petit à petit. Tout d'abord, un télégramme nous suppliant de le lui laisser jusqu'à Noël. Jamais je n'aurais dû accepter, mais bon... Ensuite, une longue lettre pour nous dire combien il était doué pour le ski, et comme la neige était merveilleuse à Chamonix, et quel don il montrait pour le français. C'est avec le français qu'elle m'a eue. Elle *savait* que j'ai une passion pour Racine.

— Pour ma part, je l'ai toujours trouvé plutôt barbant.

— Ensuite, nous apprenons que Sa Grâce a emmené notre fils à Aqualung, où il s'amuse avec des requins, des barracudas, et je ne sais quoi encore.

— Mon Dieu, tu craignais qu'il ne fasse pas assez de sport...

— Après quoi, une extraordinaire occasion de pénétrer dans la Cité Interdite, histoire de rigoler un peu avec le Dalaï-Lama. Puis une audience papale. Puis l'archevêque de...

— Tu craignais pour son éducation religieuse...

— Je crains pour *tout*. C'était déjà assez pénible, quand nous savions où il se trouvait. Mais cela fait quatre mois que nous n'avons plus de nouvelles — ni lettre, ni télégramme, pas même deux lignes griffonnées sur une carte postale. Ta cinglée de tante a perverti notre enfant, j'en suis sûre ; elle lui a appris à fumer, à boire, à se droguer...

— Ne sois pas ridicule ! À six ans, il dérobait des cigarettes. Tu l'as toujours laissé renifler ton flacon de dissolvant. Et ton père, dès le berceau, l'a gorgé de bière. Tante Mame est peut-être excentrique, mais pas irresponsable. En ce qui me concerne, je ne suis nullement inquiet, mentis-je.

— Tu vois bien ! Elle a fait de toi un père dénaturé. Eh bien, moi, je suis très, très inquiète. Je suis malade d'inquiétude ! Il est trop *jeune*, et elle est trop *vieille*.

— Elle t'arracherait les yeux, si elle t'entendait. Par ailleurs, c'est une remarquable compagne de voyage, je peux en témoigner. Elle m'a emmené autour du monde, et où suis-je à présent ? À Verdant Greens. Homme entre deux âges, marié, installé, qui prend du poids et perd ses cheveux.

— Et quand t'a-t-elle emmené autour du monde ?

— Oh, il y a longtemps de cela. Avant la guerre.

— Tu ne m'en as jamais parlé...

— C'est vrai ? Mon Dieu, sans doute parce qu'il n'y a pas grand-chose à en dire. C'était juste un voyage en touristes.

— Eh bien, nous avons toute la nuit devant nous. Raconte-moi. C'était quand, ce fameux périple ?

— Oh, cela remonte à loin. À dix, quinze, vingt ans. C'était en 1937 exactement, juste après que j'ai été viré... que j'ai quitté St. Boniface Academy, avant mon entrée à l'université.

— Et *combien* de temps êtes-vous partis ?

— Mon Dieu, pour une durée indéterminée. Les séjours de Tante Mame sont presque toujours d'une durée indéterminée, et elle est rarement là où on l'attend, à l'heure prévue. Ce qui peut expliquer pourquoi Michael tarde tant à rentrer.

— Deux *ans* et demi ?

— Si nous prenions un verre, ma chérie ?

— Reste assis et commence. Je m'en occupe. Vas-y, je t'écoute.

— Tu sais, il n'y a pas grand-chose à raconter. Michael a commencé par l'Inde. Nous, nous avons fait le chemin inverse.

— Comment cela, le chemin inverse ?

— Eh bien, nous avons embarqué sur le *Normandie* en mai 1937. Quel bateau !

— Oui, je connais », dit Pegeen, me tendant un verre. « Continue.

— Nous n'allions pas emmener Ito avec nous...

— Tu veux parler de cette espèce de petit Japonais qui lui servait de domestique, cet être inepte qui ne cessait de ricaner bêtement ?

— Ito a toujours été un ami précieux », dis-je, très digne. « Pour Tante Mame, et pour moi également. Il nous a rejoints plus tard, mais nous sommes partis seuls tous les deux — dans la suite Deauville du *Normandie*, dînant chaque soir à la table du capitaine, avec la pompe et le cérémonial que tu peux imaginer. Voilà, c'est à peu près tout.

— Continue, répéta Pegeen, d'un ton qui ne souffrait pas la discussion.

— Mon Dieu, si ma mémoire ne m'a pas complètement abandonné, le *Normandie* accostait en France.

— Et... ?

— Et donc, nous sommes allés à Paris... »

CHAPITRE II.

Tante Mame dans la Ville Lumière.

« Tu es vraiment ridicule, de t'inquiéter ainsi », dis-je, tentant désespérément de dissimuler mes propre craintes. « Comment veux-tu qu'il lui arrive quoi que ce soit, alors qu'il fait le tour du monde avec sa grand-tante ? C'est tout de même une femme d'âge mûr, et elle n'est pas du genre à débaucher un gamin de dix ans.

— Elle a pourtant essayé, avec toi, et sérieusement.

— Vraiment, tu exagères », fis-je, outré. « Elle n'a rien essayé du tout. Prends Paris, par exemple. Qu'est-ce que les gens rapportent de Paris, généralement ?

— Une sale maladie ?

— Absolument pas ! Ils en rapportent des souvenirs : la tour Eiffel, le Louvre, Versailles, des choses de ce genre.

— Et qu'avez-vous fait tous les deux, à Paris ?

— Rien de très particulier. Nous sommes allés dans les endroits habituels : Notre-Dame, le Bon Marché, Maxim's. Nous avons visité les musées, les galeries d'art, les églises, et...

— Et... ?

— Ah, oui, nous sommes allés aussi au Théâtre-Français.

— Et alors ?

— Alors c'est tout. »

Ce n'était pas tout, mais j'aurais préféré être pendu par les pouces que de raconter le séjour de Tante Mame à cette pauvre Pegeen.

« Ah, Patrick, mon petit amour », s'exclama Tante Mame, serrant fort ma main dans la sienne, « ne ressens-tu pas la magie de Paris ? *Paris mon cœur ! La Ville lumière* ! »*. Le chauffeur tourna brusquement au coin de la rue Saint-Honoré, projetant Tante Mame sur le plancher du taxi. « *Merde* ! »* fit-elle.

Oui, dis-je, je sentais bien la magie de Paris, mais Tante Mame ne se sentirait-*elle* pas infiniment mieux en demeurant tranquille, bien assise sur la banquette, jusqu'à ce que nous soyons arrivés à l'hôtel ? Elle réajustait encore son chapeau aérodynamique quand la voiture, à une allure plus raisonnable, traversa la place Vendôme pour nous déposer devant le Ritz.

Pour Tante Mame, Paris évoquait plus un grand magasin de luxe, une sorte d'immense Macy's, qu'une métropole, et le Ritz était situé à un jet de pierre de chez Schiaparelli, Chanel, Elizabeth Arden, Cartier, et autres boutiques qu'elle honorait volontiers de sa clientèle. Elle fut enchantée en découvrant l'immense bouquet que César Ritz en personne avait fait porter dans son salon.

« Ah, ce cher vieux Mr. Ritz », fit-elle, avec une ombre de mélancolie, « il ne m'oublie jamais.

— Rares sont ceux qui vous oublient », dis-je, parcourant du regard la splendeur Louis XVI de la suite.

Après avoir ôté ses gants et gratifié le porteur d'un pourboire extravagant, Tante Mame laissa son regard rêveur se perdre sur la place Vendôme, dans la direction approximative de chez Schiaparelli.

« Ah, mon petit trésor », répéta-t-elle, « *Paris mon cœur* ! Revoir cette ville fabuleuse, cette perle de la civilisation, par ton regard bleu et pur. Quelle merveille ! Et maintenant, sois un amour et commande-moi un side-car — et quelque chose pour toi aussi, bien sûr — pendant que je m'organise un peu et que j'appelle Vera. Elle aussi est descendue ici. »

La standardiste du Ritz se remettait juste du choc d'avoir redécouvert les verbes irréguliers français tels que je les avais appris à St. Boniface, quand Tante Mame réapparut en coup de vent dans le salon et prit le combiné. Après deux méchantes décharges électriques et quantité de friture, elle eut Vera en ligne, ce qui donna lieu à un bref jaillissement de français enthousiaste. « *Vera, chérie ! C'est moi ! Je suis ici**... Vera, je te dis que je suis là », traduisit Tante Mame, non sans impatience. « Oui, c'est Mame, je suis ici, au Ritz. Avec Patrick. Descends nous voir. *À bientôt* *!... Mais non, idiote, ça veut dire “À bientôt”. »

Tante Mame raccrocha et tendit les bras en un geste théâtral.

« Ah, mon petit amour, n'est-ce pas divin ! Tu es là, et j'ai l'Europe à te faire découvrir avant que tu n'entres à l'université — un jeune compagnon intelligent, charmant, avec lequel partager la culture suprêmement raffinée d'une civilisation ancestrale, empreinte de sagesse et d'histoire. Toi, l'Europe, et Vera. Oh, Patrick, je le sens, jusqu'au tréfonds de mon être, cela va être l'été le plus extraordinaire de ma vie ! Bon, qu'est-ce qu'il fait avec mon cocktail, le garçon d'étage ? Et Vera, qu'est-ce qui la retient ? »

On frappa à la porte, et le garçon et Vera apparurent simultanément. Celle-ci avait cependant trouvé le moyen de dérober le side-car de Tante Mame sur le plateau, et l'avait déjà à moitié bu.

« Chérie ! » s'exclama Tante Mame.

« Chêêêhie ! » s'exclama Vera.

Il est inutile de présenter Vera Charles à quiconque

est allé par hasard au théâtre entre la guerre d'Indépendance et celle de Corée. C'était un mannequin extraordinaire, qui « arrachait » les toilettes les plus extravagantes — et une comédienne, éventuellement. Une star absolue, dont on disait qu'elle avait tué plus de producteurs que l'alcool, la crise cardiaque et le suicide réunis. Elle était également la meilleure amie de Tante Mame — la plupart du temps. Ce jour-là, elle faisait très parisienne, avec son tailleur de chez Molyneux, ses renards, ses perles, sa chevelure teinte au henné et savamment relevée, et un visage d'au moins dix ans plus jeune que celui que je lui avais vu deux ans auparavant.

« Mame, ma chêêêhie », commença Vera d'une voix de tragédie, « quel dommââââge que tu aies manqué mon triomphe à Londres, mais lààà, tu vas enfin me voâhhh' envoûter Paddiss ». Quoique native de Pittsburgh, Vera avait adopté un accent de Mayfair si farouchement élégant que les Anglais eux-mêmes ne comprenaient pas grand-chose à ce qu'elle disait — ce qui expliquait peut-être son immense succès sur les scènes londoniennes. Les deux ladies s'étreignirent derechef, embrassant l'air, sur quoi Vera passa aux choses sérieuses.

Par « choses sérieuses », je veux dire que, durant la demi-heure qui suivit, Vera parla exclusivement de Vera. Elle nous raconta son triomphe à Londres, où elle était devenue l'idole du Palace ; nous narra en détail comment on l'avait suppliée de venir à Paris pour apparaître au festival d'été afin, sans doute, d'ajouter un peu d'éclat à la saison au cours de laquelle se produisaient de parfaits inconnus, tels Noël Coward, Yvonne Printemps, Maurice Chevalier et Joséphine Baker. Le garçon d'étage réapparut, chargé d'un plateau couvert de side-cars et, au fur et à mesure que les deux amies sirotaient, Vera se faisait de plus en plus enthousiaste.

« Oui, chêêêhie », continuait-elle, « c'est une chose que d'avôahhh' toute l'ÂÂÂmérique à ses pieds, que d'êêêth' l'idole de tout Londres, mais ce qu'il faôt à une comédienne de mon *envergure*, c'est un triomphe sur le Continent. Et vous vôalah', mes chêêêah', mes fidèles âââmis, pour pââåhtager avec môa cet instant extraordinêêêah' ! ». Sur quoi, dans un mouvement d'une modestie suprêmement élégante, elle tendit la main vers un autre side-car.

Tante Mame s'intéressait énormément au théâtre. En fait, Vera et elle s'étaient rencontrées dans une troupe itinérante qui jouait *Chu Chin Chow* à l'époque de la Première Guerre mondiale. Elles avaient joyeusement levé la jambe de concert, au deuxième rang des girls, jusqu'à ce que mon grand-père, ayant eu vent de la chose, ne renvoie Tante Mame à l'école. Cependant, ma tante demeurait passionnée par les planches et prétendait que le fard gras lui coulait dans les veines.

« Quelle merveille, Vera ! » roucoula Tante Mame. « Patrick et moi serons là pour la première, et nous applaudirons jusqu'à nous en briser les mains. Mais, dis-moi, ma chérie, euh, en quelle langue vas-tu...

— Mais, en français, *nattturellement* », fit Vera d'un ton offusqué.

Ce qui ne manqua pas de nous sembler très étrange, car elle parvenait à peine à parler anglais.

« Mais Vera, de quelle pièce s'agit-il ? insista Tante Mame.

— Eh bien, ce n'est pas vraiment une œuvre dhââmatique, ma chêêêah », répondit-elle, mal à l'aise. « Je suis aux Folies-Bergère.

— *Vera !* » s'exclama Tante Mame. « Tu ne vas tout de même pas revenir au *cabaret*, après tant d'années ? »

S'il existait une chose que Vera n'aimait pas qu'on lui rappelle, c'était bien ses humbles débuts dans des troupes itinérantes — non qu'à l'époque elle eût fait quoi que ce soit dont elle eût à rougir, mais cela ne convenait simplement pas à son personnage de Première Dame du Théâtre Américain. « Bien sûr que non », répondit-elle d'un ton froid. « Mais il se trouve, vôas-tu, que les Folies sont l'équivalent françaiaaah' de la *commedia dell'arte*. Ils n'ont même pas d'allée centrale, mais une sorte de promenâââde illuminée, tout autouah' de la fosse d'orchesth'. J'ai bien voulu accepteah' un rôle sérieux — celui de la Grande Catherine. Un peh'sonnâââge dh'âââmatique. Et de plus — la voix de Vera perdit soudain toute sa théâtralité pour retrouver son pur accent de Pittsburgh, celui qu'elle avait quand elle était en colère ou parlait argent —, ils me paient deux mille balles par semaine — en dollars, hein, pas en francs —, pour un quart d'heure de boulot chaque soir. Et *pas* de matinées. »

Que Vera envisage de tenter quelque chose d'aussi *déclassé** qu'une apparition sur une scène de music-hall, même si les Folies-Bergère étaient, pour ainsi dire, le « Met » européen, laissait Tante Mame quelque peu sceptique. Ainsi aiguillonnée, et ne reculant plus devant la dépense, Vera, d'une longue foulée élégante, se dirigea vers le téléphone et demanda au concierge de nous prendre trois places aux Folies-Bergère, pour le soir même, à porter sur la note de Madame Vera Charles.

Quand nous nous installâmes, l'orchestre ne s'était pas encore accordé, et je venais d'apprendre qu'en France on donne un pourboire aux ouvreuses — expérience perturbante autant que coûteuse, quand on n'a pas de petite monnaie sur soi. Enfin, les lumières s'éteignirent, le rideau se leva, et la revue commença à grand fracas, étalant sa misérable splendeur. En fait, les Folies-Bergère étaient, et sont demeurées, une espèce de Radio City Music Hall dont les danseuses auraient non seulement des jambes mais aussi une poitrine — mais en beaucoup plus sophistiqué, et beaucoup moins professionnel. Avant-guerre, le spectacle était d'ailleurs plus sophistiqué qu'aujourd'hui ; probablement parce que les costumes et les décors étaient beaucoup plus récents, et les filles beaucoup plus jeunes. Mais c'était déjà le même spectacle, immuable, interminable, car les revues françaises se glorifient de la quantité, plus que de la qualité. Il y avait les inévitables danseuses anglaises et hongroises (il est rare de trouver une Française dans les revues françaises) qui couinaient « Allo, 'oney » à intervalle régulier, avec un mélange de faux accents français destiné à satisfaire le public anglophone. Il y avait les éternels numéros de funambule et les sketches grivois ; les cyclistes à une roue, les acrobates, les chanteuses à voix, les travestis, les contorsionnistes. Et aussi, et surtout, les *tableaux vivants**, avec leurs effets aquatiques, leurs effets de fontaine, leurs effets de feu, leurs effets de miroir et, évidemment, les femmes.

Les femmes descendues des cintres, catapultées du sous-sol. Les femmes suspendues à des câbles fragiles, perchées sur des colonnes vacillantes. Les femmes alignées jusqu'aux allées poussiéreuses, ou étagées sur de longs escaliers sinueux. Les femmes errant sur la scène, couvertes de paillettes ternies, de perruques douteuses, de plumages déplumés et de fourrures pelées, suivies de traînes crasseuses.

Vers la fin du premier numéro, Tante Mame commença de piquer du nez, sur quoi Vera lui donna un vicieux coup de coude dans les côtes.

Les girls ne cessaient d'affluer sur scène, agitant sans relâche leur paire de hanches et de maracas dans le tableau sud-américain. Titubant sous leurs immenses robes à paniers dans le tableau *À la Cour de Versailles*. Suant à mort sous leurs fourrures dans le tableau *Hiver*. Grelottant, les pieds entravés par une queue de sirène et les bras grenus de chair de poule, dans *Sous la Mer*.

Fléchissant sous le fardeau de faux masques d'ivoire dans *En Chine*. Réapparaissant vaillamment dans des robes à crinoline, et couronnées d'anglaises, pour *Dans le Vieux Sud*, numéro pour lequel on avait aimablement traduit en français un panaché de negro spirituals. Bref, les Folies-Bergère vous en donnaient pour votre argent.

« Vera », dit Tante Mame en étouffant un bâillement, durant *Les Oiseaux de Paradis*, « tu ne songes pas sérieusement à te commettre dans une mascarade aussi sinistre.

— Tais-toi », siffla Vera. « Le grand numéro dramatique vient après. »

Il vint, en effet.

À l'époque, la direction des Folies-Bergère proposait à ses spectateurs au moins un tableau dramatique, présentant généralement une Reine de Tragédie, et toujours une Grande Vedette, une demi-douzaine de changements de décors et de costumes, des filles à la pelle, et un homme ou deux. Cette initiative a été abandonnée depuis le boom touristique de l'après-guerre. Pour cette revue des Folies, la Reine Tragique était Mary d'Écosse. Et elle était tragique, certes, mais au moins gardait-elle quelque chose sur le dos. Tante Mame se trouva infiniment soulagée en constatant que son amie Vera n'aurait rien d'autre à faire qu'arpenter la scène en beuglant sur ses amours perdues, et effectuer une série de rapides changements de costume, passant d'une tenue sophistiquée à une autre, plus sophistiquée encore.

« Bien », dit Tante Mame. « Ça y est, j'ai vu de quoi il s'agit. On file. »

Comme nous partions, les girls — ficelées dans des métrages de dentelle sale et affublées de tricornes — déboulaient sur la scène dans des gondoles particulièrement improbables pour le *Grand Tableau Vénitien*.

« Minable. » Ainsi Tante Mame qualifia-t-elle la

revue. Mais elle comprenait également que le lucre fût l'unique motivation de Vera, car deux mille dollars par semaine était une somme extraordinaire, à Paris, en 1937. Et Vera aurait vendu sa mère au diable pour deux dollars, cash.

Après cette soirée, notre vie parisienne se fit tranquille, presque routinière. Le matin, j'allais me promener seul, en touriste, tandis que Tante Mame et Vera commandaient force créations audacieuses de Vionnet, Alix, Maggy Rouff et Lucien Lelong. Chaque jour, elles apparaissaient à déjeuner dans des tenues inédites et « dynamiques », selon leurs propres termes. Ne pas rire. Les femmes avaient bien meilleure allure en 1937 qu'aujourd'hui.

L'après-midi, Vera disparaissait pour répéter son rôle dramatique aux Folies-Bergère (la Grande Catherine), et Tante Mame m'emmenait pour quelque promenade ou quelque visite. Elle connaissait nombre de gens célèbres, à Paris, et était toujours accueillie avec plaisir, même quand elle débarquait à l'improviste chez Colette, André Gide, Christian Bérard, ou toute autre personnalité des milieux artistiques. Elle tenait d'ailleurs une sorte de *salon** à New York et était curieuse de savoir comment la concurrence s'en tirait, à l'étranger. Si, un après-midi, elle n'avait aucun *jour** en vue, nous allions voir quelque curiosité, ou nous rendions à l'Exposition universelle. Celle-ci s'étendait au long de la Seine, depuis la place de la Concorde jusqu'au-delà du Trocadéro. Après nous être gorgés de culture, nous finissions au Club des Oiseaux de Madame Lanvin, au dernier étage du Pavillon de l'Élégance, où Tante Mame pouvait se délasser, prendre un verre bien tassé, et contempler encore des vêtements.

Chaque soir, Tante Mame et Vera revêtaient une nouvelle robe du soir particulièrement dynamique, me passaient mon habit, et nous allions dîner dans quelque endroit fameux comme Maxim's ou Les Ambassadeurs, où Tante Mame et Albert, le maître d'hôtel, s'employaient à composer le menu comme s'ils recréaient l'Humanité. Ensuite, nous allions au théâtre — selon le choix de Tante Mame, la Comédie-Française ou quelque bonne tragédie bien sombre, ou encore un spectacle léger, aérien, comme *Les Trois Valses*.

Ensuite, nous filions dans une boîte de nuit, chez Bricktop, chez Suzy Solidor, ou bien au Bœuf sur le Toit. De retour à l'hôtel, Tante Mame ouvrait les fenêtres et m'entraînait sur le balcon pour fumer une dernière cigarette, et me raconter toutes sortes de choses passionnantes sur l'Histoire de France — comment elle s'était retrouvée malheureusement coincée dans un bordel, ou bien l'ingéniosité qui avait présidé à l'invention du bidet, ou encore la ligne Maginot qui faisait du pays une citadelle imprenable. Chaque journée était ainsi remplie.

Cependant, notre idylle avec Paris devait prendre fin de manière brutale le jour où, dans le parc de Versailles, nous tombâmes nez à nez avec mon administrateur, Dwight D. Babcock, de la Knickerbocker Trust Company, armé d'un guide, d'un appareil photo, d'une canne, de son épouse Eunice et de son fils Dwight Junior.

À dix ans, j'étais orphelin. Tante Mame était devenue ma tutrice légale. Mais, par un caprice testamentaire de mon père, Mr. Babcock, en tant qu'administrateur de mes biens, avait le contrôle absolu de mon éducation, et pouvait à tout moment intervenir de manière autoritaire, s'il jugeait que Tante Mame se montrait par trop fantaisiste. Et depuis sept ans, il ne ménageait guère cette autorité. Mr. Babcock travaillait dans la banque. Vivait à Scarsdale. Portait des lunettes sans monture et des cols amidonnés. Sa conception de la vie venait droit du *Literary Digest*, du *Dun and Bradstreet Reports*, et du *Wall Street Journal*.

Tante Mame fut la première à recouvrer l'usage de la parole. « Grands dieux, *Mis*-ter Babcock ! Mais *quelle* bonne surprise ! Et que je suis donc ravie de vous revoir, Alice !

— Eunice, corrigea Mrs. Babcock, l'air pincé.

— Mais oui, Eunice, bien sûr. Et voilà Junior !

— Salut », fit Junior, d'un ton froid.

À St. Boniface, Junior Babcock et moi partagions la même chambre, et moins j'en dirai sur lui, mieux cela vaudra. C'était la copie conforme de son père — avec de l'acné en plus.

« Eh bien, euh, mmm, c'est, euh, pour une surprise, *en effet...* » déclara Mr. Babcock, sous-entendant qu'il nous aurait plutôt imaginés vautrés dans une fumerie de la rue Mouffetard. « J'ai *cru* comprendre que vous et Patrick vous étiez enfuis en Europe — *sans* mon autorisation, cela va sans dire —, mais je ne, euh... »

Quand Tante Mame en avait décidé ainsi, les oiseaux venaient lui manger dans la main. Même Mr. Babcock n'était pas entièrement à l'abri de son charme magnétique, bien qu'elle lui eût donné quelques raisons de s'en méfier comme de la peste. « Cher Mr. Babcock », commença-t-elle avec un sourire adorable, « pourquoi irais-je déranger un homme occupé, débordé de responsabilités importantes, pour une chose aussi insignifiante qu'un petit voyage culturel en Europe avec mon neveu, avant qu'il entre à l'université, cet automne ? J'imagine ce que peut ressentir un magicien de la haute finance, enfermé dans son bureau de Wall Street, occupé à projeter un coup de bourse fantastique, quand une vieille veuve hystérique l'appelle à tout bout de champ, et saccage sa réflexion longuement mûrie avec des questions ineptes à propos de la note de l'épicier. Ce doit être à vous rendre *fou*.

— Eh bien... » reconnut Mr. Babcock avec un sourire constipé, « euh... oui, hum, ce genre de chose peut être ennuyeux, parfois. »

Je voyais bien que le charme de Tante Mame commençait d'opérer, et me sentais empli d'une gratitude infinie envers elle : dans quelques mois, j'aurais dix-huit ans, et serais donc libéré de la férule sournoise de Mr. Babcock.

« Mon Dieu, je suis *certaine* que ces vacances sont largement méritées, Mr. Babcock », reprit Tante Mame. « Et ne me dites pas que vous n'*adorez* pas la France. C'est votre premier séjour ici ?

— Certes non », répondit sèchement Mr. Babcock. « Je suis déjà venu avec le corps expéditionnaire, en 17. Eussé-je su, à l'époque, à quel point les Français sont décadents, arrogants et malhonnêtes, j'aurais préféré me retrouver sous les verrous, plutôt que de lever un petit doigt pour leur venir en aide. Voilà le peuple le plus corrompu, le plus paresseux, le plus fourbe... »

Je voyais Tante Mame revêtir lentement son masque de Jeanne d'Arc. Or, le moment était mal choisi pour une dispute avec Mr. Babcock, que ce fût à propos de particularités ethniques ou de tout autre sujet.

« Où êtes-vous descendus, Mr. Babcock ? » m'enquis-je immédiatement, d'une voix forte, empêchant Tante Mame de se lancer dans une de ses diatribes.

C'est Mrs. Babcock qui me répondit. « Nous demeurons chez des cousins à moi, Patrick. Le Dr Gilbreath et son épouse. Ils ont passé de nombreuses années à Saigon, comme missionnaires, et tiennent à présent un foyer près de Neuilly, où ils accueillent les étudiants en théologie qui souhaitent se rendre en Indochine. »

Tante Mame eut un frisson.

« Comme c'est intéressant ! fis-je.

— *Intéressant ?* gronda Mr. Babcock. Si vous voyiez l'état des sanitaires, dans cette maison...

— Oui, Patrick, c'est très intéressant », coupa Mrs. Babcock d'une voix mal assurée. « Ils mènent une vie extrêmement simple, mangent sainement, de la vraie nourriture américaine — nous leur avons d'ailleurs apporté un carton de beurre de cacahuète Beechnut ; les étudiants en raffolent. Et chaque soir, après dîner, ils passent des diapositives absolument étonnantes, qu'ils ont réalisées au cours de leurs voyages.

— Très intéressant, fis-je de nouveau, sans grande conviction.

— Ou... oui », dit Mrs. Babcock, peut-être avec une ombre de mélancolie, « c'est *en effet* très intéressant, mais je ne sais pourquoi, j'avais toujours imaginé Paris comme — mon Dieu — un endroit plutôt *gai*, et... oh, je ne sais pas, les terrasses, la haute couture... Enfin, c'est *très* reposant, et mes cousins Gilbreath sont les gens les plus charmants du monde... mais... »

Il n'était guère besoin d'être très malin pour deviner que le premier séjour à l'étranger de Mrs. Babcock s'avérait un ratage total. Tante Mame la prit en pitié :

« Je sais ce que nous allons faire, Eunice », déclara-t-elle soudain. « Je connais un adorable petit restaurant, ici même, à Versailles, avec une terrasse donnant sur un jardin et une cave sensationnelle, et...

— Vous avez l'intention de manger dans la cave ? coupa Mr. Babcock, l'air sombre.

— C'est un endroit tout à fait divin », continua Tante Mame sans se laisser troubler, « et j'aimerais vous y inviter. Il fait si chaud, ici, et... »

Une vague lueur d'espoir éclaira faiblement le visage de Mrs. Babcock, et Tante Mame conclut l'affaire avant que son époux n'ait eu le temps d'ouvrir la bouche. « Voyez-vous, Mr. Babcock, je ne suis qu'une pauvre veuve sans cervelle, comme toutes celles auxquelles vous avez affaire, et il me *faut* l'aide d'un esprit mathématique, pour comprendre leur système de francs, régler la note, donner un pourboire au garçon. Parce que sinon, vous savez bien... »

C'était un appel direct au patriotisme de Mr. Babcock qui, de toute évidence, se serait jeté dans les flammes de l'enfer pour sauver un frère américain de la rapacité des Français. Et c'est dans une sorte de trêve armée que nous nous rendîmes au petit restaurant de Tante Mame.

C'était, en effet, un bon restaurant — presque un *grand* restaurant — et, le personnel et la direction se souvenant de Tante Mame lors de ses précédents séjours, chacun se mit en quatre pour nous satisfaire. Tante Mame joua volontiers les Invitées de Marque, et il n'y eut guère que deux ou trois moments pénibles.

Tout d'abord, quand le maître d'hôtel lui proposa un cocktail, ou bien un verre de vin en apéritif.

« Je prendrais volontiers... commença Tante Mame.

— Non ! » coupa instantanément Mr. Babcock, d'un ton sans réplique.

Je regardai Tante Mame. On aurait cru qu'elle venait de recevoir un coup de poignard. Elle se reprit sans tarder, cependant. « Non, pas d'alcool, merci », dit-elle avec une petite grimace. « Non, apportez-nous une Veuve Clicquot, bien fraîche, s'il vous plaît. Un magnum.

— Qu'est-ce que c'est ? s'enquit Mr. Babcock.

— Une espèce de jus de raisin pétillant, Mr. Babcock. Fait avec notre raisin de Catawba. Je pense que vous l'apprécierez. C'est tellement rafraîchissant, par cette chaleur...

— Quelle bonne idée ! » déclara Mrs. Babcock.

On nous servit le champagne, et personne ne parut rien remarquer de particulier.

Mr. Babcock me demandant ce que j'avais fait et vu d'intéressant à Paris, j'étais impatient de lui parler des gens passionnants que j'avais rencontrés, des restaurants, des boîtes de nuit, des pièces de théâtre, mais Tante Mame fut plus prompte que moi.

« Oh, vous savez, Mr. Babcock, les endroits qu'un garçon de l'âge de Patrick ou de Junior doit absolument connaître — les musées, les églises, ce genre de chose...

— Les églises *catholiques* ! » s'exclama Mr. Babcock. C'était, à sa manière, une sorte d'inquisiteur à l'envers.

« Mon Dieu, je crains qu'il n'y ait pas *beaucoup* d'églises protestantes, Mr. Babcock. Et nous n'avons fait qu'entrer et sortir, sans nous attarder. Tenez, permettez-moi de vous resservir. »

Le déjeuner fut délicieux. L'effet pacificateur du champagne commençait de se faire sentir. Nous en étions à la salade quand Mrs. Babcock, à présent toute rose, se tourna brusquement vers Tante Mame : « Dites-moi, ma chère Mame, comment va votre bonne amie Vera Charles ? » C'était la première fois qu'elle l'appelait autrement que Mrs. Burnside — ou Miss Dennis, quand Tante Mame était encore célibataire. Ravie, Tante Mame fit signe au sommelier et, avec un clin d'œil grossier, lui demanda d'apporter un deuxième magnum de cet excellent jus de vrai raisin américain.

« Eh bien, justement, Eunice, Vera se trouve à Paris, au Ritz, en ce moment même. Et c'est ce soir la première de sa nouvelle pièce.

— *Comment ?* » fit Mrs. Babcock d'une voix aiguë. « Vous savez que j'ai vu toutes ses pièces deux fois. Elle est d'un tel raffinement, d'une telle élégance. Une grande dame. Quand je pense que je pourrai dire à toutes mes amies de Scarsdale que j'ai vu Vera Charles sur scène à *Paris*.

— Vous savez, Mrs. Babcock », intervins-je, « Vera passe aux Fo... Aïe ! »

Tante Mame venait de me décocher, sous la table, un

coup de pied à me briser la cheville. « N'est-ce pas affreux, Eunice ! » s'exclama-t-elle. « Vera est ma meilleure amie, et voilà que je n'arrive simplement plus à me rappeler le titre de la pièce, ni même le théâtre où elle se produit, hahahaha, n'est-ce pas incroyable ? Et *toi*, Patrick ? demanda-t-elle, l'air menaçant.

— Non, moi non plus. C'est curieux, hein ? Ça m'échappe complètement, tout à coup. »

En dehors de cela, le déjeuner se déroula magnifiquement bien. Si magnifiquement bien, en fait, qu'Eunice et Junior finirent par piquer du nez sur leur soufflé au Grand Marnier, sous le regard de Mr. Babcock qui, décidément gris, ne cessait de répéter : « Aucune joie de vivre », en secouant la tête.

Les réjouissances prenant fin, on expédia Eunice et Junior *chez** les Gilbreath en taxi, tandis que Mr. Babcock, qui rentrait prétendument à Paris avec nous pour prendre son courrier à l'American Express, nous accompagnait d'une démarche mal assurée jusqu'à la voiture de Tante Mame. Il était presque quatre heures quand elle s'en débarrassa enfin, lui adressant force signes d'adieu et d'au revoir empreints d'une infinie tendresse, avant de rentrer à l'hôtel.

« Ce dont j'ai vraiment besoin, c'est d'un verre, mais alors d'un verre bien tassé, tu vois », déclara Tante Mame, lançant son chapeau au travers du salon. « Toutes ces minauderies, toute cette lumière, ça m'a démolie. Bon, mon petit chéri, sois un amour et sers douze doigts de cognac à ta pauvre tante, après quoi j'appellerai Vera pour la réconforter. Tu sais dans quel état se mettent ces actrices, les jours de première. »

On entendit frapper à la porte, faiblement. J'allai ouvrir. Vera se tenait devant moi, tout de noir vêtue, avec un chapeau de paille également couvert d'épais voiles noirs.

« Quelqu'un est mort ? m'enquis-je.

— Oui. Vera Charles », dit-elle, pénétrant dans la pièce et s'appuyant au chambranle en une pose dramatique. « Ferme la porte à clef, et *regardez-moi.* » Vera souleva ses voiles. Son visage, effectivement, valait le coup d'œil. Du côté gauche, rien à dire. Mais le côté droit était noir avec des reflets bleus, et si enflé qu'il lui frôlait presque l'épaule. « *Regardez-moi !* » s'exclama de nouveau Vera, arrachant le verre de cognac des mains de Tante Mame.

« Vera ! » s'écria celle-ci. « Mais que diable...

— C'est cet homme ! Ce sale type ! Il a failli me crever la peau !

— Mais Vera... Comment as-tu pu laisser un homme te...

— Mais je n'y peux *rien.* Il m'a tellement fait souffrir...

— Mais Vera, je ne savais même pas que tu avais un amant. Jamais tu ne m'as parlé d'une...

— Amant, mes pieds ! » cracha Vera. « C'est cette saloperie de dentiste... Hegah'd », dit-elle, s'enfonçant un doigt dans la bouche... « Dh'en he hageshhh. Abh'ès. Il a failli me tuer en me l'arrachant. Je ne pourrai pas jouer ce soir. » Sur quoi elle vida d'un trait le verre de cognac et se dirigea vers le téléphone. « Deux mille balles qui foutent le camp », commenta-t-elle en composant le numéro des Folies-Bergère.

Suivit une conversation étonnante. Vera ne parlant que quelques mots de français, Tante Mame fut souvent priée de prendre l'appareil pour jouer les interprètes. Cela dura près d'une heure. En raccrochant, les deux femmes étaient à ce point épuisées que je dus remplir de nouveau les verres, à ras bord.

« Merci, Patrick », dit Tante Mame d'une voix absente. « Bon, ils ont l'air bien décidés, n'est-ce pas ? »

Vera prit une gorgée de cognac, gémit, et prit une nouvelle gorgée.

« Évidemment », reprit Tante Mame, « je ne suis pas *formelle* quant à la signification du verbe *assigner*, mais j'ai cru comprendre, en gros, que la direction des Folies a fermement l'intention d'intenter une action légale.

— Un peu, qu'ils en ont l'intention », gémit Vera. « Je n'aurais jamais, jamais dû quitter Broadway. Je n'ai plus qu'à passer l'automne de ma vie à l'hospice pour les vieux acteurs indigents.

— Vous ne pouvez pas vous adresser au Syndicat des Comédiens ? suggérai-je.

— En France ? Ils resteraient de glace...

— De la glace ! En mettant de grosses compresses de glace sur votre joue...

— Rien du tout », soupira Vera. « J'ai passé toute la journée la tête plongée dans de la glace comme une bouteille de champagne. Ça n'a fait qu'aggraver les choses. Ça enfle. J'ai l'air d'un boxeur, et ces salauds veulent absolument que j'assure quand même le spectacle ce soir, sinon... » Vera s'interrompit pour prendre une nouvelle gorgée de cognac. Soudain, elle leva les yeux vers Tante Mame, la regarda longuement, attentivement.

« Que... Qu'y a-t-il, Vera ? s'enquit celle-ci, prenant également une grande gorgée d'alcool, non sans quelque nervosité.

— Je... Je *pense*... que... j'ai peut-être... là, tout de suite, hein... que j'ai une *idée*...

— Non. Oh non, Vera Charles, tu n'as *pas* d'idée ! s'écria Tante Mame, vidant son verre d'un trait et me le tendant d'un geste brusque.

— Je pourrais *effectivement* aller au théâtre ce soir, accompagnée de ma bonne...

— Non, Vera ! Non ! Pour rien au monde. Jamais. Ça n'existe pas...

— Je pourrais porter ce chapeau, avec les voiles, et signer *moi-même* le registre de présence, et *tu*...

— C'est hors de question ! » déclara Tante Mame, m'arrachant des mains le verre rempli. « Nous ne nous ressemblons pas *du tout*. Je ne pourrais jamais...

— Tu as toujours rêvé de monter sur les planches, Mame, dit Vera avec un regard hypnotique.

— Plus maintenant, Vera, plus maintenant. Non, c'est tout à fait exc...

— Et quant à la ressemblance, Mame, ma cheaaah', c'est absolument sans importance. Nous mesurons la même taille, et le personnage porte un masque et une perruque poudrée, du début à la fin...

— Pas cette nullité, Vera. Pour rien au monde. Je ne veux même pas savoir...

— Vois-tu, ma chériah', l'impératrice Catherine assiste à un bal masqué au Palais d'Hiver, et rencontre un jeune officier (une espèce de petite pédale française qui a moins de talent qu'un sac en papier), lequel en tombe éperdument amoureux, sans savoir qu'elle est l'impératrice de toutes les Russies...

— Eh bien, que les Russes s'en occupent, Vera Charles. J'ai dit non. Non. Non et *non* !

— Et donc, le jeune officier entame une liaison passionnée...

— Sur *scène*, veux-tu dire ? Mais Vera, comment peux-tu songer un seul instant que je...

— Mais non, bien sûr, Mame. C'est simplement *suggéré*. Et les costumes sont divins. À certain moment, tu portes un manteau de zibeline absolument fabuleux, qui vaut dans les...

— Je possède *déjà* un manteau de zibeline, merci. Il est en garde chez le fourreur. Non, Vera, je suis navrée, mais...

— Remplis les verres, Patrick », dit Vera. « Mame, n'as-tu donc aucun sens de la famille ? J'aurais cru, après tout ce que nous avons traversé ensemble, coude à coude, depuis vingt ans, qu'au moins tu aurais la loyauté, l'amitié de venir au secours de ta compagne la plus fidèle et la plus sincère, au moment où elle affronte la ruine — oui, la rrruiiiine —, un procès infamant, une vieillesse misérable, les geôles humides de la Bastille...

— Oh, Vera...

— J'ai toujours dit : "Loyauté, voilà l'autre nom de Mame." Je vois bien à présent à quel point je me trompais.

— Vera », fit Tante Mame d'une voix posée, « ne vois-tu pas que c'est parfaitement impossible ? Je ferais n'importe quoi pour t'aider, mais je ne connais même pas le texte. Je n'ai même pas lu le scénario. Je...

— Le texte ? Peuh ! Ton français est *cent fois* meilleur que le mien. »

C'était vrai. Tante Mame pouvait déchiffrer convenablement le menu d'un dîner, alors que Vera pouvait à peine commander un déjeuner.

« De toute façon », reprit Vera, « il n'y a *pas* de texte. Tout ce que tu as à dire, c'est "*Oh, mon amour* !*" de temps à autre. C'est l'autre pédale qui tient le crachoir. Tu ne fais pas ton entrée avant onze heures. Ce qui nous laisse cinq heures — presque six — pour répéter. Mon Dieu, j'arriverai bien à t'apprendre...

— N... non, Vera... gémit Tante Mame.

— *Bien*. Tout commence donc au bal masqué du Palais d'Hiver. Les courtisans dansent un menuet endiablé quand arrive la Grande Catherine, par l'escalier, méconnaissable sous son déguisement. Bon, disons que l'escalier est là, de ce côté de la porte.

— Oh, Vera », gémit de nouveau Tante Mame.

Le concierge des Folies-Bergère mit quasiment un genou à terre quand Vera entra dans une grande envolée de voiles, avant de signer le registre de présence d'une main impérieuse. Une star est une star, après tout. Mais les coulisses du théâtre étaient à ce point encombrées de montagnes de décor, de machinistes, d'habilleuses, de boys et de girls, de figurants, d'artistes, de vedettes et de leur cour, que, pour ne pas ajouter à la confusion, l'accès en était interdit aux visiteurs.

Tante Mame fut donc arrêtée à la porte, tandis que le concierge lançait à Vera un regard interrogateur.

« *Ma femme** », déclara celle-ci, désignant l'uniforme de bonne, improvisé à la hâte, que portait Tante Mame.

Le concierge leva les sourcils, mais mon Dieu, une star étant, après tout, une star, le personnel du théâtre était accoutumé à ces petites étrangetés qui accompagnent souvent la célébrité. Puis il m'arrêta également, pinçant la manche de ma veste, et lança un nouveau coup d'œil interrogateur.

« *Mon amour** », dit Tante Mame, presque pour elle-même. Le concierge se gratta la tête, puis haussa les épaules avec fatalisme, et nous laissa passer.

Un désordre indescriptible régnait dans les coulisses. J'entendais l'orchestre s'époumoner devant la scène, dominant la voix grêle d'un ténor grec qui n'en finissait pas de chanter Paris, Paris qu'il aimait à *midi** comme à *minuit**, tra-la-la, *avec** sa *chérie**, tra-la-la, *c'est la vie**. Des acrobates venus des Balkans, et seulement vêtus d'une couche de peinture dorée et d'un cache-sexe doré, discutaient âprement, exhibant une dentition également dorée, dans une langue qui me sembla bien être du croate. Une danseuse de flamenco injuriait son partenaire dans un espagnol encore inconnu en Castille. Et une femme sculpturale, brièvement vêtue de trois étoiles de strass, berçait un bébé, tout en lui chantant doucement une chanson allemande.

« Ma loge est par ici », dit Vera, se frayant un chemin à coups de coude parmi une foule de boys travestis en princes de l'Église, pour ce qui promettait d'être le *Grand Tableau Religieux*. On adorait chanter l'*Ave Maria*, aux Folies-Bergère. Vera trébucha sur un phoque savant, auquel elle décocha un méchant coup de talon, et entraîna Tante Mame dans les escaliers. Pour se rendre aux loges, et en revenir, il fallait être une chèvre des montagnes, et l'escalier me fit penser au métro aux heures de pointe, si ce n'est que tout le monde, ou presque, était nu. Personne cependant ne semblait y prêter grande attention, à part moi.

« C'est là », dit Vera, poussant Tante Mame devant elle.

Ouvrant la porte, celle-ci fut immédiatement jetée à terre par six énormes bergers russes, qui ne cessèrent d'aboyer et de la pourlécher en remuant vigoureusement la queue, jusqu'à ce que je parvienne à les écarter et à la remettre sur pied.

« Vera », fit Tante Mame, le souffle court, « qu'est-ce que c'est que *ça* ? Tu fais un numéro de dressage ?

— Non, Mame », répondit Vera avec un air de s'excuser. « Ils font partie de tes accessoires. Tu apparais avec eux, dans la grande scène d'amour.

— Vera ! Mais c'est de la *zoophilie* ! Je ne vais pas...

— Oh, il ne s'agit pas de ça, ma chéria'h. Regarde, regarde comme ils *t'aiment* déjà.

— Oui, eh bien *moi*, je ne les aime *pas*.

— Ne t'inquiète pas, ma cheah', Patrick s'occupera d'eux. N'est-ce pas, Patrick ? Je te présente Sacha, Yacha, Vanya, et voici Pavel, Boris et Morris.

— *Morris ?* fis-je.

— Oh, je ne sais plus », dit Vera, agacée. « C'est comme les six rennes du Père Noël. Bien, assieds-toi, Mame, et je vais t'arranger un peu, pour que tu me ressembles, autant que possible.

— Mais, Vera, si je suis censée porter un masque durant tout ce... cette corvée...

— Ne pose pas tant de questions, ma chêêêa'h. Reste tranquille, c'est tout. »

Une demi-heure plus tard, nous émergions. Tante Mame ouvrait la marche, ravissante dans une robe de bal du XVIIIe siècle incrustée de pierres du Rhin, et plus lourde qu'elle, le visage dissimulé sous un masque de strass. Cependant, les paniers de sa robe étaient si volumineux, et la perruque blanche si haute, qu'elle fut contrainte de se déshabiller à nouveau pour passer la porte.

« Ne t'inquiète pas, ma chériaaa'h », fit Vera, plutôt incongrue dans sa tenue de domestique. « Les autres changements de costume se font en coulisses. »

Tante Mame descendit l'escalier des loges à petits pas prudents, dans un équilibre précaire. Vera suivait, portant la traîne, l'éventail, les gants, la cape et le manchon. Je fermais la marche, avec les six bergers russes qui, ravis de quitter enfin la loge minuscule, jappaient de plaisir et levaient la patte dans tous les coins, avec une volupté non dissimulée.

En bas, on avait respectueusement dégagé le passage pour la Grande Vedette. « *Allez ! Allez* ! » braillaient les machinistes. « Meees Sharl ! »

Un des boys se précipita vers elle, brandissant un carnet d'autographes et un crayon, manquant l'éborgner. « Anna Q. Nillson », griffonna-t-elle, d'une main fébrile, avant de s'éloigner.

« *Ah, Signorina Charles* », fit-il, « *grazie !*

— *Prego*, répondit Tante Mame.

— Tu vois », dit Vera, baissant discrètement les yeux, « même les autres artistes pensent que c'est moi.

— M... mais... Vera... » balbutia Tante Mame, « et mon partenaire ? Il va bien se rendre compte de quelque chose, *lui*.

— Pas du tout, Mame. Il est toujours tellement occupé à compter les têtes dans la salle qu'il pourrait aussi bien jouer avec Sybil Thorndike. Bien, maintenant, tu grimpes là-haut et tu te prépares pour ton entrée. Ça va être à toi. Patrick, suis-nous avec les chiens. »

À l'avant-scène, un ténor polonais chantait d'une voix de fausset quelque chose à propos de Pareee, et d'une fille prénommée Marie, laquelle était ceci et ceci, *et jolie**. Tante Mame se hissa péniblement sur une plate-forme de bois plutôt branlante, manquant se faire décapiter par une toile peinte représentant le Palais d'Hiver de Petrograd, qui lui tomba au ras de la nuque.

« Vera, je suis désolée, mais je ne *peux pas*, gémit-elle, le souffle court.

— Mais si, tu peux. Souviens-toi, tout ce que tu as à dire, c'est "*Oh, mon amour* !*", comme je te l'ai montré. Tu leur balances ça haut et fort. Enfin, tu sais, à la française, avec flamme. C'est simple, tu surjoues. Vise quelque part entre Gertie Lawrence et Walter Hampden. Ils vont adorer. Les Français vénèrent littéralement les vedettes, et... »

Les accords délicats d'un menuet parvinrent jusqu'à nous. Au pied d'un immense escalier blanc, je voyais les boys et les girls, tout en poudre et mouches, qui cabriolaient allégrement dans la salle de bal du palais. Le jeune officier romantique fit son apparition, incarnation d'Octave dans *Le Chevalier à la rose*. Sur un éclat de trompettes, le grand escalier s'embrasa soudain de lumière.

« Vera », chevrota Tante Mame, « je...

— À toi de jouer, ma grande », coupa Vera, la poussant en avant. C'était à elle de jouer, en effet.

Je la suivis des yeux, qui descendait lentement l'escalier, sa perruque blanche oscillant mélancoliquement. La salle éclata en applaudissements.

« Tu vois combien le public m'adore, Patrick », me dit Vera. « Pssst, Mame ! Envoie-leur un baiser ! »

Tante Mame leur jeta un baiser, et ce fut du délire. Quelque part, au premier rang, j'entendis une voix rauque lancer : « Enlève tout ! »

L'impératrice rejoignit enfin le jeune officier romantique, et ils se mirent à danser. Lui ne cessait de baragouiner, sur quoi Tante Mame beugla « *Oh, mon amour* ! », ce qui déclencha des applaudissements frénétiques. « Enlève tout ! » lança de nouveau la voix, tandis que le rideau retombait. Tante Mame se dirigea en vacillant vers les coulisses, où Vera lui arracha son costume, ne lui laissant que son porte-jarretelles et son soutien-gorge.

« C... comment ai-je été ? » fit Tante Mame.

« Magnifique », conclut Vera. « Tu as été presque aussi bonne que je l'aurais été. Bien, maintenant, passe cette perruque, et la cape de zibeline — relève le capuchon, chéria'h —, *et* le manchon. Monte dans le traîneau. C'est ainsi que tu t'enfuis de ton pavillon de chasse pour passer une folle nuit de...

— Mais, et la jupe, Vera ? J'ai les jambes... » Un des molosses — Morris, je crois — s'employait à lécher le genou dénudé de Tante Mame.

« Tu n'as pas besoin de jupe », fit Vera, la poussant dans le traîneau et lui lançant une couverture d'hermine sur les jambes. « C'est l'instant où il se jette sur toi, et...

— Vera, ce type a mangé du... Hiiiiiii ! » Le traîneau, l'impératrice et son amant quittèrent soudain le sol, pour se retrouver penchés à quarante-cinq degrés dans le vide. On entendit un galop de sabots étouffé, un tintement de clochettes, puis une salve d'applaudissements frénétiques. Deux machinistes désabusés, perchés sur un portant de projecteurs, jetèrent quelques poignées de neige artificielle. L'officier énamouré plongea son visage dans la gorge de Tante Mame qui, dans une position d'abandon éperdu, coassa « *Oh, mon amour** ».

« Les Français adorent les effets aériens », me dit Vera, comme le rideau retombait.

De retour sur la terre ferme, Tante Mame nous rejoignit d'une démarche vacillante, les yeux exhorbités de terreur. « V... Vera, p... pourquoi ne m'as-tu pas p... prévenue ? Grands dieux, j'ai failli décrocher de ce...

— Nous n'avons pas le temps d'en discuter pour le moment », coupa Vera, lui arrachant cape et perruque — et une bonne partie de ses cheveux. « Et qui est donc cette espèce de cul-terreux, au premier rang, qui ne sait pas reconnaître une grande artiste, quand il en voit une ?

— Je... je ne sais pas, Vera. Il fait si sombre dans la salle, et les projecteurs sont si forts que... »

Le reste de sa réponse fut étouffé sous une cape de renard blanc qui, partant des épaules, traînait sur le sol à trois mètres derrière elle.

« La scène se déroule sur les remparts de ton pavillon de chasse — juste devant le boudoir impérial. Il te fait une cour passionnée, et... Passe ta main là, dans la fente, pour tenir ton éventail... Hop, c'est à toi ! »

Le décor était bien celui qu'avait indiqué Vera. Au-delà des remparts, on distinguait les lumières d'un village, et des dômes en forme de bulbe. Les étoiles scintillaient. La pleine lune rayonnait. Des nuages dérivaient. Des charretées de neige tombaient. Un chœur entonnait la *Berceuse russe* — en français. Les spectateurs étaient au bord de l'orgasme, devant ce spectaculaire exemple de magie scénographique. Puis Tante Mame apparut, déambulant, languide, dans la neige, se rafraîchissant — ne me demandez pas pourquoi — avec un immense éventail de plumes de *coq** rouge sang. « *Oh, mon amour** », feula-t-elle, s'effondrant entre les bras grêles de son amant, qui l'entraîna vers le boudoir impérial. Les applaudissements manquèrent de faire exploser la salle, mais je perçus néanmoins une voix qui criait : « Enlève tout ! »

« Superbe, ma chéria'h ! » répétait Vera, tout en passant à Tante Mame une nouvelle perruque et un déshabillé de lamé et de plumes d'autruche roses. « Vérifie que ton masque tient bien, parce que c'est la scène où il tente de te l'arracher, juste avant de te jeter dans le foin...

— Vera ! Tu ne m'avais pas dit que...

— Oh, ne t'inquiète pas, chéria'h, le rideau tombe à ce moment-là.

— Mais Vera, que dois-je dire ?

— "*Oh, mon amour**", évidemment. Tu es donc incapable de te rappeler ton texte ? » D'une bourrade, elle l'expédia sur scène. Nous étions à présent dans la chambre à coucher impériale, laquelle ressemblait tout à fait au château de Versailles de la semaine précédente. Inutile de préciser que les spectateurs trouvèrent le décor absolument sensationnel. Cependant, le « Enlève tout ! » s'élevait de nouveau, solitaire, mais de plus en plus fort, et de plus en plus fréquent. Le jeune officier romantique faisait une cour empressée et osée à l'impératrice, sur le bord du lit de repos impérial, mais au moment où les choses commençaient à m'apparaître un peu délicates pour Tante Mame, déboulèrent les gardes qui l'entraînèrent sans ménagement, tandis qu'elle sanglotait « *Oh, mon amour* !* », dans un trémolo brisé qui aurait rendu Sarah Bernhardt malade de jalousie, avant de s'effondrer sur le lit. Le rideau tomba, et pas trop tôt car, une seconde plus tard, le lit s'effondrait également. Les spectateurs rugissaient de plaisir.

« Meahh'veilleux, ma chéria'h, tout simplement supeh'b », déclara Vera, tout en passant à Tante Mame son dernier costume — une robe de cour, tout en perles de culture et chinchilla, ainsi qu'une perruque qui s'élevait à un mètre vingt au-dessus de sa tête, et un chapeau lourdement ornementé, qui s'élevait lui-même à un mètre vingt au-dessus de la perruque. « Bien », dit Vera, « là, tu apparais dans le cachot et tu condamnes ton amant à mort.

— Pourquoi ? s'enquit Tante Mame.

— Eh bien, pour avoir manqué de respect envers l'impératrice, idiote.

— Tu sais, ce qu'il a fait de pire, c'est de se nourrir exclusivement de saucisson à l'ail pendant les dernières quarante-huit heures.

— Ne sois pas stupide, Mame. C'est presque fini. Dans cette scène, tu prends les chiens. Par ici ! Allez, Yacha, Sacha, Pavel, Vanya, Boris, Morris ! » Les six molosses arrivèrent en aboyant joyeusement, bondissant vers une volée de marches menant à une plateforme surélevée. Tante Mame les suivit, gardant à grand-peine son équilibre mais, arrivée au pied de l'escalier, elle s'arrêta net.

« Qu'est-ce qui se passe ? » chuchota Vera. « Vas-y, le rideau se lève.

— Je... Je ne pourrai pas.

— Tu ne pourras pas quoi ?

— Vera, ce déguisement est si lourd que je n'arriverai jamais à monter là-haut.

— Oh, c'est pourtant facile », dit Vera en assenant une grande claque sur la croupe d'un des chiens. Tous les six s'élancèrent jusqu'au sommet de l'escalier, entraînant Tante Mame à leur suite.

Le décor — un cul-de-basse-fosse, sous les eaux glacées de la Néva — constituait une des incursions les plus sordides des Folies-Bergère dans le réalisme noir. Des « Monsieur muscles » d'opérette, moulés dans des hauts-de-chausses, torturaient activement de jeunes danseurs, les passant à la roue et au chevalet. Les boys poussaient des cris de porc que l'on égorge, tandis que des ombres sinistres et tourmentées s'agitaient, projetées sur les murs suintants. Les spectateurs exultaient. Le jeune officier romantique fut amené, torse nu, ce qui m'apparut vaguement malvenu, car il était d'une maigreur pitoyable, et avait oublié de couvrir sa poitrine et ses bras de fard brun. Puis, après un nouvel et solennel appel de trompettes, Tante Mame fit son apparition au sommet de l'escalier, entourée d'une meute hurlante. Et j'aime autant vous dire qu'*alors* la salle n'eut plus assez de mains pour applaudir.

« *L'impératrice* !* » beuglèrent deux minables.

Sur quoi Tante Mame commença de descendre l'escalier — et grâce à l'aide des bergers russes, le descendit, en effet, beaucoup plus rapidement qu'elle ne l'avait gravi, la perruque et le chapeau oscillant dangereusement. Elle parvint — de justesse — à garder son équilibre, et la salle poussa un hurlement d'admiration.

« *Oh, mon amour** », fit-elle dans un sanglot.

« Enlève tout, reine de mes deux ! » fit de nouveau la voix, parmi les spectateurs.

« C'est le moment où elle le condamne à mort », me chuchota Vera.

J'étais tellement soulagé en pensant que nous en avions presque terminé, que je commençai de m'intéresser un peu plus à la *mise en scène**. « Je ne comprends pas très bien l'histoire, Vera », dis-je. « Cela me fait vaguement penser à *Elizabeth et Essex*, sauf que...

— Les Français se *moquent* de l'histoire, mon chêêêa'h, tant qu'on leur donne suffisamment de costumes, de décors et d'effets. »

En l'occurrence, ils étaient largement servis.

Quoi qu'il en soit, l'impératrice ordonna — comment, ne me le demandez pas — que son admirateur innocent fût écartelé sur la roue, puis écorché vif, tout cela en s'écriant « *Oh, mon amour* !* ». Une trappe s'ouvrit, d'où s'élevaient des flammes, et dans laquelle le malheureux jeune homme fut jeté avec un cri abominable et un bruit de chute à vous donner le frisson. Puis le chœur dissimulé entonna l'*ancien* hymne russe (en français), Tante Mame glapit « *Oh, mon amour* ! »* et s'effondra à terre, tandis que le rideau tombait.

La salle était déchaînée, hurlant sans cesse « *Bravo* ! »* et « *Bis ! Bis* ! »*.

Par chance, les rappels n'existent pas aux Folies-Bergère, mais le rideau se releva néanmoins quatre fois sur Tante Mame, toujours à terre, luttant faiblement pour se redresser, tandis que les chiens agitaient fiévreusement la queue tout en reniflant sa perruque.

« Vera ! Patrick ! » appela-t-elle d'une voix poignante. « Je n'arrive pas à me relever, avec cette saloperie de robe ! » L'orchestre jouait à pleine puissance, tandis que Vera et moi, assistés de deux machinistes, parvenions à extraire Tante Mame de sa robe de perles et à la libérer des chiens mais, par-delà la musique et le grondement sourd des décors que l'on roulait, me parvenaient encore les hurlements du public, et le nom de Vera Charles cent fois lancé. J'entendais également cette voix qui criait toujours : « Enlève tout ! »

En coulisses, il n'y avait plus un œil sec. Comme je guidais Tante Mame vers sa loge, les artistes et les machinistes s'interrompaient sur notre passage pour applaudir Vera Charles. « *Oh, mes amours* ! »* s'écria Tante Mame, transportée par son triomphe, sur quoi la compagnie l'acclama de plus belle.

Dans la loge, Tante Mame et Vera tombèrent dans les bras l'une de l'autre, tandis que les chiens s'employaient à se gratter et à se lécher. « Mame ! » s'exclama Vera, au comble de l'émotion, « tu as été magnifique. Moi *seule* aurais pu faire mieux. Ce dont j'ai besoin, maintenant, c'est d'un verre.

— Ce dont *j'ai* besoin, moi, c'est d'une anesthésie générale », dit Tante Mame. « Allez. Filons d'ici.

— Oh, mais Mame, ma chêêêa'h, tu oublies le grand final.

— Quel grand final ? s'enquit celle-ci d'une voix atone.

— Mais enfin, il y a *toujours* un grand final, Mame.

— Je n'en ai pas vu, la semaine dernière.

— Parce que tu n'es pas restée jusqu'au bout, ma chêêêa'h. Bien, ton costume est...

— Vera Charles, tu ne m'as rien dit, pas un traître mot, à propos d'un quelconque final. J'ai traversé les flammes de l'enfer pour toi, et à présent, je...

— Cela a dû me sortir de la tête, Mame chéria'h. Mais tu ferais mieux de te changer immédiatement. Ça commence juste après le tableau des *Nuits d'Arabie*.

— Bon, écoute », dit Tante Mame avec colère, allumant une cigarette, « si je dois encore porter un de ces monuments publics sous lesquels je ne peux simplement pas respirer...

— Pas du tout, ma chéria'h », dit Vera, ôtant la perruque de la tête de Tante Mame pour la remplacer aussitôt par une coiffure tout aussi élevée, composée de perles de jais et de fourrure de singe. « Ce costume est la fraîcheur même.

— J'aime mieux ça. Bon, qu'est-ce que je dois faire, exactement ?

— Déjà », fit Vera d'un ton détaché, « tu ôtes ton soutien-gorge et tu passes celui-ci. Même chose avec ta culotte. Et mon Dieu, tu attends simplement que le présentateur appelle Vera Charles, et...

— Je n'ai pas besoin de sous-vêtements propres, Vera », commença Tante Mame, « je me suis changée juste avant que nous...

— Arrête de jacasser, Mame, je t'en prie, et dépêche-toi un peu », dit Vera, dégrafant le soutien-gorge de Tante Mame. « Retourne-toi, Patrick. Donc, tu descends le grand escalier, avec les chiens... La culotte, maintenant, ma chêêêa'h. Passe celle-ci. Parfait... Oh, tu as aussi un page avec toi pour porter ta traîne — c'est ce charmant jongleur au chômage ; un Lyonnais. Voilà ! Tu es superbe ! Bon, la traîne, maintenant. Donc, tu te contentes de marcher au long de la fosse d'orchestre, tu reviens sur scène, tu souris, tu salues, et c'est tout. »

Vera s'agenouilla derrière Tante Mame pour agrafer une longue traîne de fourrure de singe à son fond de culotte, pour autant que l'on puisse appeler ainsi cet accessoire. C'était un vague filet couleur chair parsemé de perles de jais, là où des perles s'avéraient indispensables. Le soutien-gorge reprenait cette même idée de dépouillement.

« Et c'est *toi* qui porteras la plus longue traîne », déclara Vera en se redressant. « Ni les figurantes, ni même la *danseuse nue** n'ont droit à rien de comparable. »

On frappa à la porte.

« *Entrez** », fit Vera.

La porte s'ouvrit, et un jeune homme apparut, la mine morose, vêtu d'un large pantalon de lamé or, la tête ceinte d'un énorme turban également doré, et orné de fourrure de singe. « Ah, bien », fit Vera, « voilà ton page. Bonne chance, ma chéria'h.

— Mais, et le reste de mon costume ? fit Tante Mame, baissant les yeux sur sa quasi-nudité, accentuée par les rares perles de jais.

— Oh, heureusement que tu m'y fais penser », dit Vera. « Voici tes gants, et l'éventail. » Elle lui tendit une paire de longs gants noirs et un grand éventail de fourrure de singe.

« *Et... ?* fit Tante Mame.

— Et *quoi*, ma chéria'h ?

— Tu ne veux tout de même pas dire que c'est *tout*

ce que je vais porter ? Grands dieux, Vera Charles, si tu t'imagines que je vais me montrer sur scène à...

— Mais enfin, Mame, c'est le costume le plus *cher* du final. De vraies perles de jais, du vrai singe. C'est...

— Il pourrait aussi bien être fait avec le Chaînon Manquant. Il n'est pas question que je débarque sur scène à moitié nue, avec un jongleur au chômage, et parfaitement inconnu, en train de soulever ma...

— Oh », fit Vera avec désinvolture, « si c'est *ça* qui te tourmente, Patrick peut très bien s'occuper de ta traîne. » Puis, s'adressant au page, elle reprit : « Dites, vous, déshabillez-vous. Allez, à poil, tout de suite.

— Hé, une seconde ! » commençai-je. Mais déjà Vera m'avait ôté ma chemise et s'attaquait à ma boucle de ceinture, tandis que le régisseur frappait à la porte.

Aujourd'hui encore, je ne comprends pas très bien ce qui arriva mais, tout à coup, les six molosses entraînèrent Tante Mame, protestant et jurant, dans l'escalier des loges. Je suivis le mouvement à l'aveuglette, dans mon saroual doré, accroché d'une main à la traîne de Tante Mame, tentant de l'autre de dégager le turban doré qui me tombait sur les yeux. Les chiens nous hissèrent au sommet d'une nouvelle volée de marches. J'entendis Tante Mame s'écrier : « Je n'y vais pas. Que Dieu me damne si je... » Un ténor roumain s'égosillait, évoquant Pariiiii, *les belles de nuit**, tra-la-la, *cher ami**.

Je parvins à relever le turban à l'instant où le présentateur annonçait : « Miiiss Vera Sharl. » L'orchestre attaqua *My Miss American Beauty.* Les chiens bondirent. Tante Mame aussi. Et moi aussi.

Comme je l'ai dit, certains détails m'ont échappé. J'étais aveuglé par la lumière, assourdi par les applaudissements. Il paraît qu'aucune vedette américaine n'avait reçu semblable ovation en ces lieux depuis

Joséphine Baker, dix ans auparavant. Pour ma part, je ne pensais guère aux ovations. Je pensais à rentrer le ventre, à bomber la poitrine, et surtout à ne pas me casser la figure sur cette saleté d'escalier. Il m'apparaissait interminable, plus long même que celui de la tour Eiffel, mais nous finîmes néanmoins par rejoindre la terre ferme. Les vedettes de moindre valeur avaient salué une dernière fois, et la prétendue Vera Charles n'avait plus qu'à déambuler le long de la fosse d'orchestre, avant de faire ses adieux.

Les six bergers — des vieux routiers du music-hall, apparemment — gambadaient en file indienne devant la rampe des projecteurs, ouvrant la marche sur l'allée large d'un mètre qui encerclait la fosse. Suivait Tante Mame, tenant les six laisses d'une main, agitant de l'autre son grand éventail de singe, et tentant en vain de dissimuler son buste. J'arrivais derrière, dans le fourgon de queue, pourrait-on dire, la traîne nous séparant de quelque quatre mètres cinquante.

Le public se dressa, frappant des pieds, acclamant, rugissant d'admiration. Les « *Bravo !* », les « Vera ! » saturaient l'air. Et au premier rang, j'entendis de nouveau : « Ho ho, la reine ! Enlève tout ! »

Au même instant, je vis une canne tendue en travers de l'allée, juste devant Tante Mame. « Attention, Tante Mame ! » m'écriai-je.

Trop tard.

La poignée de la canne lui saisit la cheville. Elle s'immobilisa. Hésita. Chancela. Puis s'effondra de tout son long sur le premier rang d'orchestre, entraînant les chiens qui jappaient et grondaient au bout de leur laisse, le masque voltigeant dans les airs. Je suivis, trop ébahi par ce qui arrivait pour songer à lâcher la traîne. Nous nous retrouvâmes tous en vrac sur les genoux des spectateurs, Tante Mame, Sacha, Yacha, Vanya, Pavel, Boris, Morris et moi, luttant et nous débattant dans une mêlée effroyable de poils de chien et de fourrure de singe. J'entendis Tante Mame crier : « Mon Dieu ! *Dwight Babcock !* » Sur quoi elle s'évanouit.

Cela me paraissait une idée de génie, et je feignis aussitôt de m'évanouir aussi. La foule fit le reste, car les Français sont d'une fidélité farouche envers leurs vedettes. Aux cris de « *Cochon !* », « *Brigand !* », « *Voleur* !* », ils se jetèrent sur Mr. Babcock et le traînèrent *manu militari* hors de la salle. Ouvrant un œil, je le vis malmené, poussé, bourré de coups de poing tout au long de l'allée. Je détestais Mr. Babcock, certes, mais l'idée qu'il meure lynché m'était néanmoins déplaisante.

De retour à l'hôtel, Vera vida d'un trait un verre à orangeade rempli de cognac, bâilla, et déclara qu'elle allait se mettre entre les toiles. Cela avait été une sacrée journée, reconnaissait-elle.

« Une seconde, Vera », dit Tante Mame, frottant sa cuisse tuméfiée. « J'aimerais te demander un petit service.

— Mon Dieu, pas ce soir, ma chêêêa'h. La première, c'est toujours une chose tellement épuisante, pour une vedette.

— Assieds-toi, Vera. Avant d'aller nous coucher, nous devons trouver dans quelle prison est détenu Mr. Babcock, et lui rendre visite, toutes les deux.

— As-tu perdu l'esprit, ma chéria'h ? » fit Vera, hautaine. « Cite-moi une seule bonne raison pour laquelle moi, une Grande Vedette, je devrais aller voir un vieux coureur qui, au demeurant, te pose problème à *toi*, et pas à moi.

— Je peux te donner une excellente raison, Vera. Et la voici : Mr. Babcock s'est peut-être rendu compte que c'était *moi*, en effet, qui tenais *ton* rôle ce soir. Et il a le pouvoir de m'enlever Patrick. Je veux que tu viennes pour lui assurer que c'était bien toi qui as dégringolé sur ses genoux cagneux.

— Et si je refuse ? fit Vera d'un ton arrogant, bien qu'avec moins d'assurance.

— Si tu refuses, Vera », répondit Tante Mame d'une voix sereine, « Mr. Babcock ne sera pas le *seul* à savoir qui était la Grande Vedette, ce soir. Je parlerai, Vera. Et je peux être *très* bavarde. J'irai trouver *Time, Life, Paris Soir*, l'agence Reuter, l'Associated Press, l'United Press, l'International News Service. J'irai trouver qui voudra m'écouter, et non seulement tu te retrouveras au chômage, mais tu seras également la risée de...

— C'est du *chantage* !

— Je préfère appeler ça un *quid pro quo* — terme latin signifiant que je t'ai rendu un immense service, et que maintenant tu vas m'accompagner au gnouf, Vera. *Sinon...* »

Détenu dans un endroit évoquant quelque peu le cachot des Folies-Bergère, Mr. Babcock offrait un spectacle pitoyable. On l'avait passablement rossé, et ses vêtements étaient en loques. Il se précipita au judas de sa cellule, mais recula instantanément en reconnaissant Tante Mame, vêtue d'un modeste tailleur d'organdi noir absolument pas dynamique.

« Oh, c'est vous, Jézabel... gémit-il.

— Jézabel, exactement, Mr. Babcock », répondit Tante Mame. « Je suis venue vous voir par pure charité, après avoir supplié ma chère amie Vera Charles de vous pardonner votre inqualifiable conduite de ce soir. Et, à propos de Miss Charles, Mr. Babcock », ajouta-t-elle, perfide, « j'avais toujours cru comprendre que c'était *Mrs.* Babcock qui en était folle, et pas vous.

— Je sais pertinemment que c'est *vous* qui étiez sur scène ce soir, à faire des galipettes dans une tenue qui... Vous et ce sale gosse, cette graine de délinquant, votre neveu. » Il paraissait cependant un peu hésitant. Légèrement ivre, aurait-on dit.

« Il est bourré », déclara Vera d'une voix sèche. « Il est saoul, de toute évidence. Mais *qui* pourrait me remplacer, à votre avis, vieux dégoûtant ?

— Ohhhh », gémit de nouveau Mr. Babcock. « Si j'étais... si je n'étais pas moi-même, ce soir, c'est parce que *vous*, Mame Dennis Burnside, avez mis quelque chose dans mon jus de raisin.

— C'est absurde », coupa Vera d'un ton âpre. « Il puait l'alcool. J'ai bien senti son haleine, quand il m'a fait tomber du...

— J'ai été drogué, dit Mr. Babcock, assez piteusement, et de moins en moins sûr de lui.

— Allons, Mr. Babcock », fit Tante Mame, agitant coquettement l'index par le judas ouvert, « l'époque des Borgia est depuis longtemps révolue. Mais, hélas, l'époque de la rapine, de la concupiscence, du désir bestial ne l'est pas, je le crains fort — et ceci dans des milieux très surprenants. Comment pouvez-vous imaginer qu'une pauvre veuve solitaire ait pu emmener un être jeune et innocent voir une exhibition de chair aussi choquante que celle à laquelle vous avez assisté — et avec quelle complaisance — ce soir même ?

— C'est vrai, Mr. Babcock », intervins-je d'une voix aiguë, « Tante Mame et moi songions même à venir vous rendre visite à Neuilly, pour partager enfin un vrai repas de chez nous, avec du beurre de cacahuète, et peut-être regarder ces fascinantes diapositives.

— Tout à fait », affirma Tante Mame. « Et je n'ai pas le cœur de révéler à cette pauvre Eunice la disgrâce dont vous les accablez, elle et son fils — oui, et aussi les Gilbreath, ce couple merveilleux —, par votre conduite... »

Le reste de sa diatribe fut couvert par les bafouillages

éperdus de Mr. Babcock. Tante Mame, sadique, attendit que les sanglots se fussent calmés pour poursuivre.

« Mais si vous n'éprouvez aucune gratitude pour la loyauté dont je fais preuve envers votre épouse, cette malheureuse femme bafouée, vous devriez au moins m'être reconnaissant d'avoir supplié Miss Charles de vous pardonner. Et de ne pas *porter plainte* contre vous.

— M... mais... balbutia Mr. Babcock.

— Par bonheur », reprit Tante Mame, sans désarmer, « Vera Charles est une véritable amie, avec un cœur d'or. Quelle autre femme vous pardonnerait de l'avoir molestée, humiliée publiquement, de lui avoir fait *ça* ? » D'un geste théâtral, Tante Mame arracha le voile qui dissimulait Vera, désignant sa mâchoire noire et enflée. Mr. Babcock manqua s'étouffer. « Pour avoir fait *ça*, Mr. Babcock, à un visage vénéré par les amoureux du théâtre depuis un demi-siècle. »

Vera se cabra imperceptiblement.

« Quand je... vous ai quittée à l'American Express, cet après-midi », dit-il d'une voix saccadée, « j'avais déjà cette impression bizarre. Je me suis arrêté dans un... dans une espèce de bouge, et j'ai commandé un alcool, et puis... et puis... Eh bien, plus rien. Le trou noir. Je...

— C'est une bien triste histoire, en effet, Mr. Babcock », observa Tante Mame, élevant une main pieuse, « mais bien sordide également, et je ne tiens pas à ce que vous la racontiez devant cet enfant dont j'ai la charge. Il suffit amplement qu'un homme comme vous, une sorte de Dr Jekyll et Mr. Hyde, ait un contrôle absolu sur son modeste héritage, que vous dilapidez probablement en turpitudes trop abominables pour être simplement évoquées. Je vous serais donc reconnaissante de garder à l'esprit, dorénavant, que l'équilibre *spirituel* de Patrick demeure entre *mes* mains, et que je ne tiens pas à voir son jeune esprit corrompu par le récit de votre répugnante déchéance, quand...

— Pitié, pitié », implora Mr. Babcock. C'était un homme brisé. « Je ferai tout ce que vous me direz.

— Ah, mais vous inversez les rôles, Mr. Babcock », reprit Tante Mame. « Ce n'est pas *vous* qui êtes là pour m'aider, mais *moi* qui suis venue jusque dans cet égout, ce repaire d'ivrognes et d'assassins, pour *vous* aider. Bien, dites-moi », continua-t-elle avec une douceur venimeuse, « souhaitez-vous que j'appelle Mrs. Babcock ? Eunice doit se demander ce qui a pu vous...

— Oh, non ! Non, par *pitié* !

— Très bien. Vera, voyez-vous, non seulement vous pardonne, mais se déclare prête à payer votre caution. *N'est-ce pas*, Vera ? »

Celle-ci, à la simple idée de se départir d'un centime, parut frappée par la foudre. « Ouiiia'h », fit-elle cependant, avec une dignité glaciale.

« Vous serez libéré presque immédiatement, et sans rapport de police pour souiller le souvenir de votre séjour auprès de vos amis français. J'ai commandé une limousine pour vous conduire à l'hôpital américain de Neuilly. Dans une heure, j'appellerai cette malheureuse Eunice pour lui apprendre que vous avez eu un accident avec ma voiture, et que vous vous trouvez à l'hôpital. Ceci justifiera votre aspect déplorable. Patrick et moi quittons Paris dès demain, et je ne saurais trop vous conseiller d'en faire autant.

— Je... je ne pourrai jamais ass... assez vous remercier », balbutia Mr. Babcock. Je ne pus retenir un hennissement. Le spectacle de ce vieux coq plein de suffisance et de bonne conscience rampant devant Tante Mame était plus que je n'en pouvais supporter.

« Allons, Patrick, ne te laisse pas trop émouvoir par ce qui n'est qu'un simple acte de bienveillance et de tendresse humaine », me dit Tante Mame, me tapotant l'épaule, tout en me pinçant méchamment la nuque. « La vie nous donne tant de leçons... Nous avons *tant* à apprendre... Ah, voilà le gardien, qui va vous rendre une liberté que vous ne méritez guère. Venez, Mr. Babcock ! »

Le public des Folies-Bergère s'était montré beaucoup plus violent que je ne l'avais soupçonné. Il restait à Mr. Babcock ses chaussures, ses chaussettes et quelques lambeaux de sous-vêtements, mais guère plus. Sur le trottoir, il offrait un spectacle grotesque. La soirée avait fraîchi, et il ne pouvait s'empêcher de frissonner.

« Vous pouvez m'accompagner jusqu'à ma voiture, Mr. Babcock », déclara Tante Mame, non sans mansuétude. « Souvenez-vous que c'est avec cette voiture que vous êtes censé avoir eu un accident. Une berline Panhard, argentée. C'est ainsi que l'on m'a retrouvée, et que j'ai été la première prévenue. Montez, Vera et Patrick. Et peux-tu me passer ce plaid, mon petit amour ? Merci. »

Elle se tourna vers Mr. Babcock, et drapa le plaid autour de lui.

« Voilà, Mr. Babcock », dit-elle, « ceci vous aidera à cacher votre... hum... *honte*. Votre limousine est juste derrière ». Elle s'installa au volant et mit le contact. Mr. Babcock avait l'air d'un Sitting Bull en miniature, drapé dans le plaid de voyage de Tante Mame. Je ricanai derechef.

« Eh bien, Mr. Babcock, tout est donc pardonné », dit Tante Mame. « Pardonné et... *oublié* ?

— Oh, ou... oui », fit Mr. Babcock, claquant des dents. « Mais il y a une chose...

— Oui, Mr. Babcock ? fit Tante Mame avec douceur.

— Qu... que vais-je faire de votre plaid, en arrivant à l'hôpital ?

— *Enlève tout !* » s'écria Tante Mame. Et la voiture bondit en rugissant dans la rue silencieuse.

CHAPITRE III.

TANTE MAME À LA COUR.

« Et donc, après ces musées, ces galeries d'art, le Théâtre-Français, qu'a inventé cette vieille maniaque ?

— Eh bien », dis-je d'un ton alerte, « Tante Mame trouvait qu'il commençait vraiment à faire trop chaud pour elle, à Paris. Même au début du printemps, tu sais, là-bas, il y a vraiment des journées torrides. Ce n'est d'ailleurs pas tant la chaleur en soi que...

— Continue.

— Eh bien, nous sommes allés à Londres.

— Pour quoi faire ?

— Pour rendre visite à la reine. Réellement. Si ce n'est qu'à l'époque c'étaient un roi et une reine.

— Tu n'es pas drôle.

— Mais c'est la vérité. Que veux-tu qu'il arrive, dans une ville aussi austère, aussi traditionaliste que Londres ? En outre, Tante Mame a toujours évolué dans le milieu des cours royales. »

Incapable de regarder en face cette mère effondrée, je filai à l'office pour corser un peu mon verre. Son cocktail avait besoin d'un petit coup de fouet, et moi aussi.

Londres se remettait *à peine* de l'affaire Simpson et du couronnement quand Mrs. Burnside et sa suite s'installèrent dans un appartement du Claridge. Sa suite, à cette époque, se composait de sa meilleure amie, Vera Charles, Première Dame du Théâtre Américain, qui avait obtenu des Folies-Bergère un tel dédommagement pour le préjudice subi qu'elle pouvait passer l'été sans travailler — et de moi, bien sûr.

Tante Mame avait souvent séjourné à Londres, et elle y connaissait beaucoup de gens, rescapés des années vingt. À cette époque préhistorique, on les surnommait la Fine Fleur de la Jeunesse. Mais après deux Petits Après-Midi et Grandes Soirées organisés par Tante Mame — et une rude semonce de la direction —, celle-ci dut bien admettre que ses compagnons des jours anciens s'étaient laissé prendre de vitesse par le temps. Ce n'étaient plus que de vulgaires noceurs sur le retour.

« Oh, mon petit amour », gémit-elle de sous son sac de glace, au lendemain de la troisième Grande Soirée, « je crains de m'être fourvoyée. Ce n'est pas le Bon Milieu. Mes vieux amis ne sont plus ni fins, ni jeunes, ni rien.

— En tout cas, ils se donnent du mal pour l'être, dis-je.

— *Du mal ?* Mais, mon chéri, ils sont *infréquentables* ! C'est une caricature d'Evelyn Waugh. Non, Patrick, j'ai atteint un âge où beauté et dignité doivent faire partie intégrante de ma vie. Je ne suis plus Mame la Fofolle, mais Mrs. Beauregard Jackson Pickett Burnside, une veuve — encore jeune et séduisante, sans doute — possédant une certaine position sociale et financière. J'ai aussi cette responsabilité écrasante de guider mon jeune neveu au travers des embûches de l'ex...

— Ne vous inquiétez pas pour moi, Tante Mame. J'entre à l'université à l'automne prochain, et vous pourrez continuer de...

— Ne m'interromps pas ! » fit-elle, ôtant son sac de

glace et le plaquant violemment sur le lit. « Comme je le disais, cette vieille Fine Fleur de la Jeunesse n'est plus du tout pour moi. Ça ne va pas du tout, du tout, du tout ! Oh, certes, nous étions ardents et joyeux, et un peu fous, il y a dix ans, mais aujourd'hui — dans cette lumière froide et sinistre de 1937 —, ces compagnons d'hier, immatures, obsédés de plaisir, à demi alcooliques, m'apparaissent d'une nullité qui dépasse les mots. Regarde ce qu'ils ont fait de cette chambre délicieuse ! Des brûlures de cigarettes ! Des verres renversés ! Ce lustre qui ne tient plus que par le fil électrique ! Non, Patrick, non, mon petit amour, pour moi, l'Angleterre, c'est la noblesse, la sérénité, un certain sens de l'histoire... »

Vera, qui avait sommeillé un moment sur le divan, se redressa et se dirigea vers sa chambre d'une démarche vacillante, traînant derrière elle des lambeaux de robe du soir. Elle prononça un mot bref, que je ne peux reproduire ici, et claqua la porte.

« Voilà », reprit Tante Mame, « l'illustration parfaite de ce dont je parle. Il ne s'agit pas de la société londonienne que je souhaite présenter à un jeune homme aussi impressionnable que toi, mon chéri. Je *tiens* à ce que tu découvres l'Angleterre sous un aspect plus digne et plus gracieux — une nation souveraine, riche de traditions séculaires, empreinte de noblesse et de pompe. Et mon petit amour, c'est pourquoi... ». Tante Mame fit une pause théâtrale et, d'un geste farouche, reposa le sac de glace sur son crâne.

« Oui, Tante Mame ?

— C'est pourquoi, Patrick, *je* vais me faire présenter à la cour. »

Quand Tante Mame avait décidé quelque chose, elle le faisait sans perdre une seconde, et c'est ainsi qu'elle s'employa sur-le-champ à pénétrer les milieux de la cour. Sa première démarche fut de télégraphier à New York pour que Ito, son domestique japonais, vienne nous rejoindre avec la Rolls-Royce, par le *Queen Mary*. Faire venir une Rolls d'Amérique en Angleterre, cela équivalait un peu à porter de l'eau à la rivière, et j'imaginais mal Ito, déplorable conducteur, affrontant la circulation londonienne. Mais Tante Mame déclara que la Rolls-Royce et Ito faisaient partie intégrante de notre Tradition Familiale et que, puisqu'il avait de toute façon toujours roulé à gauche, il trouverait peut-être en Angleterre sa Patrie Spirituelle.

Sa seconde initiative fut de se mettre en contact avec lady Gravell-Pitt, sur quoi les choses commencèrent *vraiment* à bouger.

Où exactement Tante Mame avait-elle déniché Hermione Gravell-Pitt, je ne le saurai jamais — je ne veux d'ailleurs même pas l'imaginer. Tout ce que je peux vous dire, c'est que le lendemain même de la déclaration solennelle de Tante Mame, revenant d'une promenade à Westminster Abbey, je les trouvai toutes deux minaudant autour d'une tasse de thé, avec une insigne distinction. À l'instant, je sus que Tante Mame était entrée dans une Nouvelle Phase.

« Les bijoux, lady Gravell-Pitt », disait Tante Mame, « ne constituent nullement un problème. » Sur quoi elle eut un geste gracieux, mettant en valeur son énorme bague d'émeraude brute, tandis que des diamants — plutôt honnêtes — scintillaient discrètement à son oreille.

« Non, bien sûûû'h », fit lady Gravell-Pitt, son regard en vrille jaugeant en une seconde la splendeur des pierres. Puis elle sourit, et ce fut mon tour d'être saisi par la splendeur safranée de ses dents. Elle devait en posséder une soixantaine. Très grandes et très fausses, elles étaient couleur vieil ivoire, étincelantes, d'une régularité digne de Titien et, l'espace d'un moment, j'eus cette vision persistante du double clavier d'un très ancien clavecin. « Puisque nous allons devenir les meilleures amies du monde, ma chère, il faut que vous m'appeliez Hermione — ou même Hermie.

— Mon Dieu, avec plaisir, Hermione », répondit Tante Mame, « mais seulement si *vous* m'appelez Mame.

— Bien sûûûh', Mame », dit Hermione, non sans un nouveau sourire ocré. « Mais avez-vous un diadème ?

— Deux.

— Quel dommage ! » fit Hermione, avec un mince sourire mélancolique. « J'en possède un ravissant. Bijou de famille, bien sûûû'h, mais je vous l'aurais volontiers cédé pour une bouchée de pain. Quoi qu'il en soit », continua-t-elle, caressant sa chevelure mi-longue, d'un or cuivré, « nous allons devoir vous trouver une résidence. En tant que marraine, je ne peux absolument pas vous laisser vivre à l'hôtel ». Elle parcourut des yeux la suite du Claridge comme si c'était l'hospice du comté. « Par chance, je *connais* une petite merveille de maison, ici même, à Mayfair, que nous pouvons louer pour la saison et...

— *Nous ?* répéta Tante Mame.

— Ouia'h », reprit Hermione, avec une nouvelle exhibition bucco-dentaire. « Vous, Miss Charles, votre neveu, et *moi* — nous tous. Voyez-vous, lady Styllbourne est une grande amie à moi, et je *pense* pouvoir la convaincre de vous l'abandonner pour mille guinées par mois. Plus, bien *sûûûh'*, les gages des domestiques. »

Comme je filais vers ma chambre, sur la pointe des pieds, j'entendis lady Gravell-Pitt ajouter : « Bien, si vous me donnez votre accord... ou votre carnet de chèques. »

Somptueuse, c'est ainsi, je crois, que l'on peut qualifier la petite merveille de maison que Tante Mame avait louée par l'entremise de lady Gravell-Pitt. Il s'agissait d'un vaste hôtel particulier couvert de marbre situé dans Grosvenor Square, assez proche de l'ambassade américaine pour que Tante Mame puisse aller ennuyer ses compatriotes quand elle en éprouverait le besoin, mais assez éloigné cependant pour qu'ils ne puissent pas la surveiller trop attentivement. Tante Mame déclara que la demeure était « divine », et sa situation « idéale ».

Lady Gravell-Pitt, très châtelaine, nous accueillit à l'entrée, entourée d'un peloton de valets de pied. « Bienvenue, bienvenue, chère Mame ! Patrick, mon cher ! *Miss* Charles. » Lady Gravell-Pitt ne tenait pas Vera en haute estime. « Laissez-moi vous faire visiter notre nouvelle, notre adorable maison. Votre, hum, votre *décor*, dorénavant. » Elle nous offrit son horrible sourire de vieille faïence. « L'écrin parfait pour un charmant bijou américain. »

Vera eut un haut-le-cœur.

Hermione nous précéda donc entre les deux rangées de larbins, puis dans une succession de salles de marbre ornées de lustres Waterford, de vieilles tapisseries françaises, et de portraits de gens morts. L'endroit valait le coup d'œil. Les pièces de style Adam ouvraient sur des pièces Chippendale, les pièces Chippendale donnaient sur des pièces Heppelwhite, Grinling, Gibbons, Regency, Louis XV, etc.

Tout cela n'était pas très confortable, ni très propre, mais Tante Mame adora. Hermione conclut sa visite guidée par ce qu'elle appelait « l'intimité même, un boudoir purement Directoire donnant directement sur le jardin ; idéal pour prendre le thé ». C'était de fait la pièce la plus chaleureuse de la maison — ce qui ne veut pas dire grand-chose —, donnant effectivement sur un petit carré de gazon fuligineux, au centre duquel un

Apollon de marbre exhibait avec un orgueil excessif un misérable étalage de virilité amputée.

« Bien, ma chère Mame », déclara enfin lady Gravell-Pitt, avec un joyeux claquement de râtelier, « parlons de votre présentation à la cour. Bien sûûûh', avec *mes* relations, je pourrais vous présenter immédiatement...

— Alors, pourquoi ne le faites-vous pas ? coupa Vera.

— *Mais* — lady Gravell-Pitt leva une main impérieuse —, je privilégie l'approche par étapes. Tout d'abord, quelques petits cocktails, déjeuners et dîners. C'est ainsi que vous deviendrez intime avec la crème de la cour. Sur quoi je m'arrangerai pour vous faire inviter à la garden party royale. Et enfin, la présentation officielle à St. James's.

— Combien de temps cela prendra-t-il ? s'enquit Tante Mame.

— Et combien *d'argent* ? » ajouta Vera.

La saison mondaine de Tante Mame débuta dès le lendemain, à midi pile, quand un troupeau de gens très chics et très mal attifés fondit sur la table comme un vol de cormorans, avant de s'enfuir à trois heures pile. Une heure et demie plus tard, six autres membres de la *gentry* apparaissaient pour dévorer trois gros gâteaux, cinq plateaux de sandwiches, accompagnés de litres de thé. À huit heures, douze autres faisaient irruption en tenues de soirée vaguement défraîchies, se ruant sur un dîner gargantuesque, comme s'ils n'avaient pas vu de nourriture depuis le jubilé de la reine Victoria. Le reste de la semaine suivit à peu près le même schéma, si ce n'est que, deux fois, Tante Mame fut autorisée à emmener les amis d'Hermione au théâtre, puis souper et danser dans un club où, je devais le découvrir ultérieurement, celle-ci avait quelques intérêts financiers.

Je dois avouer qu'aucun des innombrables invités de Tante Mame ne me parut particulièrement séduisant. C'étaient, pour la plupart, des gens de province, ou des Russes blancs d'un autre âge, pourvus, je le sais à présent, de titres nobiliaires mineurs, voire douteux. Aucun n'était âgé de moins de soixante ans, ne fût-ce que d'une minute, et tous étaient des parents de lady Gravell-Pitt. Les femmes s'adonnaient au port de la moustache, et les hommes aux rhumatismes. Leurs vêtements semblaient provenir de quelque vente de charité, et si c'était *cela* la crème de la cour, j'éprouvais une terrible compassion pour le roi George et la reine Elizabeth — « Bertie et Bessie », comme les appelait lady Gravell-Pitt en présence de Tante Mame.

Il ne m'apparut pas non plus qu'aucun d'entre eux fût particulièrement pressé de rendre à Tante Mame sa grandiose hospitalité, ne fût-ce qu'avec une tasse de thé. Vera également s'en rendit compte. Mais Tante Mame était tellement prise par son rôle d'hôtesse, Hermione tournant sans cesse autour d'elle comme un vautour, les dents jouant des castagnettes, qu'elle ne devait guère avoir le temps d'y réfléchir. Le matin, Hermione lui apprenait longuement à faire une révérence de cour, l'exécutant devant elle en vacillant de manière inquiétante, et avec force craquements de jointures. Au bout d'une leçon, Tante Mame pouvait plonger dans une révérence digne d'une *prima ballerina*, de sorte que lady Gravell-Pitt n'eut plus grand-chose à faire, si ce n'est inviter ses parents à se régaler des mets choisis et des fruits hors saison qu'offrait la table de Tante Mame, et essayer de lui vendre diverses choses, parmi lesquelles : une vieille Daimler, un service à thé Queen Anne un peu cabossé, des livrées presque neuves pour les valets de pied, une antique cape en hermine qui, disait-elle — et il n'y avait aucune raison de ne pas la croire —, avait appartenu à la reine Charlotte, un service de table de trente-six couverts (en Limoges ébréché), un corselet incrusté d'émeraudes (taille quarante-deux), un cheval de course alezan, une abbaye en ruine (au pays de Galles), et un chiot saint-bernard.

Au bout d'une semaine de vie commune avec lady Gravell-Pitt, Vera commença visiblement de craquer. « Amène-toi », me dit-elle en pur pittsburghais, dénué de toute trace de cet accent de Mayfair inintelligible qu'elle prenait sur scène.

J'entrai dans sa chambre, et elle referma la porte derrière nous.

Point n'était besoin de boule de cristal pour voir que lady Gravell-Pitt méprisait Vera, bien que celle-ci fût une Grande Vedette et, même à Londres, plus ou moins la rivale de Gertrude Lawrence. « Des gens de théâââth', bien sûûûh' », disait toujours Hermione, remettant Vera à sa place dans un claquement de mâchoires, comme si celle-ci avait été condamnée pour racolage dans Park Lane. Elle lui faisait sentir son dédain de mille façons, l'excluant des conversations, négligeant de la présenter à la crème de la cour, la plaçant à table le plus loin possible de la salière, et lui attribuant la chambre la plus petite et la plus défraîchie de la maison, alors que tant d'autres, infiniment plus agréables, demeuraient inoccupées.

« Alors ? fit Vera, prenant une cigarette dans mon paquet.

— Alors quoi, Vera ?

— Tu sais bien quoi, Patrick. Cette salle des ventes dans laquelle elle vit. Cette vieille édentée. Ces truqueurs minables qui se pointent à l'heure des repas...

— Oh, vous connaissez Tante Mame et ses lubies, Vera. Elle s'en lassera bientôt. Elle tient à être présentée à la cour, c'est tout. Après quoi, elle ne voudra plus entendre parler de tout ça, et passera à autre chose.

— Mais nom d'un chien, si tout ce qu'elle veut,

c'est se planter trois plumes dans le chignon et faire une révérence, elle peut y parvenir beaucoup plus simplement. Après tout, Mame est une femme diablement séduisante, et en vue — *et riche*. L'épouse de l'ambassadeur des États-Unis pourrait la faire présenter dans la *seconde*. » Vera me fixait de son regard vert, froid. « Tu penses sans doute que lady Hormone ne sait *pas* que Mame est la neuvième veuve la plus riche de New York ? En tout cas, elle lui fait faire un sacré tour de manège, et...

— Oh, Tante Mame prend plaisir à tout ça. Si elle ne s'était pas fixée sur cette histoire de présentation à la cour, elle serait plongée dans le yoga, ou le mouvement Oxford, ou la danse moderne...

— La cour, mes pieds, oui ! Cela fait quinze ans que je joue les altesses sur scène, et si ces vieux épouvantails sont autre chose que des ringards et des pique-assiette, moi, je suis la reine Mary. De toute façon, ce n'est pas le principe qui me tracasse, Patrick, c'est l'argent. Cette garce saigne Mame à blanc, et lui extorque tout ce qu'elle peut, jusqu'au moindre penny. Rends-toi compte, Mame pourrait louer le château de Windsor, pour le loyer de ce mausolée, sans parler des domestiques et de ce qu'elle dépense en nourriture pour les parents pauvres de Gravell-Pitt.

— Elle est très généreuse. Et extravagante, c'est vrai.

— Oui, eh bien il y a deux jours, quand moi, Vera Charles, sa plus ancienne et plus fidèle amie, lui ai demandé si elle ne voudrait pas investir quelques milliers de livres dans cette nouvelle pièce à laquelle je songe pour Cochran — une pièce superbe, superbe, tu devrais *voir* les costumes —, elle m'a répondu qu'elle n'en avait pas les *moyens*. Pas mal, hein ? Jamais perdu un *cent* sur un de mes spectacles, de toute sa vie, et maintenant...

— Elle devait plaisanter.

— Non, elle ne plaisantait pas. Hermione lui a bel et bien mis le grappin dessus. Et *moi*, je peux bien me crever le train huit soirées par semaine, pendant que cette ringarde — une parfaite inconnue, s'il vous plaît — se balade dans la Rolls de Mame, dirige les domestiques, invite sa bande de raseurs, et me *boucle* dans cette chambre de bonne. Crois-moi, Patrick, cette femme est dangereuse. »

J'étais tellement habitué aux diatribes de Vera contre les autres femmes que je mis d'abord sa haine de lady Gravell-Pitt sur le compte de la jalousie, et n'y pensai plus guère. Mais un ou deux jours plus tard, je commençai effectivement de m'apercevoir que, dès qu'une bonne affaire se profilait, Hermione ne craignait personne.

Tout commença à propos de mes vêtements, que j'avais toujours considérés comme convenables, à défaut d'être somptueux. « Bien sûûûh', chère Mame », dit Hermione, me contemplant comme si j'étais un chiffonnier, « vous n'imaginez pas une seconde que Patrick puisse assister aux grands dîners et aux bals dans une tenue aussi inappropriée. »

Je baissai les yeux pour voir quel était le problème, mais mes vêtements étaient propres et bien boutonnés.

« Qu'entendez-vous par là, Hermione ? s'enquit Tante Mame d'une voix absente.

— De fait, Mame, un habit de dîner, c'est une chose, mais pour les vraies soirées de *gala**, la queue-de-pie, la cravate blanche, le haut-de-forme et la cape sont *de rigueur**.

— Une cape ? » fit Tante Mame en riant. « Mais c'est absurde, ma chère. Patrick n'a que dix-sept ans.

— Et bien sûûûh', pour la garden party royale, le pantalon gris à rayures, la jaquette, le haut-de-forme gris...

— Mmmmmm. C'est *vrai*.

— Mon Dieu, si je suis vraiment invité à ces trucs-là », intervins-je, « je dois pouvoir louer les tenues chez Moss Bros. Qu'est-ce que je ferais d'un pant... » La phrase mourut sur mes lèvres. Eussé-je suggéré de me présenter nu, lady Gravell-Pitt n'aurait pas semblé plus horrifiée.

« Moss Bros ! » cracha-t-elle. « Réellement, Mame, c'est déjà bien assez difficile pour moi de présenter des Américains à la meilleure société de Londres, mais imaginer que l'on puisse *louer* des vêtements...

— Oh, très bien », dit Tante Mame d'un ton serein. « Il pourra toujours porter les tenues de soirée aux bals de l'université, quant à ce déguisement pour la garden party, il sera bien un jour garçon d'honneur à un mariage. Tu n'as qu'à aller voir dans Dover Street, mon chéri. Je connais beaucoup d'hommes fort élégants qui se font faire leurs habits chez Kilgour, French et...

— Cela dit », reprit lady Gravell-Pitt, me jaugeant du regard, « je connais un jeune duc — mon cousin, en fait — qui est exactement de la taille de Patrick. Ses vêtements lui iraient parfaitement, et je *pense* réussir à le convaincre de s'en défaire pour, hum, pour une centaine de guinées. » Voilà qui réglait tout.

Lady Gravell-Pitt était le genre de femme que l'on déteste de prime abord, mais que l'on hait de tout cœur quand on a appris à la connaître un peu mieux. Et j'appris à la connaître, sans pouvoir cependant me départir d'une sorte de fascination devant sa longue silhouette squelettique, et la splendeur synthétique de ses cheveux et de ses dents. Quelque part entre la cinquantaine et la mort, Hermie semblait avoir subi l'influence excessive des photographies de Sylvia Ashley, d'une part, et d'autre part de ces articles qui vous conseillent d'affirmer votre personnalité en mettant tout simplement vos défauts en valeur. L'effet global était du pur Douglas Byrne.

J'aurais pu passer sur son physique hideux si seulement il avait existé, quelque part en elle, un vague fond de gentillesse ou de générosité. Mais ce n'était pas le cas. Hermione était de ces femmes abominables pour qui être une lady est une profession. Si elle n'en était pas à poser pour des publicités pour une poudre ou une lotion faciale, c'est qu'aucun fabricant de cosmétiques n'était assez cinglé pour le lui proposer. Mais je ne la vis jamais autrement que plongée jusqu'aux yeux dans une douzaine de petites magouilles toujours liées, de près ou de loin, aux titres nobiliaires. Moyennant rétribution, elle faisait présenter à la cour de riches Américaines, Canadiennes ou Australiennes. Et contre une petite commission, elle vous dénichait une adorable petite garçonnière dans le West End, ou un amour de villa au bord de la mer, ou un château en Écosse. Hermie faisait dans les bijoux, l'argenterie et les fourrures d'occasion, dans les robes de bal nettoyées à la hâte, dans les antiquités et la décoration, dans la domesticité et les secrétaires particulières, dans les tours du monde et les visites guidées des demeures les plus aristocratiques. Elle adorait prêter — ou louer — son nom à des boîtes de nuit et des restaurants, des boutiques de vêtements et des galeries d'art ; à quiconque était prêt à payer pour utiliser son titre, à quelque fin que ce fût. Je ne *pense* pas qu'elle trafiquait de la drogue, ni qu'elle s'occupait de traite des Blanches, mais je parierais que, lui eussé-je demandé de me fournir un peu de cocaïne ou une jolie mulâtresse, Hermie se fût ruée au téléphone en une demi-seconde. Le *service*, tel était son maître mot et, avec ses soies et ses satins douteux, ses fourrures défraîchies et ses diamants crasseux, elle semblait de fait avoir pas mal servi.

Bien que je ne fusse jamais surpris par ses lubies ou

ses passions soudaines pour telle ou telle personne, je ne comprenais pas ce que Tante Mame trouvait à Hermione. Elle, qui pouvait faire preuve d'une perspicacité incroyable face à certains individus, et d'une crédulité tout aussi incroyable face à certains autres, faillit atteindre le point de rupture au cours de la semaine d'Ascot, en apprenant qu'elle n'était pas invitée à prendre place dans la tribune royale — ni Hermione, apparemment. Son mécontentement s'accrut encore lorsque Vera, portant plus de renards dorés que la reine, s'y rendit au bras d'un vieux duc dépravé.

« Bien sûûûh', Mame, les gens vraiment *bien* ne vont jamais à Ascot, se justifia Hermione, sans conviction.

— Non, évidemment ! » gronda Tante Mame. « Uniquement le roi, la reine, la reine Mary, le duc et la duchesse de Kent — des minables, quoi !

— De plus, Mame », reprit Hermione, d'un ton mielleux jusqu'à l'écœurement, « vous avez invité l'élite de la cour à déjeuner, demain.

— S'ils sont l'élite de la cour », fit remarquer Tante Mame, « pourquoi ne sont-ils pas présents dans la tribune royale, *avec* la cour ? Et Patrick et moi ? Et *vous*, d'ailleurs ? » Elle quitta la pièce et fila dans sa chambre d'un pas rageur.

Sur ce, j'entendis lady Gravell-Pitt passer divers coups de téléphone aussi discrets que désespérés. En fait, tout au long de la journée, tandis que Tante Mame faisait étalage de charme et de caviar pour le compte des éternels pique-assiette, Hermione ne cessa de s'excuser de devoir passer encore un coup de fil de la plus extrême urgence.

L'ambiance se fit plus tendue encore quand Vera revint ce soir-là, exhibant son duc, ses gains, et une impressionnante brochette de grands personnages, avec lesquels elle avait déjeuné en plein air, pris le thé, ou simplement bavardé. « Bien sûûûh', je ne suis qu'une actrice », ajouta-t-elle trois ou quatre fois, en en rajoutant complaisamment. Et quand Hermione apparut dans la pièce, après ce qui devait être son centième coup de fil de la plus extrême urgence, Vera poussa son duc vers elle, déclarant : « Vous êtes certainement de viiieuuux, viiieuuux amis, il est donc inutile de vous présenter. »

Le duc demeura muet, la perplexité peinte sur son visage. Quant à Hermione, elle semblait n'avoir qu'un désir : ramper sous le tapis.

« Euh... Je ne... Je ne pense pas... commença le duc.

— Mais bien sûûûh' ! » coupa Hermione, dans un claquement éperdu de dentier, avant de s'excuser de nouveau, et de s'enfuir vers le téléphone.

Elle devait expliquer plus tard que le titre du duc était extrêmement récent. Il n'en était rien, en fait.

Ce soir-là, lady Gravell-Pitt parvint néanmoins à négocier des invitations pour la garden party royale, pour Tante Mame et moi. Elle rayonnait de fierté et de soulagement en traversant vivement le salon, agitant les enveloppes brandies comme un trophée. Tante Mame fut ravie de voir qu'elle faisait enfin son chemin vers la cour.

« Il n'y en a que trois, bien sûûûh' », fit Hermione, avec une odieuse méchanceté. « Je suis absolument navrée, mais je n'ai pas pu en obtenir pour Miss Charles.

— C'est pâaah'faitement sans impoh'taaance », répondit celle-ci, avec son accent de théâtre, « cela fait une éteeeeh'niteh' que j'ai la mienne. »

Le jour de la garden party royale, l'aube se leva inhabituellement chaude et lourde. La maisonnée était en ébullition. Les femmes de chambre ne cessaient d'arpenter les couloirs, chargées de robes fraîchement repassées. Dans la rue, Ito lustrait ses boutons d'uniforme, puis la Rolls, puis ses boutons de nouveau, puis la Rolls. Je ressentis moi-même une vague excitation quand arrivèrent mes vêtements ducaux, à peine usagés.

Ce n'est qu'en les passant que je commençai d'éprouver quelques doutes quant à la supériorité de ce tailleur sur Rogers Peet. Le pantalon était beaucoup trop grand, et beaucoup trop court. Tenu par des bretelles, comme l'usage le voulait, il me laissait les chevilles à l'air de trois bons centimètres. Si je laissais le revers casser sur mes chaussures, un étalage éblouissant de chemise blanche apparaissait entre la ceinture et mon gilet gris qui, au demeurant, se révélait si étroit que les boutons manquaient de sauter à chaque respiration. La veste était courte de manches, étroite d'épaules, mais si flottante à la taille que j'aurais pu m'enrouler deux fois dedans. La cravate, cela dit, était absolument parfaite. Je cherchais toujours quelle posture adopter pour éviter d'apparaître trop grotesque, quand Tante Mame m'appela du jardin.

« Patrick, descends, mon petit amour. Nous allons prendre quelque chose avant de partir. Mieux vaut ne pas arriver trop tard.

— Je... J'arrive tout de suite, Tante Mame. Je ne parviens pas à mettre ce costume convenablement.

— Ne t'inquiète pas, mon chéri, descends. Vera et moi allons t'aider. »

Tante Mame, Vera et lady Gravell-Pitt lissaient leur plumage sous les rayons du soleil. Tante Mame était très Gainsborough avec ses perles, une ample robe couleur ivoire, une ombrelle assortie, et un large chapeau couvert de plumes oscillantes, dans toutes les nuances de vert petit pois. Vera également faisait grande impression, à sa manière quelque peu théâtrale, gainée de dentelle mauve ornée de douzaines de renards accrochés un peu partout, histoire de ne pas être en reste avec la reine d'Angleterre. Lady Gravell-Pitt, quant à elle, était essentiellement vêtue de faux plis et de quelques taches indélébiles, insuffisamment dissimulées par une profusion de camées.

« Eh bien », dis-je, avançant bravement à découvert, « vous êtes toutes trois absolument... ». La phrase se figea sur mes lèvres. Je demeurai immobile, paralysé sous les regards horrifiés de Tante Mame et de Vera.

Celle-ci fut la première à parler. « Bon Dieu... » fit-elle simplement.

« Patrick », dit Tante Mame, le souffle coupé, « mais qu'*est-ce* que c'est que cette tenue ? Si tu trouves ça drôle, tu...

— C'est mon nouvel habit. Pour la garden party. Il vient d'arriver.

— Ton *nouvel* habit ? » répéta Vera. « Eh bien, un jour, j'aimerais bien avoir son *âge*. Mais enfin, il est littéralement vert de...

— Franchement, Hermione », coupa Tante Mame, « il se trouve que j'ai un *certain* sens du vêtement, et cet accoutrement est simplement...

— C'est ce que portent les hommes les plus élégants de Londres, et... » commença Hermione, mais même elle ne pouvait s'en tirer ainsi. Un seul regard de Tante Mame, et sa voix se fit moins assurée, puis elle se tut, avec un pitoyable petit claquement de dentier.

« Il s'agit certainement d'une erreur », déclara Tante Mame. « Les colis ont dû se mélanger, et Patrick aura reçu un costume qui ne lui était pas destiné. Personne ne paierait cent guinées pour un tel déguisement de clochard.

— Cent guinées ! » s'exclama Vera, sifflant longuement.

Lady Gravell-Pitt paraissait si dépitée d'avoir été prise en flagrant délit que j'en éprouvais presque de la compassion pour elle. Elle se reprit vite, cependant. « Bien sûûûh' », dit-elle, « tout cela peut s'arranger dès demain. Mais nous ferions mieux de partir, à présent. Il n'est pas question de faire attendre Bertie et Bessie.

— Très bien », dit Tante Mame. « Patrick, mon petit amour, tu vas devoir te débrouiller comme ça. Personne ne s'apercevra de rien, tu sais.

— Peut-être », fis-je, sceptique. Je coiffai mon haut-de-forme gris, qui me tomba jusqu'au milieu du nez.

La circulation, à Londres, a toujours été pénible, mais en ce jour de garden party royale, elle se révéla si infernale qu'il nous fallut presque une heure pour parcourir les cent derniers mètres nous séparant des grilles de Buckingham Palace. Pour arranger les choses, Ito trouva le moyen d'accrocher une antique Daimler, et de cabosser l'aile de la Packard de l'ambassadeur du Pérou. Le temps que nous arrivions enfin, la température dans la voiture avoisinait les trente-cinq degrés, et la moiteur était intolérable.

N'ayant jamais assisté à une garden party royale jusqu'alors, ni depuis, je ne vois guère d'autre événement comparable à cela. Mais la seule différence que je pus discerner entre la garden party royale et un rassemblement géant au Yankee Stadium est que ce dernier possède des toilettes, et qu'il est plus facile d'y trouver une boisson fraîche. Nous prîmes place dans la file des personnes présentées, derrière quelques centaines de milliers d'individus à l'élégance outrancière, et commençâmes d'avancer, centimètre après centimètre, en un interminable serpent onduleux, vers la marquise sous laquelle se tenait la famille royale. Une heure s'écoula, et nous étions toujours immobiles, ou presque. Vera fut la première à craquer. « La barbe, après tout », dit-elle, quittant la file pour rejoindre des personnes qu'elle connaissait. En fait, il m'apparut que Vera connaissait beaucoup plus de gens à la cour que lady Gravell-Pitt. Toutes les deux ou trois minutes, quelqu'un, doté d'un titre impressionnant, la repérait dans la file et venait la saluer, sur quoi elle nous présentait tous.

Lady Gravell-Pitt, en revanche, se contentait de croasser « Oh ! voilà la marquise de Ceci-Cela, ou la duchesse de Machin-Chose », agitant une main frénétique, et ne recevant en retour que des regards atones. Mais Tante Mame était trop heureuse d'être là, et de bavarder avec les amis de Vera, pour en prendre note.

Une autre heure s'écoula ainsi, sans que nous approchions du but. Cependant, le soleil s'était caché derrière un nuage, et une bonne brise s'était levée. « Merci, mon Dieu, quel soulagement », murmura Tante Mame. J'étais bien d'accord avec elle, mais remarquai toutefois qu'un certain nombre de gens jetaient des coups d'œil inquiets vers le ciel.

La file avançait doucement, tandis que la brise se muait en vent. Les longues jupes de tissu léger frémissaient et flottaient, et l'on voyait plus d'un chapeau voler au-dessus des pelouses.

« Oh, mon Dieu », fit lady Gravell-Pitt, « j'espère qu'il ne va pas se mettre à... » Un coup de tonnerre effroyable couvrit ses paroles. Le vent se fit soudain bourrasque, et je sentis les pans de ma veste s'envoler dans mon dos. La jupe de crêpe georgette à fleurs de lady Gravell-Pitt, prise dans un courant ascendant, remonta soudain jusqu'à sa taille, offrant au tout-Londres la vision traumatisante des pieds les plus grands et des cannes les plus maigres de tout l'Empire britannique.

Puis ce fut la pluie. Une pluie bienfaisante tout d'abord, quelques grosses gouttes que le vent transformait en embruns. Des hommes, qui avaient eu la prévoyance de se munir d'un parapluie, offrirent ceux-ci à leurs compagnes pour les protéger, mais ceux qui ne se retournaient pas immédiatement se virent arrachés par le vent des mains de leur propriétaire, pour aller rouler et rebondir sur le gazon. La tente dressée au-dessus des altesses britanniques claquait sauvagement, et une atmosphère d'exode se fit nettement sentir dans la foule des invités.

Un cortège de débutantes passa près de nous en poussant des cris aigus, cheveux plaqués au crâne, leurs longue robes blanches les moulant comme des linceuls. La pelouse ne fut bientôt plus qu'un champ de boue jonché de chapeaux et de parapluies, parcouru par des gens s'enfuyant en tous sens, trébuchant, glissant, tombant, se jetant les uns sur les autres. Je lâchai mon chapeau une seconde, le temps qu'une mousson miniature l'emporte dans les airs. Il atterrit aux pieds d'un évêque qui courait, éperdu, à la recherche d'un abri.

Puis ce fut la fin. Il y eut un long grondement sourd, un éclair, un bruit terrifiant, suivi d'un choc accompagné d'une décharge aveuglante qui fit trembler la terre, non loin de nous. J'entendis quelqu'un crier : « Oh, mon Dieu, c'est tombé sur sir Hubert ! » Et la foule s'égailla en tous sens, sans la moindre distinction britannique. Chacun pour soi, et le diable pour les autres.

Hermione fonça droit devant elle, comme un taureau affolé. « Tante Mame ! » m'écriai-je, tentant de lui prendre le bras, mais je fus aussitôt renversé et piétiné par la marquise douairière de Machin-Chose, bientôt rejoint à terre par une femme en bleu qui m'assura que ce genre de chose n'arrivait jamais au Cap. Nous rampâmes un certain temps dans l'herbe boueuse, impuissants. Quand nous pûmes enfin nous relever, il n'y avait plus trace de Tante Mame. Il pleuvait d'ailleurs si fort que l'on ne distinguait plus rien, ni personne.

La Rolls-Royce quelque peu voyante de ma tante était généralement facile à repérer dans les encombrements, avec sa carrosserie noire aux rivets étincelants, ses roues à rayons argentés, ses arêtes vives. Mais à la garden party royale, il y avait une centaine de limousines noires. Les chauffeurs, eux aussi, passaient un sale moment. Moteur noyé, les voitures refusaient de démarrer. Des *grandes dames** trempées jusqu'aux os, leur tenue raffinée transformée en serpillière, hurlaient comme des harengères pour qu'on avance leur voiture — en vain. Les rares véhicules qui voulaient bien fonctionner glissaient et patinaient sur les pavés, envoyant à la ronde d'immenses gerbes de boue. On frôla l'Apocalypse, quand la grosse Mercedes-Benz de l'ambassadeur d'Allemagne s'accrocha, pare-chocs dans pare-chocs, avec l'Isotta Fraschini de l'ambassadeur d'Italie.

Ito ne pourrait simplement pas s'en sortir. Et, de fait, il avait disparu. La foudre frappa de nouveau dans les jardins du palais, et la panique atteignit un sommet de folie. Je décidai, au point où nous en étions, de confier mon sort à la chance, et aux transports en commun. Quittant en hâte l'enceinte du palais, je sautai dans le premier bus qui passait. Nous avions déjà parcouru plusieurs kilomètres quand je m'aperçus qu'il m'emmenait droit vers Putney.

Quelque deux heures plus tard, j'arrivais chez Tante Mame, ayant successivement emprunté le bus, le métro et un taxi. Bien que la pluie eût enfin cessé, Grosvenor Square pataugeait dans trente centimètres d'eau. Une décapotable à l'allure sportive était garée devant la porte.

Je me glissai dans la maison et traversai la rotonde sombre et déserte, mes chaussures gargouillant à chaque pas, trempant le sol de porphyre. Aucun des valets de pied n'était à son poste. Ayant le sentiment de ne pas être le seul à avoir sombré avec la famille royale, j'appelai : « Il y a quelqu'un ? » — sans grand espoir.

Me parvint cependant la voix de Tante Mame, d'une vivacité inaccoutumée.

« C'est toi, mon petit amour ? Je suis dans la petite pièce sur le jardin. »

Je me dirigeai vers le petit salon, mes chaussures gargouillant de plus belle, et, dans la pénombre, distinguai la silhouette de Tante Mame. Elle était recroquevillée sur le sol, devant le feu, un verre à la main.

« Quel pique-nique !... fis-je.

— N'est-ce pas, mon chéri ? Je crois que je ne me suis *jamais* autant amusée.

— *Amusée ?*

— Oh, mon chéri, il faut que je te présente le capitaine Fitz-Hugh. Basil, voici Patrick Dennis, mon neveu, mon enfant chéri, la prunelle de mes yeux. Patrick, je te présente le capitaine Fitz-Hugh.

— Il y a quelqu'un avec vous ? » m'enquis-je. « Il fait noir comme dans un...

— Oh, c'est vrai, mon petit amour. Je n'y avais même pas prêté attention. Je t'en prie, allume. »

J'allumai. Devant moi se dressaient à peu près deux mètres vingt de soldat de la Garde. « Heureux de vous rencontrer », dit-il, me saisissant la main d'une poigne solide.

Comme je le disais, le capitaine Fitz-Hugh était très grand. Il avait le teint brun-rouge, des cheveux brun-rouge, des yeux brun-rouge, et une moustache brun-rouge. Il était aussi extrêmement bien bâti, chose amplement évidente, car il ne portait sur lui que ma vieille robe de chambre bleue, avec « St. Boniface Academy, Apathy, Mass. » brodé sur la poitrine. Déjà trop petite pour moi, elle laissait apparaître une grande partie de ses jambes magnifiques, de ses bras superbes et de son torse généreux, de manière presque gênante. Mis à part son accent anglais et sa moustache, le capitaine me rappelait énormément feu le mari de Tante Mame, Beauregard Burnside, et, dans un étonnant éclair d'intuition, je sentis qu'il y avait Anguille sous Roche.

« Le courageux capitaine Fitz-Hugh m'a sauvée de la garden party. Je ne te trouvais plus, ni Vera, ni Hermione, ni Ito, ni l'auto. En fait, sans le capitaine et son adorable petite voiture, je serais probablement encore en train de nager debout à Buckingham Palace », dit Tante Mame avec un rire cristallin. Sur quoi elle ramena ses jupes contre elle, en un geste infiniment pudique, et je remarquai enfin qu'elle portait un déshabillé de velours très particulier, que Molyneux avait réalisé à son intention. Tante Mame avait toujours déclaré que c'était la plus dynamique de *toutes* ses tenues.

Elle se releva, et virevolta pour mieux mettre en valeur la finesse de ses chevilles et l'art de Captain Molyneux. Le capitaine Fitz-Hugh, quant à lui, apprécia grandement. « Bien, mon petit amour », reprit-elle, « tu vas filer là-haut passer des vêtements secs. Tu verras d'ailleurs ceux du capitaine Fitz-Hugh qui sèchent devant le feu, dans ta chambre. Je savais que tu ne t'en formaliserais pas. Oh, peux-tu aussi demander à la cuisine, en passant, qu'on nous apporte encore de l'eau chaude ? Le capitaine Fitz-Hugh et moi tentons de combattre un début de pneumonie en buvant des grogs, et je te suggère de nous imiter. Ne traîne pas, mon amour. » Tout en me dirigeant vers l'office, j'entendis de nouveau le rire argentin de Tante Mame, accompagné de celui du capitaine, discret et très doux, et j'eus le sentiment très net que la saison de Tante Mame commençait à prendre un tour franchement plus brillant.

En revenant, je la trouvai lovée sur le divan, un verre à la main, régalant le capitaine d'anecdotes choisies tirées de sa vie, qui n'en manquait certes pas, tandis que celui-ci riait tout bas, à distance respectueuse, mais néanmoins assez près. Le capitaine Fitz-Hugh était allé en Amérique, qu'il trouvait « formidable ». Il avait quelques amis communs avec Tante Mame, des gens « épatants ». Et il la complimenta sur son déshabillé qu'il qualifia de « sensationnel ». Cela m'apparaissait comme le genre de situation où trois, c'est un de trop, et je me préparais à m'éclipser discrètement quand lady Gravell-Pitt fit son entrée.

Si Hermione était déjà affreuse avant la garden party, à présent, elle était au-delà de tout adjectif. Sa robe trempée, les couleurs avaient bavé les unes sur les autres de manière hideuse ; déchirée, éclaboussée de vase, et ayant rétréci, celle-ci ne cachait plus ses genoux cagneux. Son boa d'autruche démodé pendait comme un paquet d'algues détrempées. Elle avait perdu son chapeau, et ses cheveux d'un or terni tombaient sur ses épaules en longs cordons pâteux.

« *Parfait !* » rugit-elle, chargeant, les dents s'entrechoquant sauvagement. « Je vois que *vous* avez réussi à rentrer saine et sauve, et que...

— Hermie ! » s'exclama Tante Mame avec un large sourire. « J'espère que vous avez pu retrouver Ito et la voiture. Lady Gravell-Pitt, capitaine Fitz-Hugh. »

Le capitaine s'inclina, et Hermione lui adressa un vague signe de tête en retour. Puis, baissant les yeux sur ses jambes nues, il déclara qu'il allait tenter de se rhabiller, si je voulais bien l'accompagner jusqu'à ma chambre.

Lorsque je redescendis, Tante Mame en prenait pour son grade.

« ... abominable comme ça », criait Hermione, « de m'abandonner au cours d'une telle occasion, devant les souverains ! Mais rentrer avec un parfait étranger...

— N'est-il pas superbe, Hermione ? » coupa Tante Mame. « Et cette voix, cette voix...

— C'est probablement un soldat parfaitement quelconque, issu de quelque régiment colonial, rageait Hermione.

— Non, il fait partie des Coldstream Guards », répondit Tante Mame d'un ton rêveur. « Mais il a été libéré, ou relâché, ou il a une permission, je ne sais pas comment ils appellent cela. Et des épaules... »

Ceci cloua le bec à Hermione pendant une seconde. Puis elle prit une profonde inspiration, et attaqua de nouveau. « Eh bien, débarrassez-vous de lui avant que *mes* invités n'arrivent. Dans l'élite de la cour, on n'admet guère que...

— Oh, Hermie, je suis désolée... J'ai décommandé le dîner, à cause du mauvais temps. En fait, le capitaine Fitz-Hugh m'a invitée à dîner avec *lui* — rien que nous deux.

— Mame ! Voulez-vous dire que vous allez nous abandonner pour un rien du tout qui... »

La diatribe d'Hermione fut coupée net par la réapparition du capitaine Fitz-Hugh, qui n'avait aucunement l'air d'un rien du tout. Et sa déroute se confirma quand Vera arriva à son tour au bras d'un nouveau duc, lequel se précipita dans les bras du capitaine comme s'il eût été un frère depuis longtemps perdu de vue. Ce n'était décidément pas le jour de lady Gravell-Pitt.

Tante Mame rentra très, très tard avec le capitaine Fitz-Hugh. Je le sais car, vers trois heures et demie du matin, j'entendis un fracas terrible dans la rue et, jetant un coup d'œil par la fenêtre, constatai que Ito avait embouti la voiture de sport détrempée du capitaine. Mais j'entendis Tante Mame déclarer « Ce n'est pas grave, Ito », et je pus l'observer qui prenait longuement congé du capitaine.

Le lendemain, il faillit y avoir une scène dans la grande rotonde de marbre. Il était presque onze heures, et je me trouvais dans ma chambre, afin d'écrire des cartes postales destinées aux États-Unis représentant le Parlement et la relève de la Garde, quand j'entendis sonner à la porte. Regardant au-dehors, je vis le capitaine Fitz-Hugh, impeccable dans son uniforme, et chargé d'à peu près douze douzaines de roses, à vue d'œil. Tante Mame dormant toujours, naturellement, je descendis pour l'accueillir et le mettre à l'aise, si une telle chose était possible dans ce mausolée. Mais lady Gravell-Pitt arriva la première à la porte.

Je n'étais même pas encore parvenu à la courbe de l'escalier que j'entendais sa voix odieuse résonner dans le hall. « Bonjouh', mon lieutenant », fit-elle avec une particulière méchanceté. « Je suis navrée, mais Mrs. Burnside n'est *pas* chez elle.

— Oh... » fit le capitaine Fitz-Hugh, dépité. « Elle m'a dit que je pouvais passer la...

— Bien sûûûh'. » Jetant un regard par-dessus la rampe, je la vis, immobile, flanquée de ses valets de pied, évoquant ainsi la cathédrale Notre-Dame vue de dos. « Mrs. Burnside a été appelée d'urgence à Colchester. Et je crains fort qu'elle ne soit pas de retour avant ce soir, très... »

Je savais que Tante Mame avait trouvé quelque chose de rare, chez le capitaine, et je m'apprêtais à descendre pour lui dire que lady Gravell-Pitt mentait dans son dentier. Par chance, c'est Ito qui intervint à ma place.

« Oh, non, commandant », dit-il. « Vous entrer. Vous assis. Missy Burnside déjà rentrée. Ito conduit très vite.

— Formidable ! » s'exclama le capitaine.

Sans perdre un instant à contempler ni à écouter Hermione plus longtemps, je me précipitai dans la chambre de Tante Mame et lui arrachai son masque de nuit.

« Réveillez-vous, Tante Mame. Réveillez-vous ! Il est là.

— Qui... Qui est là ? fit-elle, clignant des yeux comme une chouette dans la lumière du matin.

— Lui », dis-je. « Luuuuuiiiii... !

— Mais que veux-tu dire, c'est le Second Avènement, ou quoi ? » s'enquit-elle d'une voix sèche. « Et même si c'était le cas, je m'en fiche. Comment *oses*-tu pénétrer ainsi dans ma chambre au milieu de la nuit, et me tirer d'un profond...

— Mais c'est le capitaine Fitz-Hugh !

— Pour l'amour du ciel, pourquoi ne m'as-tu rien *dit* ? » s'écria-t-elle, bondissant hors du lit. « Descends immédiatement lui tenir compagnie, pendant que je m'habille. »

Assis dans le plus sinistre des salons Chippendale, sous le regard torve de lady Gravell-Pitt, le capitaine parut presque trop soulagé de me voir arriver.

« Mrs. Burnside sera là d'un instant à l'autre », dis-je de mon ton le plus policé. « Cigarette ? » ajoutai-je, pour lui montrer que les manières du monde n'avaient aucun secret pour moi.

Sur quoi nous devisâmes comme il convient à un très jeune homme. Nous discutâmes collèges (il était allé à Eton) et universités (Oxford). Hermione ne semblait guère enchantée. Puis Tante Mame, qui, en cas d'urgence, pouvait changer de tenue plus vite qu'un pompier, apparut brusquement, en un cumulo-nimbus de mousseline. « Basil, mon cher », dit-elle, « comme c'est adorable à vous d'être passé prendre une petite collation. Patrick, sois un amour, appelle Ito.

— J'espère que vous pourrez déjeuner avec moi, dit le capitaine.

— Oh, mais ce sera avec...

— Quel dommage, ma chère Mame ! », coupa Hermione. « Vous savez bien que vous devez déjeuner ici, aujourd'hui, puisque...

— Oh, non », fit Ito, apparaissant sur le seuil. « Ito téléphoner invités, et dire que pas déjeuner. Missy

Burnside aller à Colchester. Et pas thé, pas cocktail, pas dîner. Colchester, très loin. »

Hermione dit « Arghhh ! » — ou quelque chose d'approchant — et quitta la pièce d'un pas rageur. Peu après, Tante Mame se changeait vivement pour aller déjeuner avec le capitaine, puis, plus tard dans la journée, se changeait de nouveau avant que le capitaine ne réapparaisse, somptueux dans son habit de soirée, pour l'emmener dîner en ville. Comme Tante Mame descendait l'escalier, étincelante de diamants, je compris que Cupidon avait de nouveau frappé.

Je m'habillais pour le dîner, comme le voulait l'usage de la maison, quand Vera déboula soudain dans ma chambre.

« Mince, Patrick, quelles jambes tu as ! dit-elle, me tendant un verre de cognac.

— C'est dans vos habitudes, de débarquer sans prévenir dans la chambre d'un homme ? répondis-je, passant mon pantalon.

— Franchement, oui. Et de plus, c'est à peu près le seul endroit de la maison où l'on peut parler sans être espionné par cette vieille bourrique. Voilà.

— Santé.

— Alors, n'est-ce pas merveilleux ?

— Qu'est-ce qui est merveilleux, Vera ?

— Devine, idiot. Mame et Basil. Je vais te dire, Patrick, j'ai passé les dernières vingt-quatre heures à me renseigner sur son compte, et les renseignements ne *pourraient* pas être meilleurs. Riche comme la Banque d'Angleterre — encore plus, en fait. Quarante et un ans. Célibataire. *Pas* de mœurs spéciales. Il connaît tout le monde. Il est apparenté à la moitié du Debrett. Et il est *Hon.*, mon chou !

— Il est *quoi* ?

— Il est *Honorable*, mon chou. Il descend des comtes d'Upshot, sa famille remonte à Ethelred, quelque chose comme ça. Et il est fils unique. Ce qui signifie qu'il *héritera* du titre quand son père aura des mouches sur l'œil — ça ne devrait pas trop tarder, puisque le vieux a presque quatre-vingt-dix ans, et qu'on n'est pas éternel, hein —, ce qui fait que Mame sera lady ! Notre Mame, avec un comte anglais !

— Pas si vite, Vera. Il ne l'a pas encore demandée en mariage.

— Oh, mais c'est comme si c'était fait. Ils ont déjà ouvert les paris, à son club. Quant à Mame, je ne l'ai jamais vue ainsi depuis la mort de ce pauvre Beauregard. »

Plutôt que de rester à bavarder avec lady Gravell-Pitt, je me retirai tôt ce soir-là avec un exemplaire d'*Autant en emporte le vent* et me plongeai dans une lecture si passionnante qu'Atlanta n'était déjà plus que cendres quand je m'aperçus que quatre heures allaient sonner. Après avoir éteint, j'ouvris la fenêtre et vis une auto remonter South Audley Street à contresens : ce ne pouvait être que Ito. La voiture s'arrêta devant notre porte et Tante Mame en descendit avec le capitaine Fitz-Hugh. Tous deux riaient, puis il l'embrassa longtemps, longtemps, sur quoi elle pénétra d'un pas alerte dans la maison.

Il m'apparut que, puisque j'étais de toute façon éveillé, nous pourrions aussi bien avoir maintenant une de nos Petites Conversations Matinales, pour lui faire part de ce que Vera avait appris. J'ouvris ma porte juste à temps pour entendre la voix d'Hermione résonner dans la rotonde.

« Il faut que je vous parle, dit-elle.

— Oh, Hermione, il est si tard », répondit Tante Mame d'un ton léger. « Ça ne peut pas attendre ?

— Non, ça ne peut pas », dit lady Gravell-Pitt avec

humeur. « Suivez-moi dans la bibliothèque. Personne ne viendra nous y déranger.

— À cette heure, je vois mal qui pourrait venir nous... » La porte se referma sur les paroles de Tante Mame.

Je passai ma robe de chambre et attendis. Puis, las d'attendre sans rien faire, je repris *Autant en emporte le vent*. Hermione avait sans doute beaucoup à dire, car Scarlett était en train de jurer que plus jamais elle n'aurait faim quand j'entendis Tante Mame gravir l'escalier.

J'ouvris la porte, sortis dans le couloir. Tante Mame montait en effet l'escalier, mais ce n'était plus la femme qui l'avait descendu d'un pas aérien, en début de soirée. Elle semblait épuisée, hagarde, vieillie, et je sentis qu'elle retenait ses larmes.

« Tante Mame... commençai-je.

— Que fais-tu debout, à une heure pareille ? » coupa-t-elle. « Je ne veux pas te voir traîner toute la nuit, c'est compris ? Retourne immédiatement au lit ! » La porte de sa chambre claqua derrière elle.

Le lendemain, Hermione Gravell-Pitt avait repris les rênes. On attendait des amis à elle pour le déjeuner, pour le thé, pour le dîner, et elle s'agita toute la matinée, rudoyant les domestiques afin que tout fût parfait.

Tante Mame ne descendit pas avant qu'il soit presque l'heure de déjeuner. Elle était pâle, triste, et semblait avoir peu dormi. Comme si cela avait été prévu, Hermione convoqua les domestiques et les fit se mettre en rang dans la rotonde, puis Tante Mame s'adressa à eux. « Je vous ai réunis pour vous dire ceci : si un certain capitaine Fitz-Hugh se présente et demande à me parler, que ce soit en personne ou au téléphone, il faut lui répondre que je suis absente.

— *Et*... fit Hermione.

— Et », reprit Tante Mame, l'air misérable, « quiconque lui donnera le moindre renseignement sera... sera congédié sur-le-champ. »

À cet instant, la sonnette retentit. Tante Mame porta la main à son cœur. Trois valets de pied se dirigèrent vers la porte, mais c'est le maître d'hôtel qui ouvrit. « Mrs. Burnside est sortie », l'entendis-je déclarer, sur quoi la porte se referma avec un bruit sourd. Tante Mame fit mine de se diriger vers la fenêtre, mais lady Gravell-Pitt la coupa dans son élan. « C'est bon, vous pouvez disposer », dit-elle d'un ton impérieux. « Venez, Mame. Nous allons attendre nos invités dans le salon Adam. »

Toute la journée, et toute celle du lendemain, Tante Mame évolua comme un automate parmi les vieux débris qu'Hermione ne cessait d'inviter, paraissant ne les voir ni les entendre, ce qui, d'une certaine manière, était une bénédiction.

Le malheureux capitaine Fitz-Hugh ne se décourageait pas, se présentant sans cesse, téléphonant neuf ou dix fois par jour. Sachant que Tante Mame pouvait difficilement me virer, je tentais à chaque fois de me précipiter vers la porte, ou vers un téléphone, mais les domestiques me prenaient toujours de vitesse. Donc, Tante Mame broyait du noir. Vera aussi. Moi également. Même Ito était triste. Seule lady Gravell-Pitt semblait s'amuser.

Le quatrième jour, trouvant Tante Mame seule dans le jardin, j'attaquai. « Tante Mame », m'enquis-je, « pourquoi le capitaine Fitz-Hugh est-il interdit de séjour, à présent ?

— Ah, mon petit amour », dit-elle dans un soupir, « c'est une longue histoire.

— J'ai tout le temps.

— Ah, mais tu ne comprendrais pas.

— Je peux au moins essayer.

— Très bien. Voilà : apparemment, je suis tombée

sur un moins que rien — un plébéien de dernière zone. Cela te suffit-il ?

— Mais, Tante Mame, certains de vos amis ont toujours été des moins que rien — et de parfaits plébéiens. De plus, je n'y crois pas une seconde. Qui vous a dit cela, au fait ?

— H... Hermione. Elle... elle dit que si l'on découvre, dans les milieux qui sont reçus à la cour, que je... que je le fréquente, je ne... je ne serai jamais présentée. Elle dit que je dois choisir entre ma... ma présentation, et B... Basil.

— Mais enfin, Tante Mame, qui se soucie de cette idiotie de présentation à la cour ? D'ailleurs, le capitaine me semble infiniment plus aristocratique que cette lady Gr...

— Sale petit ingrat ! » coupa Tante Mame, le regard flamboyant derrière les larmes qui perlaient. « Je me sacrifie pour toi, et c'est tout ce que tu trouves à dire. Ne m'adresse plus jamais la parole ! » Sur ce, elle rentra en trombe dans la maison.

Stupéfié par cet éclat, je décidai de quitter un moment cet asile de fous et sortis par les écuries. En arrivant dans la rue, la première personne sur qui je tombai fut l'Honorable capitaine Basil Fitz-Hugh, armé de roses blanches, l'air prêt à se tirer une balle dans la tête. C'était une rencontre plutôt embarrassante.

« B... bonjour, capitaine Fitz-Hugh », dis-je.

Laissant tomber les roses à terre, il me saisit les deux bras, comme si nous étions en train de nous noyer. « Patrick », fit-il d'une voix brisée, « il faut que je sache. Pourquoi ? Pourquoi votre tante ne veut-elle pas me voir ? Qu'ai-je fait ? Je ne mange plus, je ne dors plus... »

Une minute plus tard, il me poussait dans un taxi et nous filions vers son club pour un déjeuner entre hommes. Le club se révéla fort élégant, mais le repas plutôt minable.

Quelque peu assommé cependant par force gin-fizz, et ressentant une immense compassion envers le capitaine qui sanglotait dans son whisky, je me fis de moins en moins évasif dans mes réponses, pour finir par tout avouer.

« Elle vous apprécie beaucoup, capitaine Fitz-Hugh. Elle vous aime, vraiment. Mais Tante Mame tient énormément à ses débuts.

— À ses débuts ?

— Enfin, ce n'est pas exactement le mot. Ses débuts remontent à... il y a quelques années. C'est pour moi qu'elle fait tout cela, en fait. Elle pense que je dois savoir comment se comporte la meilleure société de Londres.

— C'est pourtant un spectacle effrayant.

— Je veux bien le croire. Mais lady Gravell-Pitt prétend que...

— Qui *est* ce vieux dragon de lady Gravell-Pitt ?

— Mon Dieu, personne ne semble le savoir. Simplement, Tante Mame veut absolument être présentée à la cour de St. James's, et...

— Mais mon cher garçon », coupa le capitaine, « rien de plus facile. Ma vieille tante peut s'en occuper. Ou ma sœur. Ou l'épouse de l'ambassadeur des États-Unis. Ou n'importe laquelle de mes...

— Oui, je sais. » Pour une fois, je me sentais réellement gêné pour Tante Mame. « Mais apparemment, lady Gravell-Pitt s'est euh... *engagée* à présenter Tante Mame à la prochaine...

— Mais c'est impossible !

— P... pourquoi ? » balbutiai-je. « Tante Mame possède d'excellentes manières — la plupart du temps —, elle n'a jamais divorcé, et n'a pas été compromise dans *trop* de scandales. En fait, chez nous, elle est plutôt considérée comme une personnalité...

— Mais elle n'est même pas sur la liste.

— Sur la liste ?

— Eh bien, voyez-vous », commença le capitaine Fitz-Hugh, « il se trouve que je suis écuyer du roi — quoique à un grade inférieur...

— Écuyer ? répétai-je.

— Oui. C'est une fonction un peu absurde, mais nous sommes au courant de tout ce qui se passe au palais. En fait, mon rôle consiste surtout à guider le troupeau de vieilles rosses — si vous me passez l'expression — après la présentation des débutantes. Et la liste est déjà établie. » Sur quoi, il tira de sa poche une liste de noms, tous très pompeux.

Je la parcourus rapidement. Cela donnait quelque chose comme : « Aponyi, comtesse Laszlo ; Argenta, Señora Juan Carlos Maria-Jesús ; Atterbury, Mrs. Edward ; Bechstein, Mrs. Julio ; Bliss, Mrs. Erskine ; Capehart, Mrs. Fansworth... » Nulle part il n'était fait mention d'une Mrs. Burnside, ni, dans la liste des marraines, d'une lady Gravell-Pitt.

« Mince... » fis-je. « Tante Mame va être désespérée. Quand elle entreprend quelque chose, elle... » Puis une idée géniale germa brusquement dans mon esprit. « Mais je suppose que *vous* pourriez arranger les choses, n'est-ce pas ?

— Ce serait parfaitement contraire à la règle, dit le capitaine d'un air compassé.

— Mais vous pourriez, n'est-ce pas ? Surtout si vous souhaitez revoir Tante Mame ?

— Mon Dieu, je peux difficilement...

— Et il y a cette tante dont vous me parliez — ou votre sœur... »

Un quart d'heure plus tard, nous étions assis dans le grand salon d'un gigantesque hôtel particulier de Belgrave Square, face à Griselda, lady Spavin, tante de l'Honorable Basil.

« Gravell-Pitt, Gravell-Pitt... » répétait-elle. « Ce nom me rappelle vaguement quelque fâcheuse affaire, mais...

— Ma tante possède une mémoire extraordinaire, pour ce genre de choses, me dit le capitaine en aparté.

— Mon Dieu, la mémoire va me faire défaut, si tu ne cesses d'interrompre le fil de mes pensées », déclara lady Spavin, qui avait déjà feuilleté l'almanach nobiliaire, sans trouver le nom. C'était sans réelle importance car, le capitaine étant de toute évidence son enfant chéri, elle avait accepté de prendre Tante Mame sous son aile, les yeux fermés. Simplement, elle était si âgée que je craignais qu'elle n'ait pas le temps d'offrir à ma tante la joie de faire sa révérence, et la cour faisait son opération « portes ouvertes », pour ainsi dire, le soir même.

Griselda, lady Spavin, avait commencé par s'élever contre le principe, expliquant au capitaine à quel point il était contraire aux usages d'ajouter subrepticement un nom à la liste mais, tandis qu'elle fulminait et s'agitait, au comble de l'émoi, déclarant que cela aurait été impensable sous le règne de cette chère reine Victoria, le capitaine Fitz-Hugh avait déjà téléphoné au palais pour dire qu'une erreur tragique avait été commise, et que l'on avait omis de la liste une Mrs. Beauregard Jackson Pickett, de New York, et sa marraine, lady Griselda Spavin. Sa tante étant apparemment *persona grata* dans le meilleur milieu, la liste avait été corrigée sans l'ombre d'un murmure.

« Gravell-Pitt... » reprit lady Spavin, piquant son aiguille dans son tambour à broder. « Il me semble qu'il y avait eu une affaire sordide, l'année du Jubilé... Non, pas l'année du Jubilé, puisque c'est cette année-là que le malheureux Spavin est tombé malade, avant de mourir à Heaves.

— Son époux, mon oncle Alister », me chuchota le capitaine. « Quant à Heaves, c'est mortel, effectivement.

— Ou bien était-ce l'année où la reine — la reine Mary, veux-je dire — a commencé son tapis au *gros point** ? Ah, oui, à présent, ça me revient. Nous séjournions à Heaves, et j'étais allée en ville pour chercher de la laine, pour finir les couvre-chaises de tapisserie de la salle à manger. Basil, je t'en prie, conduis ce jeune homme jusqu'à la salle à manger, pour les lui montrer. Il fait si humide, à Heaves, que je les ai fait venir ici.

— S'il vous plaît, tante Griselda, essayez de vous souvenir...

— Mais je m'en souviens parfaitement, Basil, ne sois donc pas si niais. J'avais trente-six chaises William and Mary, et j'étais arrivée au dernier couvre-chaise — des oiseaux de paradis sur fond blanc cassé — quand je me suis aperçue, à mon grand dam, qu'il ne me restait plus assez de bleu. Je ne pouvais guère en trouver de la bonne nuance au “Prieuré” de Heaves. Une petite boutique adorable, en pur Cotswold, mais affreusement mal approvisionnée. Donc, puisque je devais me rendre à Londres, j'ai décidé de prendre le train de neuf heures, qui me déposait à Charing Cross à...

— Tante Griselda, je vous en *prie*... lady Gravell-Pitt. *Hermione Gravell-Pitt !*

— Basil, mon cher enfant, veux-tu bien cesser de m'interrompre. Donc, j'ai trouvé cette fameuse laine bleue dans une petite boutique d'Oxford Street, qui a des laines beaucoup plus jolies, et beaucoup moins chères que...

— *Grrrravell-Pitt !*

— Tout à fait, Basil. Mais comme je sortais de cette petite boutique d'Oxford Street, voilà qu'il se met à pleuvoir et, bien que j'eusse emporté mon parapluie, je craignais que la pluie ne détrempe le sac de papier, ce qui aurait abîmé ma laine, le bleu ayant, comme chacun sait, une fâcheuse tendance à passer...

— Tante Griselda, je vous en prie...

— Et donc », reprit-elle, levant une main impérieuse, « j'ai acheté le premier journal que j'ai pu trouver — oh, une de ces abominables feuilles de chou à sensation — pour envelopper mon paquet. Puis la chance a voulu qu'un taxi s'arrête juste devant moi pour déposer son passager. Je l'ai donc pris et suis rentrée ici. Mais je n'ai pu m'empêcher de voir les gros titres du journal et d'apprendre incidemment cet abominable scandale qui s'étalait en première page.

— À propos de Gravell-Pitt.

— Mais bien sûr, mon cher garçon. Quoi qu'il en soit, je devais déjeuner chez Gunter, avec Maude Brockway-Teal, et j'ai déposé ma laine bleue, enveloppée dans son journal. Nous avons bavardé si longuement toutes deux que je craignais de manquer le train, et je suis allée directement à la gare, laissant la laine ici, tout cela pour m'apercevoir, en arrivant à Heaves, qu'il me restait en fait *quantité* de laine bleue, que j'avais oubliée dans le petit salon — le petit salon est au nord, à Heaves, et donc particulièrement sombre. De sorte que je n'avais nul besoin de retourner à Londres.

— Mais que *disait* le journal ? demanda Basil, le visage torturé.

— Comment le saurais-je, mon cher garçon ? Je ne m'intéresse guère à de tels commérages. Mais quoi qu'il en soit, le journal *et* la laine bleue sont restés ici, dans ma boîte à ouvrage.

— Vous voulez dire que vous avez *toujours* ce journal ?

— Mais bien évidemment, mon cher garçon...

Basil ! Doucement, avec ma boîte à couture ! Tu vas mélanger les couleurs ! »

Basil en tira brutalement un vieux journal londonien, aussi jaune que les dents de lady Gravell-Pitt, ainsi qu'un écheveau de laine bleue qui, comme le disait lady Spavin, avait *effectivement* passé. Là, en pleine page, s'étalait la photo d'Hermione, affichant un sourire dentu et quasiment surnaturel sous son chapeau cloche, accompagnée d'un article surmonté du gros titre suivant :

LA « PAIRESSE » DE PARK LANE
ÉTAIT UN ESCROC

« Lady » Hermione Gravell-Pitt,
25 Park Lane, née Beryl Green,
s'est vue aujourd'hui officiellement
accusée d'escroquerie...

L'article expliquait qu'une certaine Mrs. Schwarz, de Durban, Afrique du Sud, s'était fait extorquer vingt-cinq mille livres par lady Gravell-Pitt, contre la promesse d'une présentation à la cour. Il continuait *(voir en page 6)* en étalant le passé peu reluisant de cette dernière, relatant certains de ses ténébreux exploits dans les eaux troubles des affaires et de la bonne société, ajoutant qu'elle n'était en fait nullement lady, ayant divorcé de Mr. Nigel Gravell-Pitt quelques années avant que celui-ci eût été fait chevalier pour ses remarquables recherches archéologiques dans les ruines de Kash. (Ce qui expliquait où Hermione avait trouvé ses dents.)

« Si vous m'autorisez à emprunter ce journal, et votre liste », dis-je au capitaine Fitz-Hugh, « je pense que vous devriez revoir Tante Mame très bientôt. Dans une heure à peine, en fait. »

Je me précipitai à Grosvenor Square, pénétrant en trombe dans la maison à l'instant même où en sortait le dernier des ringards d'Hermione, repu d'éclairs au chocolat et de sandwiches.

« Où est Tante Mame ? demandai-je à Hermione.

— Elle se repose dans sa chambre, et souhaite ne pas être dérangée », me répondit-elle avec un large sourire, aussi hypocrite que ses dents étaient jaunes. « Où avez-vous donc passé la journée ?

— À la cour, Beryl », fis-je, bondissant vers l'escalier.

« Je pensais t'avoir dit de ne plus m'adresser la parole, me lança Tante Mame d'une voix altérée par les pleurs, du fond de son immense lit à baldaquin.

— Sortez de là », dis-je. « Allez chercher votre robe du soir blanche et vos plumes. Vous serez présentée ce soir même.

— Hermione a réussi, finalement ? demanda Tante Mame, se redressant brusquement.

— Hermione n'a rien à voir là-dedans. Et maintenant, séchez vos larmes et jetez un coup d'œil sur ça. Et donnez-moi la liste des invités de Beryl — pardon, d'Hermione — pour le dîner, je vais décommander les rapaces. »

Une demi-heure plus tard, Tante Mame descendait l'escalier, sereine, majestueuse dans sa robe de brocart blanc, étincelante de tous ses diamants. Comme elle posait le pied sur la dernière marche, la sonnette retentit.

« Ce doit être Basil », dis-je, consultant ma montre.

Un des valets de pied fit mine de se précipiter, mais Tante Mame s'interposa. « Je vais ouvrir, merci. » Sur quoi l'Honorable capitaine Basil Fitz-Hugh pénétra dans le hall, paré de toutes ses décorations. Il demeura muet, se contentant de prendre Tante Mame dans ses bras. C'est ainsi, enlacés, que les découvrit lady Gravell-Pitt.

« Eh bien, je dois avouer que c'est un joli spectacle, fit-elle.

— Oui, un des plus beaux du monde, répondit Tante Mame d'un ton froid.

— Mais... vos invités ? Et la soirée ?

— La fête est finie, Beryl. Je suis présentée ce soir.

— Comment ?

— Je dis que je suis présentée à la cour de St. James's. Ce soir.

— M... mais, Mame », bafouilla-t-elle, son dentier battant la breloque, « je n'ai pas eu le temps de m'en occuper. Ces choses-là prennent...

— Je suis bien certaine que vous ne vous êtes occupée de rien, Beryl. Et je suis plus certaine encore que vous n'aurez plus l'occasion de vous occuper de quoi que ce soit. Voici votre exemplaire du Protocole de la Cour », dit-elle, tendant à lady Gravell-Pitt le journal jauni. « J'imagine qu'en matière de cour la seule que vous connaissiez est celle de l'Old Bailey.

— Ça, c'est envoyé, Tante Mame ! » m'exclamai-je. Basil émit un rire bas, faussement embarrassé.

« M... mais, Mame, je peux...

— Vous pouvez filer là-haut, prendre quelques affaires, et quitter cette maison ce soir même », coupa Tante Mame. « Je vous ferai expédier le reste de vos bagages demain. Tout ce que je vous demande, à présent, c'est de disparaître de ma vue. »

Lady Gravell-Pitt n'avait effectivement plus rien d'autre à faire.

Tante Mame, nous entourant tous deux de ses bras, nous entraîna dans le petit salon, où elle nous servit des verres épiques.

« Merci, ma chérie », dit Basil, « et allez-y, buvez.

Vous aurez besoin de toutes vos forces, pour la corvée de ce soir.

— Oh, Basil », déclara Tante Mame, le caressant littéralement du regard, « vous devez me trouver sotte, vaniteuse, futile...

— Tout à fait, mon amour, et vous allez payer ce soir même le prix de cette sottise. Tout d'abord en restant des heures immobilisée dans votre voiture, coincée dans les embouteillages ; ensuite en restant encore plus longtemps immobilisée dans des salles glacées ou surchauffées, coincée au milieu d'une horde de femmes jacassantes en robe blanche et diamants, et enfin en vous alignant comme un cheval de parade en attendant de faire votre révérence. Cela fait, vous pourrez redescendre sur terre et me retrouver.

— Oh, Basil...

— Et maintenant, il faudrait songer à y aller. Vous imaginez la circulation...

— Déjà, mon chéri ? Nous n'avons rien mangé.

— Et vous n'aurez pas la possibilité de manger quoi que ce soit, pendant des heures encore. Ma tante Griselda emporte toujours par précaution quelques sandwiches, dans une poche qu'elle a spécialement aménagée dans sa traîne, pour cette occasion. Elle vous prendra peut-être en pitié et les partagera avec vous. Bien, ma douce, ma douce folle, il faut partir, à présent.

— Patrick, mon petit amour, veux-tu aller vite chercher mon étole ? Et en regardant dans la penderie de ta chambre, mon chéri, tu trouveras une surprise pour toi — un cadeau que je te fais, pour compenser ces haillons lamentables qu'Hermione a tenté de te vendre.

— Qu'est-ce que c'est ? demandai-je, me dirigeant vers l'escalier.

— Une magnifique cape de soirée, toute neuve, mon chéri. Et un haut-de-forme noir.

— Exactement ce que je souhaitais », mentis-je.

Ils étaient bien là. Et à ma taille. Je me trouvai somme toute fière allure, en m'observant dans le miroir, même si je ressemblais quelque peu à un prestidigitateur au chômage.

La chambre de Tante Mame était plongée dans l'ombre, mais je parvins à trouver son étole d'hermine. Cependant, je trébuchai sur quelque chose, au milieu de la pièce, et faillit m'étaler. Donnant de la lumière, je constatai que c'était son coffret à bijoux — parfaitement vide. Je savais que Tante Mame portait sur elle pas mal de pierres, mais il aurait dû en rester plus encore. Saisissant l'étole, je me précipitai pour lui annoncer qu'on avait volé ses joyaux. Mais comme j'atteignais le corridor, je vis lady Gravell-Pitt qui descendait l'escalier sur la pointe des pieds.

« Hé ! » m'écriai-je. « Les bijoux de Tante Mame ont... »

Lady Gravell-Pitt se retourna, me lançant un regard assassin, puis, soudain, bascula en avant et dévala tout l'escalier tête la première, atterrissant avec un bruit affreux aux pieds de Tante Mame. Cependant, elle n'était pas seule dans sa chute. Bagues, colliers, bracelets, broches, et le deuxième plus beau diadème de Tante Mame s'échappèrent de ses mains, ruisselant sur le sol.

Je me précipitai, réunissant le butin dans ma cape toute neuve.

« Très bien, Hermione », dit Tante Mame. « Disparaissez, maintenant. Disparaissez immédiatement, avant que je n'appelle la police. »

Lady Gravell-Pitt se releva en toute hâte et fila comme une flèche. Nous ne devions jamais la revoir.

Dans la voiture qui nous conduisait chez la tante de

Basil, coincés dans les encombrements, Tante Mame se vilipenda derechef, pour s'être montrée si sotte.

« Tout va bien à présent, ma chérie, dit Basil, l'embrassant délicatement afin de ne pas ruiner son maquillage.

— Et en fait, lady Gravell-Pitt n'a rien emporté, Tante Mame », ajoutai-je. « J'ai récupéré vos bijoux. Je les ai là, dans ma cape d'opéra. Regardez. »

J'ouvris ma cape, qui faisait un sac très pratique, et la vidai sur ses genoux. Les bagues, colliers et bracelets tombèrent en vrac sur le brocart blanc. Et là, au beau milieu, grimaçant parmi les saphirs, les rubis, les émeraudes et les perles, il y avait les dents de lady Gravell-Pitt.

CHAPITRE IV.

TANTE MAME ET LE CHERCHEUR D'OR.

Revenant au salon, j'y trouvai Pegeen qui attendait patiemment. Jamais je n'avais vu quelqu'un aussi *sincèrement* intéressé par un récit de voyage.

« Franchement, je trouve criminel d'emmener en vacances un garçon en pleine croissance, et de ne pas lui offrir le moindre bol d'air frais, le moindre rayon de soleil. Le garder confiné dans des maisons, des hôtels, sans...

— Rien n'est moins vrai, ma chérie. Tante Mame s'est toujours préoccupée, au plus haut point, de mon bien-être. Nous avons passé un été fantastique, à l'étranger — à nager, et faire de la voile.

— Où cela ? Dans la fontaine de Trafalgar Square ?

— Absolument pas. À Biarritz — ou tout près. Tante Mame y avait loué une ravissante villa, où elle avait invité Vera, lady Spavin et... enfin, quelques amis à elle, à passer un séjour tranquille et bucolique, en toute simplicité. En outre, elle s'est montrée d'une générosité remarquable, en participant à la guerre d'Espagne. »

Je regardai Pegeen assise sur le sofa, les larmes aux yeux, puis mon cocktail amélioré, et posai mon verre sur la table. Parfois, l'alcool fait plus de mal que de bien. *In vino veritas*, et la *veritas* n'était pas faite pour nous, ce soir-là.

J'imagine que Tante Mame aurait pu demeurer longtemps la chérie du tout-Londres, au titre d'amie intime de l'Honorable capitaine Basil Fitz-Hugh et de protégée de Griselda, lady Spavin, mais pour elle, une chose, une fois acquise, perdait vite son intérêt. Et après quelques semaines passées au sein du cercle de la cour, elle décida qu'il lui fallait un climat plus ensoleillé. Par ailleurs, ajouta-t-elle, la cuisine anglaise la déprimait. En un instant, elle loua une villa à Biarritz.

On organisa la répartition des tâches : je restais à Londres pour fermer provisoirement la maison, tandis que Tante Mame et Vera descendaient sur la côte pour ouvrir provisoirement la maison de Biarritz.

Après une semaine — semaine froide, humide — passée à vérifier des inventaires, états des lieux, etc., c'est avec délice que je retrouvai le soleil de Biarritz. Tante Mame vint me chercher à la gare, déjà bronzée comme une Indienne, et l'air très décontracté avec son pantalon rose et ses *espadrilles**. Elle m'embrassa abondamment, puis jeta mes valises dans le coffre de la voiture de sport du capitaine Fitz-Hugh et se mit au volant.

« Ah, mon petit amour », déclara-t-elle en me caressant la main, tout en passant en trombe devant le casino, « bienvenue dans les Pyrénées. Un peu tapageur, peut-être, mais tellement pittoresque et anachronique, avec quelque chose de sauvage. La baignade est une merveille, et les gens du pays incroyablement gentils et accueillants — ni français, ni espagnols, mais basques, le meilleur des deux cultures. » Elle faillit jeter alors la voiture contre un autocar, et le chauffeur se mit à hurler en agitant le poing vers elle. « Tu vois ce que je veux dire ? La vraie camaraderie basque. Basil et moi adorons.

— Comment va Basil ?

— Oh, mon chéri, nous sommes si heureux...

— Fiancés ?

— Eh bien, non, mon chéri. Des fiançailles, vois-tu, ce serait absolument ridicule, à notre âge. Basil souhaite m'épouser, je souhaite l'épouser, et cela se fera vers l'automne prochain. Mais ça reste un peu flou. Rien d'officiel. C'est une espèce d'accord tacite, entre lui et moi.

— C'est bien », dis-je. « Et Vera ?

— Oh », fit Tante Mame avec un geste éloquent, manquant de précipiter la voiture de l'Honorable Basil du haut de la falaise, droit dans l'Atlantique, « cette pauvre, pauvre Vera... Elle a complètement perdu la tête. Elle est devenue folle, folle ! Et à cause d'un *homme*.

— Sans blague... » fis-je. Tout au long de sa vie de grande vedette, Vera Charles avait eu nombre de compagnons, mais tous n'avaient été que de Grands Amis, qui lui avaient laissé, en gage d'amitié, de modestes souvenirs — bracelets de diamants ou manteaux de vison —, avant de revenir à leur épouse légitime, après avoir découvert que Vera était infiniment trop égoïste pour consacrer un tant soit peu d'elle-même à autrui.

« *Si* on peut appeler ça un homme », ajouta Tante Mame d'une voix dégoûtée. « À mes yeux, il appartiendrait plutôt à l'ordre des reptiles. C'est aussi l'opinion de Basil.

— Mon Dieu, si Vera est à ce point attachée à lui, il doit être très riche.

— *Riche ?* Ah ! Quelle plaisanterie ! Amadeo ne possède que les vêtements qu'il a sur le dos, et ce qu'il peut taper à Vera — *et* à moi. Amadeo Armadillo, c'est son nom. Un petit métèque sournois, originaire d'une espèce de pays d'Amérique latine parfaitement inconnu jusqu'à ce qu'il l'ait fait porter sur l'atlas, à force d'y avoir épousé des femmes riches. Il semble en être la principale exportation, et ils ont bien de la chance, là-bas, d'être débarrassés de lui.

— Mais comment Vera l'a-t-elle rencontré ?

— Oh, c'est une de ces absurdes histoires de coup de foudre, comme on en lit dans les magazines. Un soir, Vera est descendue au casino pour jouer un peu à la roulette, et elle est rentrée avec dix mille francs de gains, *et* Amadeo. Depuis, il ne nous a plus quittés. Selon *elle*, à l'entendre, elle a soudain croisé le sale petit regard sournois d'Amadeo, de l'autre côté de la table, et ça a été l'amour, l'amour, l'amour, dans la seconde. Selon *moi*, en revanche, Amadeo a dû voir les bracelets de Vera, la pile de jetons posée devant elle, et décider que cette malheureuse serait la cible de la soirée.

— Ça ne ressemble guère à Vera », dis-je. « Généralement, c'est dans l'autre sens que ça marche.

— Exact, mon petit amour, mais n'oublie pas que Vera prend de l'âge. Elle est beaucoup plus vieille que moi et a maintenant atteint la Période Dangereuse. Qu'elle ne l'ait pas atteinte avec un charmant vieux banquier ou l'un de ses ducs me dépasse, cela dit. Quoi qu'il en soit, Amadeo s'est installé à demeure dans ma villa — dans *ma* villa, s'il te plaît. Il commande au personnel, arrive en retard pour les repas, nous emprunte de l'argent, flirte outrageusement avec toutes les femmes, sauf, peut-être, avec Griselda Spavin. Il n'a apparemment aucune source de revenus et Vera dit que c'est un ange tombé du ciel. Pour ma part, je ne vois *pas* ce qu'elle lui trouve.

— Il est peut-être séduisant ? hasardai-je.

— *Séduisant ?* Attends de l'avoir vu ! Il est laid. Il est bête. Il est grossier. Et il est d'un ennui mortel. Il a toujours vécu des femmes — ne me demande pas comment. Mais Vera n'est pas riche à *ce point*, même si elle possède toujours le premier sou qu'elle a gagné.

Oh, Patrick, mon petit amour, il *faut* que je lui ouvre les yeux. Et tu vas m'y aider ! »

Sur quoi elle obliqua sauvagement à droite, et nous passâmes avec force embardées entre deux grilles de fer forgé lourdement ornementées, bondissant au long d'une allée creusée d'ornières, avant de nous arrêter devant une énorme maison couleur pastèque, d'inspiration espagnole.

« Et voici la Villa Dolorosa, mon petit amour. N'est-elle pas divine ? »

C'était une horreur construite dans les années vingt par une vieille star du muet, qui avait réussi à combiner le pire de Grenade, du Bauhaus et du style hollywoodien, et à installer cette monstruosité sur un magnifique promontoire naturel, entre Biarritz et Saint-Jean-de-Luz. Le rose absolu du stuc était mis en valeur par un toit de tuiles rouges, des grilles, des balcons, des colonnes torsadées et des vitraux en cul de bouteille. À l'intérieur, c'était pire encore, si cela est possible : des arches, des piliers, des niches, des alcôves. Des grilles à la place des portes, et des portes à la place des fenêtres. Partout, le marbre était du bois peint, le bois du plâtre peint et le plâtre du papier mâché peint. Quant au mobilier, il s'inspirait vaguement de l'Inquisition espagnole, égayé par quelques touches de léopard et de chrome. Par chance, Tante Mame avait signé un bail d'assez courte durée.

« Je t'installe dans la chambre Vélasquez, mon chéri, juste à côté de Vera. Passe ton maillot de bain et viens vite nous rejoindre. Nous sommes tous à la plage. »

Quand j'eus défait mes valises et passé ma tenue, je retrouvai Tante Mame, vêtue d'un élégant maillot, qui m'attendait dans le patio. Elle tenait absolument à ce que je prenne un copieux petit déjeuner. « Mange, mon chéri », dit-elle. « Il serait déraisonnable de rencontrer Amadeo avec l'estomac vide. »

Puis nous traversâmes un grand jardin trop luxuriant, avant de descendre l'interminable escalier de pierre brute qui menait à la plage, où se trouvaient réunis ses invités. Je les connaissais tous, à part l'amoureux de Vera.

L'Honorable Basil Fitz-Hugh se dirigea vers nous d'un air folâtre, très gentleman anglais en vacances, vêtu d'un caleçon de bain et de ce qu'il appelait un « beddebosk », c'est-à-dire un béret basque, ainsi que je le compris plus tard. Il déclara que j'avais l'air drôlement en forme, et que c'était épatant de voir arriver un peu de sang neuf.

Vera, sous le charme d'Amadeo Armadillo, n'était plus que tendresse et juvénilité. Elle me fit un numéro d'ingénue quelque peu gênant, allant même jusqu'à m'embrasser.

Ensuite, j'allai saluer la vieille tante de Basil, Griselda, lady Spavin. Elle était assise sous un chapeau de paille, un voile, une ombrelle et un grand parasol, avec un ouvrage d'aiguille. Je devinai qu'elle s'était donné pour mission de chaperonner les tourtereaux d'âge mûr.

Enfin, ce fut le tour du chercheur d'or sud-américain, Amadeo Armadillo. Je compris instantanément ce que voulait dire Tante Mame. Il avait une allure de gigolo, et parlait comme un comédien spécialisé dans les rôles d'étranger. Il était plus petit que Vera, malgré ses sandales à talonnette, et manifestait un goût prononcé pour les costumes bleu de poudre, jaune maïs ou beige rosé, garnis d'épaulettes si importantes qu'il devait franchir les portes en crabe. Et je *pense* qu'il portait un corset. Il avait également un faible pour les chemises de soie bleu nuit assorties de cravates de satin clair. Quand ses chaussures n'étaient pas en daim, elles étaient en lézard — voire les deux à la fois.

Ses cheveux d'un noir luisant, nettement trop longs, partaient de son front bas en vagues bitumineuses, littéralement sculptées dans la masse, et plongeaient sur sa nuque en un V profond. Ses sourcils se rejoignaient, paraissant vouloir descendre sur l'arête étroite de son nez — sauf le mardi, jour d'épilation. Il avait, effectivement, de fort beaux yeux sombres, légèrement trop rapprochés toutefois, et imperceptiblement protubérants. Je suppose qu'il était, de naissance, privé de tout muscle facial, car son visage exprimait en permanence une sorte de mauvaise humeur ombrageuse, à l'exclusion de tout autre sentiment. « Sale race », ainsi l'Honorable Basil résumait-il son opinion sur Amadeo — opinion que je partageai.

« Señor Armadillo », fit Tante Mame de sa voix de Charmante Hôtesse. « Voici mon neveu Patrick. »

Amadeo me tendit une main velue, agrémentée d'ongles luisants et d'un énorme diamant, et poussa un grognement. Je pense qu'il n'appréciait guère la compagnie des autres hommes, qui le lui rendaient bien.

À la Villa Dolorosa, la vie quotidienne était tout à fait décontractée. Nous passions la journée à nager ou à nous dorer au soleil. De temps à autre, on descendait à Biarritz ou à Saint-Jean-de-Luz, ou même jusqu'à la frontière espagnole, pour que Tante Mame puisse prendre les dernières nouvelles de la guerre d'Espagne. Elle invitait parfois des gens à dîner, de manière tout à fait informelle, et s'habillait de temps en temps pour aller passer une soirée tranquille au casino de Biarritz, avec l'Honorable Basil.

Tante Mame parlait peu de son Accord Tacite avec Basil, mais on ne les voyait guère l'un sans l'autre, et elle paraissait heureuse, détendue, et amoureuse. Pour ma part, j'appréciais beaucoup Basil ; j'étais heureux que Tante Mame eût ainsi trouvé un nouveau mari, un homme charmant avec lequel refaire sa vie.

Quant à Vera, tout pour elle tournait autour de l'abominable Amadeo Armadillo qui, sachant de quel côté la tartine était beurrée, acquiesçait à ses propositions avec un haussement d'épaules maussade et bien latin. Ce qui me laissait seul avec lady Spavin.

Bien que beaucoup plus d'un demi-siècle nous séparât, je trouvai en elle une compagne très agréable. Mis à part ses travaux d'aiguille, lady Spavin avait nombre de centres d'intérêt dans la vie. C'était une lectrice avide, et une joueuse invétérée. Elle entretenait également une volumineuse correspondance avec une bonne moitié de l'aristocratie britannique et put ainsi me narrer, avec force parenthèses et digressions, nombre de scandales infernaux survenus sous le règne d'Édouard et Alexandra. Elle se passionnait pour la guerre d'Espagne, et déclarait qu'elle y aurait envoyé l'Honorable Basil s'il avait eu dix ans de moins, et pas d'Accord Tacite avec Tante Mame. Lady Spavin paraissait beaucoup aimer ma tante et me dit plus d'une fois combien elle était heureuse que Basil épouse une veuve américaine et pleine de vie, plutôt qu'une quelconque Anglaise chevaline de la meilleure famille. Sans doute était-elle sincère, car elle emprunta un jour la Rolls et Ito pour aller dévaliser les boutiques de laine de Biarritz ; l'après-midi même, elle attaquait un immense couvre-lit au *petit point**, orné des armes de la famille Fitz-Hugh et des initiales de Basil et de Tante Mame, entrelacées sur un blanc nuptial parsemé de roses.

En principe, lady Spavin veillait sur la moralité de la vie à la villa Dolorosa et, tandis que Tante Mame et Basil faisaient preuve d'une réelle tenue, sans affectation cependant, nombre de choses survenaient, qui échappaient à son attention. Mais pas à la *mienne*.

Je savais, par exemple, qu'Amadeo Armadillo se glissait chaque nuit dans la chambre de Vera, car les cloisons étaient si minces que je ne pouvais pas ne pas les entendre. Je savais aussi que, dès que Vera descendait à Biarritz pour se faire teindre les cheveux, Amadeo faisait griller du pop-corn avec une des bonnes — liaison qui se termina bruyamment quand il tenta de la faire chanter, exigeant cinq cents dollars pour prix de son silence. Je découvris également qu'il était couvert de dettes, certain matin où une feuille de papier vint atterrir devant moi, chassée par le vent depuis la fenêtre de sa chambre. C'était un courrier de l'hôtel Excelsior, à Rome, le menaçant de poursuites s'il ne réglait pas une modeste note de quatre mille dollars, en souffrance depuis quelques années.

Dussé-je vivre jusqu'à mille ans, je ne pourrai jamais comprendre ce qu'une femme, sans même parler de Vera, pouvait trouver à Amadeo Armadillo. Comme me l'avait dit Tante Mame, il était totalement dépourvu de séduction, de charme, d'éducation, d'intelligence, et même d'esprit. Griselda, lady Spavin, parangon de la *grande dame**, se montrait tout juste polie envers lui. Tante Mame, malgré tous ses efforts, y parvenait à peine. L'Honorable Basil observait une réserve glaciale bien que, lorsqu'il se trouvait seul avec Tante Mame et moi, il allât jusqu'à traiter le Señor Armadillo de canaille et de misérable individu, comme on n'en accepterait jamais dans un mess d'officiers digne de ce nom. Bien qu'il n'eût d'yeux que pour Tante Mame, il éprouvait cette sorte de fascination un peu ébahie des Anglais devant les gens de théâtre, et déclarait que Vera, quant à elle, était une fille épatante. Amadeo, déjà peu enclin à la cordialité envers les adultes, me considérait comme un truc que le Service d'Hygiène Publique aurait trouvé en train de pourrir derrière une poubelle, dans la rue. Je pensais simplement, pour ma part, que c'était un pauvre type, et moins je le voyais, mieux je me portais.

Vera, cependant, se révélait un cas désespéré. Elle bêtifiait devant lui, soupirant à la vue de ses épaules rembourrées et de sa taille étranglée, comme s'il eût été le David de Michel-Ange. Tante Mame déclara un jour qu'il suffirait qu'elle le voie, une seule fois, en maillot de bain — spectacle auquel nous n'avions jamais eu droit — pour recouvrer la raison et le jeter dehors. D'après les bruits qui me parvenaient chaque nuit au travers de la cloison, j'avais tout lieu de penser que Vera l'avait déjà vu dans une tenue plus légère encore mais, sachant que cela choquerait et perturberait Tante Mame, je demeurais muet. Aussi heureuse eût-elle été à la Villa Dolorosa, son séjour sur la côte basque fut gâché par l'inquiétude que lui inspiraient Vera et Amadeo Armadillo.

Après une petite enquête, Tante Mame nous apprit, à Basil et à moi, qu'il était le fils d'un militaire, un commandant d'une petite république d'Amérique du Sud. Il avait commencé son ascension matrimoniale en épousant la fille du dictateur local. Puis, celui-ci s'étant fait descendre par une junte de gauchistes, il avait divorcé pour rejoindre de plus verts pâturages. En Europe, il avait épousé Amélie Amoreux, la célèbre actrice française. Après leur divorce, il avait convolé avec Gloria Glockenspiel, l'héritière des cigares. Après un nouveau divorce, il s'était illustré, comme partenaire de la femme adultère, dans trois autres séparations de notoriété internationale. Sur quoi, après avoir courtisé longuement une reine du cinéma roumain, il avait fait une fin provisoire, et brève, avec Babs Bourbon, l'héritière des grands magasins. Cette union devait également se conclure au tribunal et, à présent, c'était au tour de Vera, comme le disait Tante Mame, l'air sombre.

Le coup fatal tomba l'après-midi où, rentrant à la villa avec lady Spavin, après un thé copieux à l'hôtel du Palais, je trouvai Tante Mame seule, arpentant le patio comme un lion en cage.

« Je suis si contente de vous voir ! » dit-elle. « J'ai passé une journée épouvantable.

— Que se passe-t-il, Tante Mame ?

— C'est Vera. Elle est venue me trouver dans ma chambre, en minaudant comme une idiote, pour m'annoncer qu'elle allait épouser ce rat. *Tout* ce que j'ai pu lui dire a été inutile. Elle est partie en ville afin de commander son trousseau — et *lui aussi*.

— Quel malheur ! » fit lady Spavin. « Cela me rappelle cette pauvre Mollie Petherbridge-Bouverie, avec son abominable danseur de tango. Je m'en souviens, c'était durant l'été 1911 — non, 1912, puisque c'est l'année où nous avons fait installer l'électricité à Heaves. Je faisais un gilet au *petit point** pour...

— On pourrait tout de même imaginer », reprit Tante Mame, coupant court aux souvenirs de noblesse et de mercerie de lady Spavin, « qu'une femme de l'intelligence — et de *l'âge* — de Vera verrait clair dans le jeu de ce petit gigolo. Eh bien, je lui ai parlé, parlé, jusqu'à ne plus avoir de voix, et tout ce qu'elle est capable de répondre, c'est qu'elle veut que je sois sa *dame d'honneur*. Si seulement je pouvais trouver un moyen de...

— Ce que vous voulez dire, en fait, Mame », intervint lady Spavin, « c'est qu'il vous faudrait trouver non pas un moyen, mais quelqu'un, une femme plus *riche* que Vera, vers laquelle le Señor Armadillo serait susceptible de détourner ses sentiments... hum... fugaces. N'est-ce pas à peu près ce à quoi vous pensez ?

— C'est exactement cela, vous le savez très bien, Griselda », répondit Tante Mame avec un frémissement de colère. « Ce qu'il veut, ce n'est pas une femme, c'est un distributeur de billets éternellement alimenté et qui, de plus, paiera pour s'en débarrasser, le moment venu.

— Cela ne doit pas être trop difficile à trouver, ma chère Mame. Biarritz en fourmille à cette époque de l'année. Tenez, cet après-midi même, avec Patrick, nous avons encore vu cette Hongroise si vulgaire, avec son pantalon et ses bracelets de diamants jusqu'au coude. Cela me rappelle tellement l'année du Couronnement — celui de George et Mary, bien sûr —, quand cette...

— Oui, oui, oui », coupa Tante Mame, non sans impatience, « mais il faut que je l'arrache à Vera assez longtemps pour pouvoir l'emmener en ville, et ce ne sera pas chose facile, avec ses projets de satin blanc et de fleurs d'oranger. Non, il faudrait qu'il ait sous son nez une femme riche qui puisse l'appâter, juste le temps que Vera revienne à la raison... » Elle s'interrompit soudain. Une clarté surnaturelle illumina lentement son regard. « Mais c'est évident ! Il y a *moi* !

— Tante Mame !

— Mais quoi de plus simple ? Je suis beaucoup plus riche que Vera. Tout ce que j'ai à faire, c'est me pomponner un peu. Flirter avec Amadeo. Faire semblant d'être folle de lui. Montrer à Vera à quel point elle a été stupide, tout simplement. C'est un sacrifice terrible, certes, mais pour cette pauvre Vera, je suis prête à...

— Et Basil ? fis-je d'un ton froid.

— Mais enfin, Basil comprendra très bien, répondit Tante Mame avec une assurance absolue.

— Alors », intervint lady Spavin, « ce serait le premier homme à comprendre ce genre de chose. Non, Mame, Basil est un amour, un garçon merveilleux, mais ce n'est pas un saint. Tout ceci ne peut mener qu'à une...

— Tout ceci ne peut mener qu'au bonheur de Vera », conclut Tante Mame.

Tandis qu'elle se lançait, éperdue, dans l'explication détaillée de ses projets pour assurer le bonheur de Vera, je m'éloignai sur la pointe des pieds.

Tante Mame était inimitable dans le rôle de la sirène.

Bien qu'elle n'eût pas exactement le profil de la vamp, elle jouait son rôle avec toute la ferveur d'une *Madame X** de troupe amateur. L'après-midi suivant, elle apparaissait sur la plage vêtue d'un maillot de satin noir d'une brièveté alarmante. Elle s'était outrageusement fardé les paupières, et un bracelet de diamants étincelait à sa cheville. En la voyant, mon saisissement fut tel que je faillis me noyer. Lady Spavin leva les yeux au ciel, les ferma un instant, puis retourna à son ouvrage. Vera ricana, mal à l'aise : « C'est carnaval, ma chérie ? » Cependant, le ricanement cessa quand elle vit l'expression d'Amadeo.

Tante Mame était aussi séduisante que riche et, si elle évoquait quelque peu une honorable maîtresse de maison de Park Avenue tombée dans la débauche, le résultat, somme toute, n'était pas complètement dénué de charme. « Enduisez-moi d'huile solaire, chéri — ce serait adorable à vous », dit-elle, ondulant en direction d'Amadeo. Tandis qu'il s'exécutait, elle frétillait sous sa main comme une anguille. Le spectacle était si gênant que je détournai le regard — mais pas Vera.

Ce soir-là, Tante Mame recevait une antique comtesse à dîner. Elle nous rejoignit cependant avec un certain retard. Quand elle pénétra dans la pièce, je compris pourquoi : elle qui, jusqu'à présent, s'était contentée de passer un pantalon et un chemisier, portait à présent une robe de dentelle noire si ajustée qu'il n'était pas question de manger — ainsi que des bracelets de diamants jusqu'aux aisselles. Elle avait mis des faux cils et une mouche particulièrement peu discrète. Il y eut un moment de silence admiratif, et les yeux verts de Vera se firent aussi chaleureux qu'un ciel de février, tandis que Tante Mame traversait la pièce en glissant comme une danseuse hindoue. Je demeurai muet d'admiration. Amadeo également. Au cours du dîner, placé à la droite de Tante Mame, il fit preuve envers elle d'une remarquable courtoisie, peut-être toutefois plus attentif à ses diamants qu'à son esprit.

Après le repas, comme Vera lui suggérait avec empressement de sortir pour « humer le parfum des citronniers », il hésita un instant sur le seuil, jetant un regard empreint de tendresse à Tante Mame endiamantée. Ils ne furent pas longtemps absents et, à leur retour, Vera semblait contrariée et amère.

« Oh, l'immonde, *l'immonde* individu ! » explosa Tante Mame, tandis que je l'aidais à ôter son harnachement et à le ranger dans le coffret à bijoux. « C'est un rustre, un raseur, un... Ccchhh. » Nous perçûmes un frottement discret, venant du couloir, et une enveloppe glissa sous la porte. Tante Mame la ramassa prestement. « Pouah ! sens-moi ce parfum à quatre sous ! » Sur quoi elle commença de lire à voix haute : « *Señora deliciosa...* »

Une série d'explosions, dans l'allée, déchira soudain le silence matinal. Je me précipitai à la fenêtre, juste à temps pour voir la Rolls passer devant la grille avec force embardées. Par la lunette arrière, je distinguai deux têtes : l'une noire, celle d'Amadeo ; l'autre surmontée d'un immense chapeau de paille enveloppé de voiles mauves qui flottaient par la vitre ouverte. Ce ne pouvait être que Tante Mame, déguisée en Femme Fatale, et, voyant l'écharpe de mousseline claquer au vent, je m'efforçai de ne pas penser à l'atroce destin d'Isadora Duncan.

J'allais retourner au lit quand j'aperçus un mot posé sur mon bureau ; c'était la grande écriture élégante de ma tante :

Mon garçon chéri,

Le répugnant personnage m'a proposé un pique-nique — juste lui, moi, et les œufs durs. Beurk ! Ne crois pas que je sois devenue folle. Je fais tout cela pour sauver Vera. Simplement, assure-toi qu'elle a bien conscience de notre disparition, à chaque instant. *Je prévois une panne de moteur, nous serons donc de retour assez tard. Bien sûr, tu ignores où nous sommes passés.*

Je t'embrasse fort, fort,

Tante Mame.

Quand je descendis, Vera semblait avoir parfaitement conscience de leur disparition, et lorsque je lui dis bonjour, elle faillit me décoller la tête. L'Honorable Basil, quant à lui, était sur la plage, fixant l'océan d'un regard impavide. Lady Spavin leva les yeux de son ouvrage, avec un soupir aussi lourd de sens qu'énigmatique.

Le déjeuner fut un enterrement de première classe. Vera ne toucha pas à son assiette, Basil à peine. Pour ma part, je mangeai de bon appétit, tentant de maintenir une conversation animée, multipliant les hypothèses quant à l'absence de Tante Mame. Dans l'après-midi, lady Spavin nous proposa un bridge, mais Vera et Basil avaient tellement la tête ailleurs que je pus faire un chelem contre un as et une reine, sur quoi Vera éclata en sanglots et quitta précipitamment la table.

À l'heure du dîner, elle était mûre pour la camisole. Je la voyais arpenter sans cesse l'allée, faisant claquer ses talons hauts, guettant vainement le retour des fuyards. Le repas fut repoussé, puis re-repoussé, jusqu'à dix heures, de sorte qu'il se révéla immangeable. Si par hasard j'adressais le moindre mot à Vera, elle criait : « Pour l'amour de Dieu, *tais-toi* ! » Nous finîmes en silence.

Après quoi, Vera et Basil s'attaquèrent sérieusement à la bouteille de cognac, tandis que lady Spavin m'enseignait le bézigue. Vers minuit, la Rolls remontait l'allée dans un grondement sourd.

« Mes amours ! » s'écria Tante Mame d'une voix flûtée. « Vous avez dû penser que nous étions *morts* !

— Comment *oses-tu* ? s'écria Vera, lui faisant face, ivre de colère.

— Que veux-tu dire, ma chérie ?

— Comment *oses-tu* ? Comment oses-tu filer en douce, sans prévenir ? *Où* étiez-vous ?

— Mais enfin, Vera », répondit Tante Mame avec une ingénuité absolue, « je ne comprends pas ce que tu veux dire, ma *chérie*. Tu savais bien qu'Amadeo avait prévu un petit pique-nique. Il m'a dit que c'était *toi* qui ne voulais pas venir. N'est-ce pas, Amadeo ? » Tante Mame se retourna avec un geste d'impuissance, mais Amadeo avait disparu. « Oh, vraiment, tu aurais *dû* nous accompagner, Vera. Je ne voulais pas y aller sans toi, mais Amadeo m'a littéralement kidnappée. Nous nous sommes amusés ! Nous avons fait un grand tour dans la campagne avant de pique-niquer dans les collines, c'était divin. Nous avons cueilli des fleurs des champs, fait toutes sortes de choses...

— Mmmm... mmmm ? fit Vera, menaçante.

— Bien sûr, nous devrions être rentrés depuis des *heures*, mais Ito a eu quelques ennuis mécaniques et, le temps qu'il répare la voiture, il était si tard — et nous avions une faim de *loup* — que nous nous sommes arrêtés dans un petit restaurant perdu dans la campagne. Vraiment couleur locale, si authentique, si rustique qu'ils n'avaient même pas le téléphone. Que voulais-tu que nous...

— *Oh !* » s'écria Vera, quittant la pièce d'un pas rageur.

Après avoir gratifié Tante Mame d'un regard ravagé, l'Honorable Basil la suivit.

« B... Basil...

— Souvenez-vous bien de ce que je vous dis », intervint lady Spavin. « Cette comédie insensée ne vous apportera que des ennuis. » Sur quoi elle retourna à son bézigue.

Je montai rejoindre Tante Mame dans sa chambre et l'aidai à ôter ses peintures de guerre. Elle était dans un sale état. Son fard à paupières avait vilainement coulé, les voiles mauves pendaient, en lambeaux, et sa mouche était à demi décollée. « C'est la journée la plus affreuse que j'aie jamais passée, mon petit amour. Il a été tout simplement infect. Dès que ce type approche, j'ai envie d'un bain, d'un shampooing, d'un lavement, de tout ce que tu voudras. Mais, bon, ça a marché. Vera *est* jalouse. »

Durant toute la semaine, Tante Mame garda Amadeo dans son collimateur. Le lendemain soir, elle parvint à l'enfermer dans sa chambre et fit un tel raffut en frappant à sa porte qu'elle éveilla toute la maisonnée. Vera écouta froidement Tante Mame lui expliquer sans conviction, délicieusement ébouriffée dans sa chemise de nuit noire, qu'il avait voulu lui emprunter un livre. Il me sembla percevoir un sanglot venant de la chambre de Basil, mais je ne pourrais l'affirmer.

Le lendemain, Tante Mame réussit à se trouver encalminée dans un voilier, seule avec Amadeo ; et la lune était levée depuis bien longtemps quand ils rentrèrent. Le jour suivant, ils descendirent à Biarritz pour aller chercher Vera chez le coiffeur, mais celle-ci rentra seule en taxi, trois heures plus tard, fulminant. Au lieu de passer prendre sa dulcinée, Amadeo s'était laissé convaincre d'aller dîner au Miramar, où Tante Mame et lui avaient dansé jusqu'à deux heures du matin. Quand ils réapparurent, Vera s'était alitée, et l'Honorable Basil n'adressait plus la parole à personne.

Aiguillonnée par son triomphe, Tante Mame décida de prolonger les représentations de *La Vamp* pendant une semaine encore. Elle allait et venait dans la maison, sémillante, dans des froissements de satin et de crêpe de Chine étincelants de strass, ses plumes fouettant l'air, ses diamants jetant leurs feux. Mais si elle et Amadeo goûtaient le spectacle qu'ils offraient, ceux-ci étaient bien les seuls. Vera était au bord du suicide, et Basil affichait des yeux rouges et un visage défait. Tous deux demeuraient des heures dans la bibliothèque, silencieux, ou partaient brusquement pour de longues promenades moroses.

Je finis par trouver que Tante Mame poussait un peu loin la comédie, le jour où elle offrit à Amadeo une paire de boutons de manchette en diamant si gros qu'ils faisaient penser à des phares antibrouillard. C'en était trop. Fou de rage, j'allai la trouver dans sa chambre, décidé à lui dire ma façon de penser.

« Écoutez, Tante Mame », commençai-je, « c'est une chose que de tourner grotesquement autour de ce minable, pour le bonheur de Vera...

— Vera ! Ha ! Cette idiote ! Et je te prierai de surveiller tes propos. Souviens-toi que je suis encore...

— ... mais lui faire un tel cadeau — cela a dû coûter des mille et des cent — alors que nous sommes en pleine dépression, et que de pauvres gens...

— Oh, voilà notre jeune économiste qui m'explique, à *moi*, comment je dois dépenser *mon* argent ! Eh bien, écoute-moi. Je tiens absolument à ce qu'Amadeo soit heureux et satisfait, et...

— Mais Basil, et votre fameux Accord Tacite ? Ce n'est pas comtesse que vous allez finir, c'est pensionnaire d'un foyer pour femmes perdues.

— Ah, mon pauvre enfant », fit-elle d'un ton énigmatique, « que peux-tu savoir de l'amour ? » Sur quoi elle s'élança vers le corridor. « Amadeo, *chéri** », roucoula-t-elle. « Venez donc m'aider à déchiffrer mon bilan financier. »

Amadeo n'était guère un intellectuel, mais en

matière de chiffres, il aurait pu couler IBM. L'ayant conquis grâce à sa beauté, sa silhouette, ses vêtements et ses bijoux, Tante Mame jouait à présent cartes sur table, en lui donnant clairement à voir l'étendue de la fortune que Beau lui avait laissée. Amadeo s'alluma comme un flipper, et ils passèrent l'après-midi dans la bibliothèque à éplucher le bas de laine de Tante Mame. C'était, à ma connaissance, le seul homme capable d'additionner sur le bureau les nombres à six zéros, tout en cherchant le genou d'une femme sous le même bureau. J'étais à ce point écœuré que je dus quitter la pièce.

Le soir même, avant le dîner, je me retrouvai un moment seul avec Amadeo, qui se montra d'une cordialité inaccoutumée, allant jusqu'à passer un bras autour de mes épaules en m'appelant « fiston », ceci par deux fois.

Le dîner fut abominable. Personne ne pipait mot, sauf Amadeo et Tante Mame, poussant à intervalle régulier des exclamations aiguës : « Oh, mais *laissez-moi* ! » « Non ! *Vilain !* » Vera craqua la première. Elle jeta violemment sa serviette sur la table — nous en étions à la salade — et quitta la pièce, claquant la porte. L'Honorable Basil lui emboîta bientôt le pas, et lady Spavin fit de même. J'allais sortir quand Tante Mame me jeta un regard lourd de sens, au travers de la table : « S'il te plaît, va m'attendre dans ma chambre, mon petit amour. J'ai quelque chose d'important à te dire. »

Perplexe, je montai et attendis. Elle apparut enfin et, faisant halte sur le seuil, dans une pose théâtrale, déclara : « Amadeo veut m'épouser !

— Tante Mame », fis-je, le souffle coupé, « c'est une plaisanterie !

— Une plaisanterie ? » répéta-t-elle, s'avançant dans la pièce. « Pourquoi serait-ce une plaisanterie ? Il me trouve extrêmement séduisante — tu t'en es aperçu, je *suppose*. Il m'a demandé ma main cet après-midi même, dans la bibliothèque, et je...

— Mais, et Vera... commençai-je.

— Vera devra bien... »

« Vera devra bien *quoi* ? » fit soudain une voix. Nous nous retournâmes en même temps. Vera se tenait là, sur le seuil, livide, les mâchoires serrées, avec un visage effroyable. « *Vera devra bien quoi ?* » répéta-t-elle. Et elle s'avança vers Tante Mame, menaçante.

« Eh bien vois-tu, Vera, Amadeo et moi, euh...

— 'coute-moi bien », cracha Vera — toute élégance avait déserté sa voix —, « Amadeo est à moi. C'est moi qui l'ai trouvé, c'est moi qui l'ai ramené ici. Il...

— Vera », coupa Tante Mame, « tu ne vois donc toujours pas qu'il se moque complètement de toi ? Il...

— Tu lui as tourné la tête, avec tes magouilles répugnantes. Il est ébloui par tes diamants, par ton argent. Tu l'as *acheté*, mais il ne t'aime pas vraiment. C'est moi qu'il...

— Mais Vera ! Comment peut-on acheter un homme avec...

— Tais-toi ! » gronda Vera. « Tu as brisé le cœur de ce pauvre Basil, tu as essayé de *me* briser le cœur. Mais c'est raté. Amadeo est à moi. Et je vais l'épouser demain, à la première heure. Et je me vengerai de toi, tôt ou tard, dussé-je y laisser ma peau. » Sur quoi elle pivota sur ses talons hauts, s'éloigna dans le couloir et claqua la porte de sa chambre, qu'elle verrouilla.

« Vera ! » s'écria Tante Mame, s'élançant derrière elle. Puis elle revint lentement sur ses pas, entra dans la chambre, ferma la porte. « Elle n'épousera *pas* Amadeo, même si *je* dois y laisser ma peau. » Tante Mame se tourna vers moi. « Reste ici, et veille à ce que Vera ne sorte pas de sa chambre. Emploie la force, si nécessaire. Il faut que je voie Amadeo, immédiatement. »

Saisissant son sac et sa veste, elle dévala l'escalier en direction de la bibliothèque.

« Hé ! » fis-je. Mais déjà, elle n'était plus à portée de voix. Quelques minutes plus tard, la porte d'entrée claquait, et me parvenait une discrète explosion, puis le rugissement d'une voiture filant dans l'allée. Enfin, le silence retomba. Je surveillai la porte de Vera jusqu'à minuit. Toute la maison paraissant dormir, j'allai me coucher.

Le lendemain matin, je me réveillai brusquement, croyant, l'espace d'un instant, que c'était la fin du monde. Des cris stridents, des hurlements me parvenaient du rez-de-chaussée, puis ce fut le martèlement des talons de Vera sur le carrelage du couloir. Elle déboula soudain dans ma chambre et commença de m'insulter à pleine voix, dans un tel état d'hystérie que je ne saisissais pas grand-chose de ce qu'elle disait, à part le mot « partis », qu'elle dut répéter vingt ou trente fois. Elle ne cessait d'agiter une lettre devant moi, hurlant des invectives, quand lady Spavin pénétra à son tour dans ma chambre, exigeant un peu de calme. Je pris la lettre de ses mains et la lus. « Eh bien », fit-elle d'un ton âpre, « ils ont fait ce que je craignais. Ils se sont enfuis.

— Qu... *qui* ? fis-je, imbécilement.

— *Qui ?* » répéta Vera, hurlant de plus belle. « Mais cette saleté, cette faux-derche de...

— Quittez cette pièce, Vera », ordonna lady Spavin, la poussant vers la porte. « Mon enfant, je crains que votre folle de tante et Amadeo Armadillo n'aient convolé.

— Volé quoi ?

— C'est une expression, mon enfant. Et maintenant, levez-vous et habillez-vous. »

En bas, c'était le mur des lamentations. Vera s'était

plus ou moins calmée, et pleurait sans discontinuer dans un mouchoir de dentelle, tandis que l'Honorable Basil arpentait la pièce en serrant spasmodiquement les mâchoires et les poings. Lady Spavin faisait une patience. Aucun doute possible : Tante Mame et Amadeo s'étaient enfuis durant la nuit, ne laissant qu'un mot incohérent de la main de ce dernier — je l'avais toujours soupçonné d'être analphabète —, sans indiquer leur destination.

J'étais si mal à l'aise, si triste à l'idée que Tante Mame ait pu tomber dans son propre piège, que je montai dans ma chambre pour faire mes bagages. J'étais également sans le sou, ou presque, et ne voyais guère ce que je pouvais faire, sinon retourner à Londres et retrouver la grande maison vide. En mettant ma montre au clou, je récupérai tout juste le prix d'un billet de troisième classe à destination de l'Angleterre. On étouffait dans le compartiment, et j'étais coincé entre deux femmes, deux réfugiées espagnoles, chacune pourvue d'un bébé. Il ne me restait pas un centime pour acheter à manger, et la tête me tournait un peu quand je changeai de train à Paris. Un coup d'œil sur les manchettes des journaux anglais me fit me sentir plus mal encore. Le *Continental Daily Mail* annonçait :

LE GIGOLO S'ENFUIT
AVEC UNE RICHE VEUVE

Moins délicat, le *Herald*, de Paris, titrait :

DISPARITION DE MAME, LA FOLLE MILLIONNAIRE
ON CRAINT UN ENLÈVEMENT

Sur quoi je me précipitai aux toilettes, où je fus superbement malade, et demeurai malade durant toute la traversée de la Manche.

Le jour se levait presque quand j'arrivai à Grosvenor Square. Un grand nombre de reporters traînaient devant la maison, qui semblait déserte, plongée dans l'ombre. Je passai donc par les écuries et coupai par le jardin. La demeure étant officiellement fermée, les domestiques étaient partis ; les lustres pendaient sinistrement, enveloppés de grands sacs de feutrine, et les meubles étaient recouverts de housses blanches, fantomatiques. N'ayant rien avalé depuis deux jours, j'espérais — sans grande conviction — dénicher quelque chose à la cuisine, pour simplement éviter de mourir de faim.

Dans l'obscurité, je me dirigeai vers les cuisines, au sous-sol, tâtonnant pour trouver un commutateur. « Les m... mains en l'air, ou je tire », fit soudain une voix chevrotante.

« Tante Mame, mais c'est moi, Patrick.

— Oh ! tu es venu, mon petit amour, Dieu soit loué ! » La pièce s'éclaira, et je la vis, tapie derrière la grande table. Elle portait une robe de lainage, et, Dieu sait pourquoi, une cape de chinchilla. « Prends-toi une tasse de café », fit-elle d'une voix morne. « Il est affreusement éventé, et pas très réussi ; je l'ai fait moi-même. Je dois tout faire moi-même, d'ailleurs. Les domestiques sont partis, et les journalistes n'arrêtent pas de sonner à la porte et de téléphoner. Oh... » Une larme roula sur sa joue.

« Votre mari ne peut-il pas les chasser ? fis-je.

— Mon quoi ?

— Votre mari ! répétai-je, plus fort qu'il n'était nécessaire, comme si je m'adressais à une demeurée.

— Cela fait des années que Beauregard est mort », répondit-elle d'un ton froid. « As-tu perdu l'esprit, mon enfant ?

— Mais, vous n'avez pas épousé Amadeo Armadillo ?

— Certainement pas !

— Alors, vous vivez... euh... dans le *péché* ?

— Vraiment ! Je te prierais de modérer tes expressions. Si tu t'imagines que...

— Mais *où* est Amadeo ? demandai-je, éperdu.

— Je ne peux guère te le dire exactement », répondit-elle avec hauteur, « mais si mes estimations ne sont pas complètement erronées, il doit actuellement en être à son deuxième jour de classes dans l'Armée républicaine espagnole.

— Où l'avez-vous abandonné, Tante Mame ?

— Aux dernières nouvelles, il était enfermé dans les toilettes d'un avion que j'avais affrété. » Elle consulta sa montre. « Je suppose qu'à cette heure il doit faire des pompes, ce genre de choses. Il doit avoir affreusement mal aux pieds, s'il a gardé ses mocassins vernis.

— Mais qui a enfermé Amadeo dans les toilettes ? Que voulez-vous...

— Moi, fit-elle avec une souveraine simplicité.

— Mais pourquoi Amadeo voulait-il s'engager dans l'armée espagnole ?

— Amadeo ! Amadeo ! Toujours Amadeo ! Tu n'as donc que *lui* à la bouche ? Te moques-tu de ce qui a pu m'arriver, à *moi* ? De tout ce que j'ai enduré ?

— Non, bien sûr, mais...

— Mais quoi ?

— Mais je pensais que vous vous étiez enfuie avec Amadeo.

— Et c'est bien ce que nous avons fait. Tu n'as pas lu son message ?

— Mais je croyais que vous deviez vous marier.

— *Moi*, épouser un rastaquouère comme Amadeo, alors qu'un homme de la classe de Basil court vers moi, en ce moment même ?

— Tante Mame, je ne comprends absolument rien.

— Eh bien, si tu cessais de m'interrompre, je pourrais tout t'expliquer. Oh, combien tu ignores les avanies et les afflictions que doit subir la femme courageuse dans sa mission sacrée, toi qui as confortablement traversé le continent en train de luxe...

— Oui. Allez-y.

— Eh bien », commença-t-elle, « j'avais compris qu'il était inutile de démasquer Amadeo tant qu'il demeurait à proximité de cette pauvre Vera, prêt à la récupérer dans la toile immonde qu'il avait tissée. J'ai donc décidé que la seule chose à faire était de m'enfuir avec lui, pour l'éloigner de Biarritz. Ce n'était pas mon intention, au départ, mais quand Vera a menacé de se jeter à ses pieds, j'ai compris que je n'avais pas d'autre solution. Je peux te dire au passage que ça m'a coûté bonbon.

— Oui, surtout ces boutons de manchette de diamant, intervins-je, non sans agressivité.

— Oh, ça ! Ce sont de simples boutons de verre que j'ai arrachés d'une vieille robe de tennis et jetés dans un écrin de chez Cartier. Il s'en apercevra lorsqu'il essaiera de les mettre au clou, c'est-à-dire maintenant, vraisemblablement.

— Continuez...

— C'est ce que j'essaie de faire. Donc, quand Vera a dit qu'elle allait épouser Amadeo le lendemain, à la première heure, j'ai filé rejoindre Mr. Pince-Fesses — car, Patrick chéri, cet Amadeo est aussi un pinceur acharné, une terreur, vraiment — et je lui ai dit "Enfuyons-nous !" — sur quoi je lui ai fait un chèque de cent mille dollars...

— Cent mil...

— ... chèque que j'avais promis de signer dès que nous aurions dit "oui" devant monsieur le maire. Puis j'ai demandé à Ito de nous conduire à l'aéroport et, durant le trajet, je n'ai cessé de lui faire boire du cognac. Oh, Patrick, cet homme boit autant qu'il pince. Je lui ai fait ingurgiter assez d'alcool pour remplir une piscine et, bien sûr, il n'a pas cessé de me tripoter horriblement. Bref, le seul avion disponible était un appareil privé, appartenant à cet adorable aviateur danois. Je l'ai donc loué. J'ai demandé au pilote quel était l'endroit le plus perdu, le plus déshérité qu'il connaisse, et il a répondu sans hésiter : "Brønderslev, au Danemark, Madame. C'est là d'où je viens." Sur quoi je lui ai proposé une petite visite au pays natal, et il m'a répondu aussitôt : "Pour rien au monde, chère Madame." J'ai donc rallongé la somme, de beaucoup, après quoi il s'est montré on ne peut plus charmant.

— J'imagine, oui...

— Bien sûr, Amadeo pensait que je l'emmenais à Paris. De toute façon, il commençait d'être pas mal imbibé. Mon Dieu, quel voyage atroce ! J'ai cru mourir, il faisait un temps effroyable, nous étions bousculés, précipités de nuage en nuage, et l'immonde Amadeo ne cessait d'en profiter, avec ses mains répugnantes. Bien. J'avais prévu de débarquer à Paris, et de le laisser continuer vers le nord. Mais ce sale individu *refusait* de s'évanouir. Imagine mon désarroi, quand le pilote m'a appris que nous survolions l'Allemagne — et Amadeo était toujours conscient. Pire, il avait vidé la bouteille de cognac et en réclamait encore.

— Qu'avez-vous fait, Tante Mame ?

— Eh bien, par chance, j'avais dans mon sac un flacon de *Nuit de Noël* — trente dollars le petit modèle, hein —, que j'ai vidé dans une tasse en carton, avant de le donner à Amadeo.

— Et il a *bu* ça ?

— Comme un poisson. C'est le parfum qui a eu raison de lui. Il est devenu pâle comme la mort et a filé aux toilettes.

— Et après ?

— Je l'ai enfermé.

— Mais comment avez-vous...

— Cesse de m'interrompre. Eh bien, je suis allée

trouver le pilote, dans son espèce de cabine, et lui ai expliqué qu'Amadeo était malade, en lui demandant s'il pouvait faire quelque chose avec son avion, des acrobaties, je ne sais pas, pour le rendre encore plus malade. Histoire de stimuler ses sucs gastriques, quelque chose comme ça. Et ce brave Danois — un garçon vraiment adorable — a effectivement fait des choses que je ne pensais pas possibles. Tout d'abord, il a écrit mon nom avec l'avion, puis le sien — il s'appelle Jørgen Årup Hansen —, et il est même revenu en arrière pour bien poser tous ces accents et ces barres en biais auxquels ils tiennent *absolument*. Après, il m'a offert un sandwich à la mortadelle.

— Et Amadeo ?

— Oh, il était depuis longtemps au pays des anges. Mais c'est alors qu'est arrivée une chose *terrible*.

— Quelle chose ?

— Eh bien, la radio nous a annoncé que les conditions climatiques étaient si mauvaises, au nord, que nous devions faire demi-tour. Nous nous trouvions à peu près au-dessus de Munich, dans un brouillard si épais qu'il était impossible d'atterrir. Alors, Jørgen a suggéré que nous revenions vers Paris. Il avait toujours voulu visiter Paris avec une belle femme. Adorable, n'est-ce pas ? Oh, ne fronce pas les sourcils, mon chéri, cela ne veut rien dire. Il est infiniment plus jeune que moi, quoique fort séduisant. Enfin, j'étais cruellement tentée, mais je savais bien que si Amadeo se retrouvait dans une grande ville comme Paris, avec des avions, des trains, le téléphone, il filerait rejoindre Vera. J'ai donc refusé. Alors, Jørgen m'a dit que j'avais intérêt à prendre une décision sans tarder, car il était venu à Biarritz dans le seul but de s'engager dans l'Armée républicaine espagnole, avec son avion, même s'il ne parlait pas un seul mot d'espagnol.

— Tante Mame, vous n'avez pas...

— Si. J'ai dit à Jørgen : "N'est-ce pas une extraordinaire coïncidence, mon cher ? Je viens d'enfermer dans les toilettes un homme qui parle un espagnol parfait, et je pense qu'à vous deux vous ferez une paire d'amis et de combattants remarquables, dans cette affreuse guerre civile. Vous volez, et Amadeo parle, c'est parfait."

— Si je comprends bien, vous avez enrôlé de force Amadeo dans l'Armée républicaine espagnole ?

— En un mot, oui. Jørgen avait juste assez de carburant pour rejoindre Barcelone. Je lui ai demandé s'il était certain qu'une fois là-bas Amadeo serait vraiment pris au cœur de l'action. Il me l'a affirmé. J'ai donc dit que c'était parfait ainsi, et que je lui enverrais un colis chaque semaine. Puis je lui ai demandé ce que je pouvais faire, moi, et il m'a répondu que je pouvais soit les accompagner à Barcelone, soit sauter.

— Et qu'avez-vous fait ?

— J'ai sauté.

— Vous avez sauté en *parachute*, Tante Mame ?

— J'aurais quelque peu hésité à sauter *sans* parachute », répondit-elle d'un ton froid. « Jørgen m'a ficelée avec une sorte de harnais, et m'a dit de compter jusqu'à dix, puis de tirer sur la ficelle. C'est ce que j'ai fait.

— Mince. Et où avez-vous atterri ?

— Sur le derrière, je dois l'avouer.

— Non, je veux dire dans quel pays ?

— Oh, en Allemagne, juste au sud de Munich, bien que j'aie toujours juré de ne pas mettre les pieds là-bas tant que Hitler sera...

— Eh bien, j'imagine qu'après tout ça les choses ont dû être plus faciles, fis-je, éperdu d'admiration.

— *Faciles ?* Je me suis fait traîner jusqu'en Autriche, avant de pouvoir me débarrasser de ce maudit parachute. J'ai fait le reste du trajet en charrette à bœufs, fourragère, moto, voiture, camion, camionnette de laitier, train, avion, et bus. Et tout cela en robe cocktail de crêpe georgette — absolument pas pratique, pour voyager. Mais tu devras admettre que je me suis débarrassée d'Amadeo Armadillo. Je me demande si l'armée en fera un homme. Je ne le crois pas, cela dit, et toi ?

— Où est Ito ?

— Il ramène la voiture. Je lui ai dit de longer l'Atlantique jusqu'à Calais. Il devrait arriver d'un jour à l'autre, s'il ne s'est pas trompé de direction et ne se retrouve pas en Espagne, lui aussi.

— Eh bien, Tante Mame, tous nos problèmes sont donc résolus.

— Sauf un : Basil. Dis-moi, mon chéri, comment ce pauvre Basil a-t-il réagi ?

— Mon Dieu, il m'a paru un peu contrarié, dis-je, préférant que Tante Mame ne sache pas quel coup elle lui avait porté.

— Ah, mais il vient me rejoindre, mon petit amour. Je le sais. J'ai appelé dix fois la Villa Dolorosa, et il n'est pas là-bas. Tout le monde est parti. Mais il me retrouvera. J'ai laissé des traces.

— Oui, j'imagine...

— Je lui ai envoyé des télégrammes à ses clubs, à Birdcage Walk, au Palace. Sois sans crainte, il me trouvera.

— Mais pensez-vous qu'il aura *envie* de vous retrouver ? Mon Dieu, il pense que vous êtes partie avec Amadeo Armadillo, et...

— N'oublie pas que Basil et moi avons un Accord Tacite. Et quant à cette pauvre Vera, je parierais qu'elle doit déjà me remercier pour ce que j'ai fait pour elle. »

Nous passâmes au salon, et je commençai d'ôter les housses qui recouvraient les meubles.

« Grâce au ciel, les journalistes finissent par se lasser », dit Tante Mame, jetant un coup d'œil entre les rideaux. La maison semblait si déserte qu'ils devaient en effet perdre tout espoir de l'apercevoir.

Le téléphone se mit à sonner, et elle se précipita pour répondre.

« Allô ! » fit-elle de sa voix la plus radieuse. « Non, ce n'est pas la laveuse de... Oh, allez vous faire voir ! » Elle raccrocha et me rejoignit, grommelant contre les plaisantins. « J'espérais tellement que ce serait Basil », soupira-t-elle. Elle s'assit, alluma une cigarette, et je vis que sa main tremblait. Le téléphone sonna de nouveau. » Ça n'a pas cessé, depuis que je suis arrivée », dit-elle, « et ce n'est jamais mon cher Basil. » Cependant, elle se leva et alla répondre. « Non, je ne *souhaite* faire *aucune* déclaration au *Daily Worker* ! » rugit-elle. Elle revint au salon d'un pas rageur, se jeta sur le divan. « Communistes ! » ajouta-t-elle, à mi-voix.

Puis, ce fut la sonnette de l'entrée.

« Ne réponds pas ! Jette d'abord un coup d'œil, pour voir si c'est un journaliste. Si c'est...

— Grands dieux ! fis-je, laissant retomber le rideau.

— C'est Basil ?

— Oui, Tante Mame, c'est Basil — *et Vera*.

— Oh, l'amour, l'amour ! » s'exclama Tante Mame, se ruant vers la porte et l'ouvrant d'un geste large. « Basil, Basil, mon chéri ! Je *savais* que tu viendrais !

— Mame ! Ma chérie ! » fit Vera en la prenant dans ses bras et la serrant contre elle.

J'eus le sentiment que la place de Tante Mame était plutôt dans les bras de l'Honorable Basil, mais elle se sentait malgré tout coupable envers son amie Vera.

« Oh, Vera ! Avec ton grand cœur, tu as *pu* trouver le moyen de me pardonner ?

— Ouiiiah', Mame, ouiiiah'. Amadeo n'était absolument pas pour moi. Il fallait que tu sois là pour que je m'en rende compte. Je t'en serai éternellement reconnaissante.

— Bien, Vera ! » dit Tante Mame avec enthousiasme. « J'espérais que tu finirais par ouvrir les yeux.

— Oh, j'ai ouvert les yeux », répondit Vera, levant un regard radieux vers Basil. « Et, Mame, votre bonheur, ce sera mon bonheur.

— Et nous serons heureux, crois-moi », dit Tante Mame, souriant également à Basil.

Celui-ci devint rouge brique.

« Ah, Mame », reprit Vera avec un geste théâtral, « embrasse Basil, je t'en prie — cela me fait *tellement* plaisir. » Tante Mame s'exécuta avec une ardeur non dissimulée, et l'Honorable Basil rougit plus encore, si possible. « Ma chère », continuait Vera, « lorsque nous avons trouvé ce message, Basil et moi, j'ai cru que mon cœur allait se briser. Et le sien également. Mais Basil a compris.

— Bien sûr.

— Et, ma chérie, tu connais le dicton : "Deux cœurs solitaires..." C'est ainsi que Basil et moi nous sommes retrouvés à Paris, où nous nous sommes unis lors d'une petite cérémonie civile, très simple, très charmante, au George V. Tante Griselda était mon seul témoin. »

La mâchoire de Tante Mame se décrocha.

« Mais en voyant tous ces télégrammes arriver », continuait Vera, « nous avons compris que tu voulais nous inviter à partager ta joie, à danser pour ton mariage. Alors, nous sommes venus. Et nous voilà, un vieux couple déjà, le capitaine et Mrs. Basil Fitz-Hugh.

— Eh bien, ne commencez pas à danser tout de suite, dit Tante Mame d'une voix lente.

— Nous avions décidé de passer notre lune de miel à Bad Gastein, mais tu passes en *premier*, ma plus chère, ma plus fidèle amie. En outre, je tiens à te donner l'occasion d'être une des premières à investir dans cette pièce extraordinaire que je crée pour Freddie Lonsdale, à l'automne prochain. Donc, j'ai dit à Basil... Mame, tu es toute pâle. Veux-tu quelque chose ? Et où est Amadeo ?

— Amadeo est en Espagne, dis-je.

— En Espagne ? » s'écria Vera. « Mais Mame, ma chérie, quand le mariage aura-t-il lieu ?

— Le mariage aura lieu dès qu'Amadeo aura trouvé une autre femme riche — une malheureuse avec trop de dollars, pas assez de cervelle, et aucune meilleure amie pour la sauver », répondit Tante Mame.

CHAPITRE V.

TANTE MAME, UNE HISTOIRE DE FAMILLE.

« Donc, après avoir nagé et pris le soleil sur la côte basque, qu'avez-vous fait ? me demanda Pegeen, avec un regard lourd de suspicion.

— Oh, rien de très particulier. Nous sommes allés en Italie.

— Où, en Italie ?

— À Venise, essentiellement.

— Je l'aurais parié ! Je la vois d'ici, cette vieille excentrique, la reine des aristocrates déchus et de la lie de la société cosmopolite.

— Mais Pegeen, comment peux-tu dire des choses pareilles ? Ce n'est pas cela du tout. Tante Mame avait loué une maison à Venise, et nous y avons fait un séjour très tranquille, très culturel — en famille.

— En famille ?

— Oui, en famille. Enfin, avec un vieux cousin du Sud, qui était passé nous rendre visite. En fait, ma chérie, ce vieux bonhomme était adorable, mais si ennuyeux que ce n'est même pas la peine de t'en parler. »

Déçue par l'amour, Tante Mame développa un sorte de piété douce et tendre. Elle ne cessait de parler de Dieu et de l'Au-delà, et se rendit même à Berkeley Square, où elle participa quelque temps aux activités du mouvement d'Oxford. Son groupe l'adorait, mais Tante Mame ne les apprécia guère. Elle jugeait les rites « trop modernes et trop intellectuels », et déclarait qu'« il y manquait absolument le mystère et l'apparat présents dans d'autres sectes ». Elle décida donc de quitter Londres pour aller à la source — l'Italie —, pays empreint de *l'Âme Perdue*, armée de son missel, tout en regrettant, lors de son passage à Rome, qu'il ne fût pas disponible dans la version de Douay.

La splendeur religieuse de Venise attirait Tante Mame au plus haut point, et il ne lui fallut guère de temps pour devenir *la* Perle de l'Adriatique. Elle loua un *palazzo* palladien, crépi de rose et donnant sur le Grand Canal — absolument parfait, si l'on ne craignait pas l'humidité redoutable, ni la vague odeur de poubelle qui émanait des eaux clapotantes. Le palais offrait quelques fresques dans le goût de Véronèse, un authentique Bronzino, des Canaletto suspects, et quantité de mobilier rococo.

Tante Mame loua également une gondole et quatre vigoureux Vénitiens pour la gouverner, mais fut malade de déception en apprenant que toutes les gondoles devaient être noires. Ce qu'elle compensa en dessinant le déguisement — c'est sciemment que j'emploie ce mot — de ses gondoliers. Celui-ci était noir et rose, avec un chapeau orné de longs rubans roses flottant au vent, ce qui suscitait des sifflements bas et égrillards, quand les hommes de Tante Mame croisaient d'autres gondoles. En fait, ceux-ci provoquèrent tant de rixes pour prouver leur virilité à des collègues plus neutres dans leur tenue, que, souvent, cette gondole évoquait plus la salle des urgences de l'hôpital de Bellevue que la noble embarcation qu'elle était censée être. Nullement découragée, Tante Mame appliquait force pommades sur les mâchoires contusionnées et biftecks sur les yeux pochés. Elle doubla également leur salaire, et institua une sorte de caisse de compensation à leur usage, afin de pouvoir continuer de voguer.

Le décor adéquat ainsi créé, restait à trouver le milieu social qui saurait la distraire, lors de son séjour — de durée indéterminée — dans cette ville. C'est lui qui vint à elle par un après-midi humide, alors que ses gondoliers, d'un rose hurlant et le visage couvert de pansements, nous ramenaient doucement vers le palais, en empruntant un petit canal. Je ne prêtais pas attention à grand-chose, si ce n'est aux vieux cageots et pelures d'orange dansant à la surface de l'eau ténébreuse, quand ma rêverie fut interrompue par les cris de « *Stae !* » et « *Po'pe !* ».

« Regardez-moi cette espèce d'affreuse gondole prétentieuse, en plein milieu du... » s'écria Tante Mame, se dressant brusquement.

J'eus à peine le temps d'apercevoir, fonçant sur nous, une énorme embarcation, de celles que l'on utilise pour les régates, conduite par *six* gondoliers vêtus de bleu vif. Puis ce fut le choc, et Tante Mame se retrouva sur mes genoux. Le temps que nous nous redressions, les poings volaient en tous sens, et une grosse femme blonde — vêtue du même ton de bleu que ses gondoliers — criait en italien, encourageant ses hommes à dérouiller les nôtres, d'après ce que je devinai.

Tante Mame se dressa de nouveau. « Allons, les garçons ! Arrêtez, arrêtez immédiatement ! » Personne ne lui accorda la moindre attention. Puis elle secoua le poing en direction de la femme : « Vous ne pouvez pas dire à vos hommes de rester sur le bon côté du... Non, *Bella* ! »

« *Mame !* » s'écria la femme, sautant sur notre bateau dans une envolée de bleu, et se jetant dans les bras de Tante Mame. Elles s'étreignirent avec une joie infinie, sur quoi la blonde hurla, en italien, quelque chose de si atroce que les gondoliers cessèrent de se battre et se signèrent précipitamment.

« Patrick, mon petit amour », s'écria Tante Mame, « c'est l'une de mes plus vieilles amies — une de mes vieilles, vieilles copines de Buffalo ! Bella Shuttleworth ! »

Un quart d'heure plus tard, nous prenions des cocktails au *palazzo* de Bella, un peu en amont de celui de Tante Mame, tandis que les gondoliers bleus et roses, garés, pour ainsi dire, devant la porte, bavardaient amicalement, évoquant la bizarrerie de leurs employeurs américains.

Bella Shuttleworth était une de ces filles de Buffalo — j'avais souvent entendu Tante Mame parler d'elle, quand elle évoquait sa jeunesse dans Delaware Avenue — qui avait senti, à certain moment, qu'elle avait plus à donner à Buffalo que Buffalo ne pouvait en supporter. Tout comme ma tante, elle avait donc filé le plus vite possible pour rejoindre ses vraies patries de cœur : New York, Paris, Cannes, Venise, etc. Bella avait épousé un marquis italien dont le titre était presque aussi séduisant pour elle que sa fortune l'était pour lui. Hélas, incapable de suivre le rythme de Bella, il était mort avant même d'avoir pu ouvrir son premier porte-cigarettes en platine, faisant d'elle une *marchesa* veuve, régnant sur un *palazzo* rongé d'infiltrations, et encore plus riche qu'à l'époque où elle avait quitté Buffalo. À présent, Bella Shuttleworth était plus vénitienne qu'aucun doge. Elle parlait italien, *et* vénitien, avec une aisance et une gaillardise qui auraient horrifié le professeur principal du collège de Miss Rushaway. Plutôt commune et pataude dans sa jeunesse, elle était devenue, avec le temps, une charmante femme entre deux âges, un peu replète, aux cheveux de la couleur et de la consistance du sucre filé, et ses vêtements avaient la même nuance de bleu, à mi-chemin entre l'œuf de rouge-gorge et la layette. Au premier abord — et même au second —, Bella faisait penser à quelque cuisinière déguisée pour une fête de quartier, mais se révélait très vite chaleureuse et pleine d'esprit, et avait su séduire la société vénitienne. Tante Mame aurait difficilement pu trouver meilleure marraine pour la guider parmi les sombres canaux de la ville.

C'est ainsi qu'elle entra gaiement dans le tourbillon mondain, vaguement absurde, qu'entretenait Bella. Chaque matin, les gondoliers roses et les gondoliers bleus les emmenaient, telle une Armada multicolore, en quête de nouvelles robes chez Capellini, ou déjeuner à la Taverna alla Fenice, ou même jusqu'au Lido, où Bella exposait ses formes rebondies, moulées sans vergogne dans un maillot de bain bleu à smocks, et parée de perles et de diamants. En l'espace d'une semaine, Tante Mame était devenue la coqueluche d'une société cosmopolite composée d'aristocrates, de peintres, d'écrivains et de riches dilettantes, qui n'aimaient rien tant que dîner à sa table, dans la salle à manger la plus humide qui soit, et la régaler, ainsi que Bella, dans leurs maisons et appartements tout aussi suintants.

Mieux encore, Tante Mame trouva non pas un, mais deux chevaliers servants. Tous deux étaient grands, beaux, célibataires, et riches. Bien sûr, Tante Mame fut d'abord quelque peu réticente, craignant de voir surgir un nouveau chercheur d'or, mais Bella, qui connaissait la fortune de chacun à Venise, à la lire près, put la rassurer pleinement sur les intentions des candidats. Le premier était un principicule italien sombre et flamboyant nommé Marcantonio della Cetera. Le deuxième était un Viking blond, un Suédois nommé Axel Falk. Entre les deux, Tante Mame n'avait pas un moment libre — non qu'elle eût jamais tenu à en avoir beaucoup. Je voyais bien que son cœur brisé était sur la voie de la guérison. En fait, elle avait si bien oublié ses idées noires qu'elle n'avait plus qu'un projet en tête : donner une grande soirée.

Décidant finalement de donner cette soirée conjointement, Tante Mame et Bella se mirent en devoir de résoudre quelques problèmes épineux : *a)* Style de la soirée ? *b)* Cinq cents invités, certes, mais lesquels ? *c)* Dans quel palais ?

Le projet fut peaufiné sur le balcon de Bella, par un après-midi accablant de chaleur, tandis que les gens doués de raison faisaient la sieste derrière leurs volets clos. Je demeurai étendu sur un transat, suant abondamment, essayant de me concentrer sur *Mort à Venise*, tandis que Tante Mame et sa vieille complice ergotaient sur les derniers détails de la réception, tout en descendant beaucoup plus de gin qu'il ne m'apparaissait judicieux. Entre le soleil dardant sur mon crâne et les chamailleries incessantes des deux amies, j'eus quelque difficulté à bien me pénétrer de mon livre. En revanche, mis à part une légère insolation, je compris vaguement que la soirée prévue serait « en costumes d'époque », et que l'époque choisie, après moult discussions, était la Renaissance. Ces costumes ne devaient être ni rose Mame, ni bleu Bella, mais noir et blanc — ce qui, déclarait celle-ci, simplifierait la tâche des photographes de *Life*, car *Life*, sans aucun doute, serait présent. En revanche, le feu d'artifice, lui, serait rose *et* bleu. Elles finirent par tirer à pile ou face pour savoir dans quel palais la soirée aurait lieu. C'est Tante Mame qui gagna.

La liste des invités posait un sérieux problème. « Pas de fasciste, ma chérie, il n'en est pas question ! » insistait Tante Mame. « Mais écoute, mon chou, ce pays *est* fasciste ! » répondait Bella. Sur quoi Tante Mame déclara que si Bella avait l'intention d'inviter des fascistes, *elle* inviterait des Éthiopiens. « Ça, c'était l'an *dernier*, ma cocotte. Mais bon, si tu y tiens, invite les

Éthiopiens que tu connais », dit Bella. Tante Mame n'en connaissait pas. Après quoi, la liste fut enfin dressée dans une atmosphère de compromis amical. Tante Mame déclara qu'elle ne pouvait pas inviter le comte et la comtesse Ciano, ceci pour des raisons politiques. Elle décida cependant qu'elle pouvait inscrire cette vieille rousse, la maîtresse de l'ancien kaiser Guillaume, puisque celui-ci avait quasiment les dents sèches — comme sa maîtresse, au demeurant —, et que, dans l'immédiat, ils ne constituaient guère une menace internationale. Vous comprendrez que j'eus quelques difficultés à avancer dans mon livre.

Le soleil déclinant n'était plus qu'une énorme boule de feu, et le gin déclinant qu'une misérable goutte au fond de la bouteille, mais les deux femmes n'avaient toujours pas résolu leurs dilemmes. Quand je guidai enfin Bella vers sa chambre, la soutenant, avant de conduire Tante Mame jusqu'à sa gondole, le crépuscule était pratiquement tombé.

Mais la journée était loin d'être finie. À peine la gondole avait-elle effleuré les marches moussues du palais qu'un domestique surgissait, tout excité : « Signora Burnside ! Venez vite, le Signor Burnside est ici ! »

Tante Mame porta une main à son cœur. « M... Mister Burnside ? » répéta-t-elle. Puis elle se reprit. « C'est impossible. » Elle n'en semblait pas moins pâle, bouleversée, et il fallut l'aider à descendre de la gondole.

Cela faisait trois ans que le mari de Tante Mame, Beauregard Jackson Pickett Burnside, était mort et, ayant moi-même vu la Dépouille Mortelle et le grand cercueil que l'on descendait dans la terre rouge de Peckerwood — la plantation familiale de Géorgie —, il ne faisait guère de doute, dans mon esprit, qu'il était aussi mort qu'une vieille ampoule électrique. Cependant, une fois entré, j'eus un instant d'hésitation.

La loggia était sombre, déserte. « Eh bien, où est-il ? » s'enquit Tante Mame. Une voix — exactement la voix de mon oncle Beau — répondit : « Mame ? Mame, ma chérie, je suis là. »

Levant les yeux vers les fausses fresques de Véronèse, représentant des gens penchés au-dessus de balustrades, certaines en trompe l'œil, d'autres réelles, je vis mon oncle Beau, vivant, en chair et en os. Tante Mame leva aussi la tête. « B... Beau ? » dit-elle. Ses genoux cédèrent sous elle, et son visage prit la couleur de l'albâtre.

« Sûr que c'est pas Beau, ma chère Mame », répondit Oncle Beau. « Beau est mort. Je suis Cousin Elmore.

— Oh ! » fit Tante Mame, se ressaisissant quelque peu. « Descendez, je vous en p... prie. »

Nous passâmes dans l'un des salons qui donnaient sur la loggia, et Tante Mame se versa un verre à tout casser. Le temps que Elmore Burnside fasse son entrée, elle en avait descendu la moitié. Si la ressemblance entre Elmore Jefferson Davis Burnside et Beauregard Jackson Pickett Burnside paraissait tout d'abord incroyable, de près, elle ne résistait pas à l'examen. Car la différence était tout aussi incroyable, et j'eus souvent cette impression que, malgré leurs traits communs, Cousin Elmore n'était qu'une mauvaise contrefaçon d'Oncle Beau, hâtivement mise sur le marché à l'usage d'une clientèle moins exigeante.

Oncle Beau était la perle des Burnside. Je sais que cela ne veut pas dire grand-chose, si l'on songe à l'horreur qu'était cette famille, laquelle s'était montrée infâme envers Tante Mame. Mais à présent que mon oncle était mort et enterré, c'était à elle qu'ils devaient leur moindre sou. Une personne moins généreuse, moins magnanime — le mot de « sainte » me vient à l'esprit, mais n'abusons pas — les aurait facilement abandonnés à un sort sinistre dans l'hospice du comté, ce qui était encore trop bon pour la plupart d'entre eux.

Mais pas Tante Mame. En tant qu'unique légataire de Beau, elle versait des rentes substantielles aux parasites de la famille, et avait même permis à son odieuse et flatulente belle-mère de continuer à se vautrer dans le luxe et les laxatifs, à Peckerwood. Par un accord tacite, Tante Mame et sa famille par alliance se retranchaient chacun de son côté de la frontière Mason-Dixon, n'échangeant de courrier qu'à Noël, lorsque chacun lui adressait une carte de vœux minable, à laquelle elle répondait par un gros chèque. Mais nous n'avions encore jamais rencontré le cousin Elmore ; il occupait également une place particulière au sein de cette noble et vieille famille, étant le seul, dans cette tribu d'une centaine de parents proches, à travailler pour vivre.

Je savais que Tante Mame, malgré toutes ses passades, ne s'était jamais vraiment remise de la mort d'Oncle Beau, et devinais que si la ressemblance superficielle entre Beauregard Burnside et Elmore Burnside avait réussi à me stupéfier, elle avait dû secouer bien davantage encore ma tante qui, même à jeun, était légèrement myope, et trop coquette pour porter des lunettes, sauf lorsqu'elle devait absolument *voir* quelque chose.

Cependant, passé l'effet de surprise, les dissemblances se faisaient de plus en plus évidentes, du moins à mes yeux. Cousin Elmore était presque aussi grand qu'Oncle Beau mais, là où Beau était ce que l'on appelle un costaud, Elmore était épais ; la graisse remplaçait le muscle. Beauregard, bien sûr, avait un accent, mais le contrôlait plus ou moins. Cousin Elmore, dès qu'il ouvrait la bouche, évoquait un personnage de mauvaise parodie du Vieux Sud. Oncle Beau possédait un véritable génie pour les affaires, mais ne parlait jamais argent. Cousin Elmore parlait rarement d'autre chose, si ce n'est de sexe. La première chose qu'il dit, après avoir bruyamment embrassé Tante Mame, fut : « Je fais dans les sous-vêtements féminins » — phrase déconcertante qui me fit instantanément épier le col ouvert de sa chemise de sport, pour voir si je n'apercevais pas un peu de dentelle dépasser au milieu des ananas, Hawaïennes, et poils.

Ce qui nous conduit au chapitre des vêtements. Oncle Beau était toujours splendide, non parce qu'il possédait une fortune à la banque, mais parce qu'il était milliardaire, en matière de goût. C'était le genre d'homme qui aurait pu paraître vêtu d'une simple feuille de vigne et aurait semblé impeccablement habillé. On n'aurait pu en dire autant de Cousin Elmore. Celui-ci était un amoureux du froissé, un acharné du motif, un drogué de la couleur, et ce jusqu'à la démence. Il se pavanait en gabardine verte, en tweed bleu vif, en marron chocolat, en prune de Damas, en gris perle. Ses chemises portaient des marques à connotation très virile, telles que Cow-boy Casual, Rogue, Buccaneer, He-Man Haberdashery et Sir Sportsman, mais déclinaient la gamme des pastels les plus efféminés, en imprimés atrocement printaniers. En outre, il les portait par-dessus son pantalon, comme pour dissimuler un imperceptible début de grossesse.

Certains soirs, lorsque je ne parviens pas à dormir, je passe en revue, dans mon souvenir, la garde-robe considérable de Cousin Elmore, cherchant à retrouver les éléments qui m'avaient le plus impressionné — ou atterré. Ses chaussures, par exemple. Il en possédait des douzaines de paires, car il avouait souvent — sans qu'on l'en priât — souffrir des pieds. Ces chaussures avaient également des marques on ne peut plus viriles, Lothario Loafer, Bronco Brogue, Robin Hood, Kadet Kasual, Mr. Metatarsal. Mais, quand il s'agissait de les porter, elles couinaient comme des *castrati*. Elmore goûtait particulièrement deux — ou même trois — nuances de chevreau gris ; la paille tressée et la résille ; les bouts étroits, voire pointus, et autant de trous, œillets et perforations qu'il était possible au centimètre carré, et même davantage. Ses chaussettes, cependant, étaient uniformément blanches.

À moins que ce ne soient ses bijoux. Il adorait les gros boutons de manchette en imitation — « irritation », disait-il, non sans esprit — de rubis et de saphir ; les gros pâtés de plaqué or, avec des gravures compliquées, faites mécaniquement ; l'argent martelé, et le verre admirablement filé. Ses mains, ses revers, scintillaient constamment de bagues et d'emblèmes de diverses obédiences, qu'il changeait régulièrement — les doigts lui manquaient pour étaler simultanément les témoignages de son sens de la fraternité. De même, ne manquait jamais à ses cravates quelque canne de golf, boule de billard, tête de mort avec tibias croisés, ou scottish terrier — sauvagement pendu à une chaînette d'argent — pour les maintenir en place. Et, *naturellement*, il se tenait à la pointe du dernier cri, en matière de porte-clefs, briquets, porte-cigarettes-souvenir, stylos et stylomines.

Certains soirs, je pense plutôt à ses chapeaux. Il était ce genre de personne qui ne peut pénétrer en territoire étranger sans adopter instantanément le couvre-chef local. Raison pour laquelle il possédait — et *portait* — un vaste Stetson, un béret basque, un casque colonial, une casquette de cricket, un chapeau de gondolier, un tyrolien orné d'une plume, un immense panama, dont il disait qu'il avait été tressé dans l'eau (où il aurait dû demeurer), et toute une panoplie de couvre-chefs moins spectaculaires, en velours, pour aller — ou contraster — avec ses vêtements bariolés.

Mon Dieu, je ne sais trop ce que l'on *pourrait* encore dire de la garde-robe de Cousin Elmore pour lui rendre pleinement justice. Pour résumer, on aurait pu lui vendre absolument *n'importe* quel vêtement en lui affirmant simplement qu'aucun autre homme en ville n'en possédait de semblable.

Cependant, Cousin Elmore, tout en s'adonnant à son goût du somptueux, ne se voyait pas tant comme Beau Brummell que comme Samuel Johnson. La chose la plus insupportable, c'était son sens de l'humour. Je ne veux pas dire qu'il *avait* le sens de l'humour. Il en était totalement dépourvu, bien qu'il fût persuadé d'être à hurler de rire, et eût bataillé à mort si quiconque avait émis le moindre doute à ce sujet. Non, ce que Cousin Elmore possédait, c'était la mémoire exhaustive de toutes les histoires drôles entendues à la radio, dans l'émission de Joe Penner, dans les réunions de ses divers clubs, dans les compartiments fumeurs, et lors de la guerre de 14. En revanche, il oubliait le fait que chacun s'en souvenait ; et que, de toute façon, la plupart n'étaient déjà pas drôles à l'époque.

Le calembour était son instrument de torture préféré, et il ne manquait aucune occasion de placer l'un de ses lamentables jeux de mots. Au cours de son interminable séjour à Venise, il fut par trois fois présenté à des jeunes filles prénommées Virginia, ce qui donna, par trois fois : « *Virginia*, c'est sûr, mais pas pour longtemps ! Hahahahaha ! » Lorsque, grâce au ciel, il prenait enfin congé, vous aviez toujours droit à : « *Arrivée d'air chaud !* » Au cours des soirées, il s'écriait : « Moi, je trinque aux maris ! » (avec un clin d'œil aux femmes prénommées Mary), ou « Il n'y a pas de rose sans épines ! (même chose envers les femmes prénommées Rose) Hahahahaha ! » Comme vous le voyez, il était absolument atroce.

Malheureusement, Tante Mame, victime du soleil, du gin et du choc conjugués, ne voyait pas grand-chose de tout cela.

« J... je n'arrive tout simplement pas à m'en remettre », dit-elle, vidant imprudemment son verre d'un seul trait, tout en contemplant Elmore d'un œil rond, clignant des paupières comme un hibou. « On croirait que c'est Beauregard lui-même qui vient d'entrer.

— Avez-vous perdu l'esprit ? marmonnai-je à son oreille.

— J'ai toujours énormément aimé Cousin *Boragod*, Mamie, déclara Elmore.

— Oh, mais vous devez me trouver affreusement mal élevée », dit soudain Tante Mame. « Permettez-moi de vous offrir quelque chose à boire. D'ailleurs, je vais reprendre un verre. Patrick, sois un chou, fais le service. »

Sur quoi elle s'effondra sur un petit divan, perdant l'équilibre d'ivresse, ou d'émotion, Dieu seul le sait.

« Que prendrez-vous, Monsieur ? » demandai-je. « Whisky ou gin ?

— Vous n'auriez pas un bon whisky de par chez nous, mon gars ?

— Je crains qu'on ne puisse trouver de bourbon, en Italie. Mais nous avons du scotch.

— Oh ! » fit Cousin Elmore, visant la bouteille. « Du Vat 69. J'ai toujours cru que c'était le numéro de téléphone du pape. Hahahahaha ! »

La première fois que j'avais entendu cette plaisanterie, c'était en 1933, le jour de l'abolition de la Prohibition, mais je tentai bravement de faire chorus. Tante Mame émit un ricanement niais. « Un scotch, alors ?

— Exact, fiston, un scotch avec de l'eau plate. Mais pas trop d'eau, hein ? Ça fait rouiller la tuyauterie. Hahahahaha ! »

Je préparai donc un scotch bien tassé pour Cousin Elmore, espérant l'assommer un peu, et un autre, *très* léger, pour Tante Mame, puis je me servis généreusement. J'en avais besoin. Mais je posai mon verre après la première gorgée, en entendant Tante Mame déclarer :

« Mais bien sûr, Beau — je veux dire Cousin Elmore —, bien sûr, vous restez dîner avec nous.

— Ma foi, Cousine Mamie, ce n'est pas de refus. »

Ce n'est pas sans une certaine horreur que je vis Tante Mame, son verre vide à la main, se diriger vers le bar d'une démarche flottante. « Je vais peut-être en prendre un autre. Et *celui-ci*, je me le prépare *moi-même* », dit-elle d'un ton menaçant. Puis elle se tourna vers Elmore Burnside. « Je vais aussi vous corser un peu le vôtre, mon ché... euh, Cousin Elmore.

— Sûr, Mamie. Un canard ne vole pas que d'une aile. Hahahahaha ! »

Comme ils se tenaient devant le bar, se servant des scotches aussi ambrés que du sirop pour la toux, Tante Mame put enfin voir de près la chemise hawaïenne d'Elmore.

« Quelle ravissante chemise ! Elle vient de Hawaï ?

— D'Hawaï, ouais, ouais, d'Hawaï. Hahahahaha ! » Sur quoi il administra à Tante Mame une claque dans le dos qui faillit l'envoyer droit sur les bouteilles.

« Vous êtes trop drôle, Elmore ! Oh, vous me tuez !

— ... Comme disait l'actrice à l'archevêque ! Hahahahaha ! »

Tante Mame était au paroxysme de l'hilarité. Je m'excusai, me sentant vaguement malade. Lorsque je redescendis, ils étaient toujours devant le bar, et Cousin Elmore déclarait : « Les centipèdes ne marchent pas sur deux jambes. Hahahahaha ! » Il m'apparut que Tante Mame ne parviendrait pas à rejoindre la salle à manger, même à quatre pattes, mais elle était radieuse, rouge de plaisir : « Oh, Elmore, cela fait des années que je n'ai pas autant ri ! »

On servit enfin le dîner.

Tante Mame et Cousin Elmore, bras dessus, bras dessous, se dirigèrent en zigzaguant vers la salle à manger en passant devant un authentique Bronzino, portrait d'un pâle jeune homme, éclairé par un petit projecteur.

« C'est qui, cette petite Italienne ? s'enquit Elmore.

— Il se trouve que c'est *un* petit Italien, répondis-je méchamment.

— Bah, il est assis sur le seul endroit qui fasse la différence. Hahahahaha !

— Oh, Elmore, vous êtes *terrible* !

— *Terrible ?* murmurai-je.

— C'est un portrait de Bronzino, un vieux maître, expliqua Tante Mame avec un petit rire.

— Eh ben, gardez vos vieux maîtres pour vous, et donnez-moi une *jeune maîtresse*. Hahahahaha ! »

Ils pouvaient à peine se tenir debout de rire, tant cette saillie était irrésistible.

Le dîner fut un cauchemar. Tante Mame, l'œil à présent vitreux, avait pris place entre nous, et Elmore nous raconta son histoire drôle préférée — histoire que je devais entendre *plus* d'une fois à l'avenir —, laquelle se concluait par : « Ah ! Mais tu t'es trompé de côté ! Hahahahaha ! » La salade de haricots blancs servie en entrée lui inspira une boutade raffinée sur la « musique de chambre », que Tante Mame ne comprit pas, mais qui, depuis les environs de 1888, avait fait hurler de rire des pensionnats entiers. Par pure politesse, j'avais feint jusqu'alors de laisser échapper un rire étouffé, à chacun de ses traits d'esprit, mais, au dîner, je n'en avais plus la force. Je m'aperçus, cela dit, qu'il n'était même pas nécessaire de sourire. Cousin Elmore était son propre public, et le meilleur qui fût ; il s'esclaffait sans se soucier de savoir si l'on s'amusait autant que lui, ou pas du tout.

Tante Mame était dans un tel état qu'elle ricanait sans discontinuer et, entre deux hennissements, s'assura, en demandant deux nouvelles bouteilles de vin — de vins différents —, que Cousin Elmore et elle-même ne se trouveraient pas à court de carburant. Il est vrai que tout cela appelait l'anesthésie générale.

Cet Elmore, quel boute-en-train ! « C'est vraiment fameux, mon petit cœur, qu'est-ce que c'est ? » s'enquit-il au moment du poisson.

« C'est, euh, c'est, euh, c'est de la morue à la mode de Mario. » Mario était le cuisinier que nous avions loué avec la maison, et il donnait son nom à tous les plats.

« Eh bien, si sa morue est comme ça, je me demande comment doit être sa femme ! Hahahahaha ! » J'avais entendu ce genre de boutade pendant mes sept années de pensionnat, à chaque fois que l'on servait de la morue, et Tante Mame l'avait probablement entendue dix-sept ans avant moi. Qu'à cela ne tienne, elle n'en pouvait plus de rire.

« Oh, Elmore, vous êtes à mourir », ne cessait-elle de répéter, manquant à chaque instant de s'étrangler. « Vous me faites *tellement* penser à ce cher Beau. Dites-moi », fit-elle, les yeux brillants, quoique ayant quelque difficulté à fixer son regard, « où êtes-vous descendu ?

— Dans une espèce de gargote italienne, mon petit chou. Tenez, j'ai écrit l'adresse, là...

— Il n'en est pas question. Vous allez vous installer ici, avec... Aïe ! » Je lui décochai, sous la table, un coup de pied qui devait la laisser claudicante pendant trois jours.

C'est à la tête que j'aurais dû frapper, et plus fort, car elle continua de plus belle, invitant Cousin Elmore à passer l'été chez nous. Puis, avec une aisance dont, à jeun, elle n'aurait jamais été capable, elle donna des ordres en italien pour que la gondole aille chercher les effets de Mr. Burnside et les ramène au *palazzo precipitevolissimevolmente*. (C'est le mot italien le plus long. Il signifie « vite ».)

C'est alors que la salade arriva, et Cousin Elmore,

empourpré par son triomphe, nous gratifia de quelque contrepèterie douteuse sur les cœurs de laitue, hahahahaha, tandis que Tante Mame, éperdue, se tordait sur sa chaise, sanglotant de rire. « Oh, Beau ! » vagissait-elle. « Oh, mon chéri ! »

« Encore un plat, et je pourrai échapper à Joe Miller », pensais-je, la mine sombre. Profonde erreur.

Pour le dessert on apporta des figues fraîches. Cousin Elmore en profita pour faire étalage du seul mot d'italien qu'il se soit jamais donné la peine d'apprendre. « *Fighi, fighi !* Hahahahaha ! » Tante Mame ne saisit pas. Elle se contenta de ricaner mécaniquement. En revanche, notre vieux domestique réagit. Il laissa tomber le plateau qu'il tenait et fila comme une flèche vers les cuisines, *precipitevolissimevolmente*.

« Un petit café ? proposa Tante Mame, minaudant légèrement.

— Un petit noir ? Grands dieux non, mon trésor, je ne veux pas de petit noir. Mais je veux bien une petite *blanche* ! Hahahahaha ! »

Se dressant, Tante Mame déclara, d'une voix cruellement pâteuse : « Patrick, tu cherviras un petit cognac à Beauregard — *Elmore*. Moi je vais pacher... passer quelque chose de plus con... confortable. » Sur quoi elle sortit en vacillant, me laissant seul avec notre fameux humoriste, le représentant en lingerie féminine.

« Qu'aimeriez-vous boire, Monsieur ? demandai-je aussi poliment que possible.

— Qu'est-ce que tu as à me proposer, fiston ?

— Un petit curare, sec ? proposai-je avec un sourire affable.

— Naaaan, pas de ces liqueurs de Macaroni. Non, du cognac. Et puis assieds-toi, j'ai de bonnes histoires à te raconter. Des histoires pour hommes, tu vois. Ce ne serait pas convenable, devant une dame. »

Je versai donc un cognac pour Elmore, puis un autre pour moi, en un réflexe d'autodéfense.

Les histoires « pour hommes » de Cousin Elmore étaient, si possible, plus antiques encore que ses histoires mixtes, et encore moins drôles. « Si tu la connais, tu me dis "stop" », me prévint-il, avant d'embrayer immédiatement : « Alors, c'est un type qui louche. Il prend un taxi et dit au...

— Stop. »

Cousin Elmore n'en termina pas moins son histoire.

« Là, tu m'arrêtes, si tu la connais, mon gars. Voilà, c'est un Écossais qui entre dans une pharmacie parce qu'il est constipé, et il dit au...

— Stop ! »

Sans se troubler, il continua jusqu'au bout, explosant en un orgasme d'hilarité qui faillit fracasser les verres sur la table. J'aurais sans trop de déplaisir écouté une fois encore ces vieux, très vieux classiques, si seulement Elmore les avait *bien* racontés. Mais ce n'était pas le cas : il ne cessait d'oublier quelque chose, revenait en arrière, et s'interrompait sans cesse pour dire : « Oh, j'ai oublié de te dire que c'était une *mulâtresse*. Bref... »

« Venez, venez, les garçons, ne me laissez pas toute seule ! » fit soudain la voix de Tante Mame, me sauvant de l'attention exclusive du vieux raseur, alors que la tête commençait de me tourner sérieusement.

Tante Mame était négligemment étendue sur un divan, et buvait du champagne, mais dans un tel état qu'elle avait peine à tenir sa flûte. Et de fait, elle devait se sentir à l'aise, dans un souffle de mousseline blanche brodée de plumes de *coq**, lesquelles ne cessaient de retomber dans son verre, sur ses yeux, sur son nez, sur sa bouche.

« Viens t'asseoir près de moi », fit-elle, caressant le divan d'un geste suggestif.

Je faillis me casser une jambe, en me précipitant pour arriver avant Elmore.

« Comment ça va, ma poupée en plumes ! » rugit Cousin Elmore. Lui aussi était ivre mort, mais tenait nettement mieux la route que Tante Mame qui, il est vrai, avait pris un départ anticipé.

« Patrick, mon chéri », dit-elle, tendant un verre de champagne à Elmore, « tu dois être épuisé. Pourquoi n'irais-tu pas te coucher ?

— Qui ? *Moi ?* » fis-je, l'œil clair, la mine alerte. « Pas du tout. Il est à peine deux heures et demie. Je passe une soirée formidable. Fantastique. » Pour un million de dollars, cash, je n'aurais pas laissé Tante Mame seule — dans son état — avec ce vieux bouc.

« Allons, ne t'inquiète pas pour le p'tit chou et pour moi, mon gars », dit Elmore. « Entre nous, c'est un amour platonique — enfin, pas plat, mais *tonique* ! Hahahahaha ! »

S'ensuivit un monologue de deux heures, au cours duquel il nous régala de vieilles scies qu'il qualifiait de « risquées », de jeux de mots si antiques que Tante Mame, sous la torture, n'aurait jamais reconnu les avoir déjà entendus. Elle se contentait d'afficher un sourire bénin, agrémenté de charmantes petites *moues** et finit par s'endormir doucement, soupirant : « Beauregard. Beau, mon chéri. »

Vers les cinq heures, je lui décochai un coup de coude, et elle s'éveilla en reniflant bruyamment. « Grands dieux, qu'il est donc tard ! J'ai fait déposer vos affaires dans la chambre qui se trouve face à la mienne, Cousin Elmore. Pour le petit déjeuner, vous n'aurez qu'à sonner. Que prenez-vous généralement, le matin ?

— Moi ? Eh bien, mon trésor, ce que j'aime, c'est le petit déjeuner à la française. Vous savez ce que c'est ? *Des jeunesses au lit !* Hahahahaha ! »

Je n'en pouvais plus. « Je vous raccompagne à votre chambre, Tante Mame », dis-je. « Et n'oubliez pas que vous devez vous lever *tôt*, demain matin.

— Ah oui », soupira-t-elle, se redressant péniblement. « Debout avec les poules...

— C'est le contraire, Mamie chérie : *couché* avec les poules. Hahahahaha ! »

Je traînai Tante Mame hors de la pièce et lui fit quasiment gravir l'escalier à coups de pied. Puis je la poussai dans sa chambre et l'enfermai à clef. Une fois chez moi, j'avalai une demi-douzaine d'aspirines. Comme j'allais enfin m'endormir, j'entendis, dans la chambre contiguë, Cousin Elmore qui fredonnait *Roulons-nous dans le trèfle*.

Sachant parfaitement comment Tante Mame se sentirait le lendemain matin, j'avais prévu, non sans sadisme, de faire une descente dans sa chambre à dix heures pile, et réglé mon réveil en fonction. Mais avant même qu'il ne sonne, j'étais réveillé par des coups frénétiques, frappés contre sa porte, et les cris étouffés de « Patrick ! Patrick ! ».

« Qu'est-ce que c'est, à présent », fis-je, ouvrant la porte, « le delirium tremens ?

— Oh, Patrick, te voilà, grâce au ciel ! C'est horrible. Bien sûr, je suis idiote d'être aussi bouleversée — je sais bien que ce n'était qu'un cauchemar —, mais il y avait cet homme abominable, déguisé en... en je ne sais quoi, quelque chose d'absolument insensé, qui était grimpé sur mon balcon et m'appelait Poupée d'amour, ou quelque chose comme ça...

— Poupée en *plumes*, non ?

— Oui, c'est cela, mon chéri, exactement. Comment le sais-tu ? Enfin, bref, c'était simplement affreux. C'est incroyable, je le voyais comme je te vois, et il n'arrêtait pas de parler de "petit chou", de "cocotte en sucre", avec un accent de Géorgie à couper au couteau, vraiment horrible, presque comme un Burnside, tiens...

— *C'était* un Burnside », dis-je d'une voix égale.

Son visage, comme une ombre de mémoire lui revenait, prit soudain une expression tragique.

« P... Patrick », fit-elle bravement, « tu sais, quand nous sommes rentrés de chez Bella, j'ai eu une impression extrêmement bizarre...

— J'imagine, oui.

— Mon Dieu, je ne sais pas ce qui m'a pris...

— *Moi*, je sais. Le *gin*. Le gin, le Vat 69 — le numéro de téléphone du pape, hein, hahahahaha ! Et trois vins différents au dîner, plus...

— Patrick, c'était le soleil, il faisait si chaud chez...

— Ce n'était pas le soleil. C'était un rayon de lune. Un rayon de lune et Cousin Elmore. Vous ne vous souvenez pas, le cousin d'Oncle Beau — *Elmore Burnside* ?

— Oh, Patrick... J'espère que je n'ai pas fait mauvaise impression à un parent de Beau, et qu'...

— Sait-on jamais.

— Je veux dire, j'espère qu'il n'est pas parti en pensant que...

— Aucune crainte à avoir : il n'est pas parti. Pas du tout parti. Il s'est installé ici, de l'autre côté du couloir — et pour *tout l'été*, puisque vous l'avez invité. Il... »

La porte de la chambre s'ouvrit brusquement. Devant nous se dressait Cousin Elmore, vision à peine humaine, avec sa chemise de sport à trous-trous couleur lavande, au travers de laquelle on pouvait lire « Maman », tatoué sur son bras droit, et « KKK » sur le gauche. « Hé, Signorina Poupée en plumes ! Voilà votre vieux cousin Machiavel, hahahahaha ! On fait un petit tour en gondole, Mamie ?

— Est-ce *lui*, le cousin Elmore ? me chuchota Tante Mame, dans un souffle rauque.

— C'est lui.
— Patrick », coassa-t-elle, « *appelle Bella !* »

L'amie Bella n'était jamais aussi pleinement elle-même qu'en cas de crise. Je venais de réussir à propulser le cousin Elmore, qui alignait les boutades sans discontinuer, dans la gondole de Tante Mame, ayant donné pour instruction, dans mon italien hésitant, de lui faire faire une longue, longue promenade, que déjà celle de Bella arrivait sur le canal, les hommes en bleu godillant comme des forcenés, la *marchesa* dressée à la proue dans une pose altière et farouche, évoquant quelque Lohengrin.

Tante Mame l'attendait, gisant en travers de son lit défait, une serviette mouillée pressée contre son front.

« Bien, ma fille », dit Bella d'un ton déterminé, « raconte-moi tout, depuis le début. Et sans finasser.

— Mais Bella, ma chérie », gémit Tante Mame, « le problème, c'est que je ne peux *pas*. Une légère insolation m'a...

— *Moi*, je peux, coupai-je.

— Bon, vas-y, mon petit gars », dit Bella. « Mais je veux *tout* savoir.

— Avec plaisir. » Sur quoi je commençai. « Eh bien voilà, ce fameux cousin Elmore ressemblerait énormément à mon oncle Beau, paraît-il. C'est du moins ce que Tante Mame semblait...

— Je devrais te brosser la bouche au savon noir, espèce de petit menteur ! » s'écria Tante Mame, se redressant. « Il ne ressemble pas du tout à...

— Tais-toi, ma chérie », intervint Bella, « Patrick sait *mieux* que toi ce qui est arrivé. Continue, mon garçon. »

Puisqu'on me déroulait le tapis rouge, je m'en donnai à cœur joie, glissant çà et là quelques imitations assez terrifiantes de Tante Mame et de Cousin Elmore.

Sans doute dus-je me montrer convaincant, car mon monologue suscitait régulièrement les gémissements de Tante Mame et le ricanement mauvais de Bella. « Et donc », conclus-je à regret, « *à l'invitation gracieuse de Tante Mame*, Cousin Elmore s'est installé chez nous — avec deux malles et trois sacs de voyage —, et ce, *pour tout l'été*. Hahahahaha !

— Ohhh », fit Tante Mame, le souffle court, « c'est à cause du soleil. J'ai dû avoir une légère inso...

— Ce n'était *pas* le soleil », répétai-je d'une voix ferme. « Vous étiez déjà complètement torchée quand nous sommes partis de chez Bella.

— C'est ça ! » s'écria Tante Mame, se redressant de nouveau. « C'est ton gin, Bella Shuttleworth ! C'est ce poison, ce tord-boyaux à deux sous que tu nous as servi !

— Tu es une fieffée menteuse, Mame Dennis ! » cria Bella en retour. Dans les instants d'émotion, les deux femmes s'appelaient instinctivement par leur nom de jeune fille. « C'est le meilleur gin anglais — il vient directement de Londres. Et s'il est assez bon pour Neville Chamberlain, il est assez bon pour toi, ma fille. Mais la question n'est pas là. La question, maintenant, c'est de savoir comment se débarrasser de cette cloche.

— C'est vrai, ma chérie, et toi seule peux me sauver », admit Tante Mame, retombant sur le lit, inerte.

Le reste de la matinée s'écoula en compresses, projets sporadiques pour le bal Renaissance, et cogitations sur le moyen de se débarrasser de Cousin Elmore.

À midi, Tante Mame était tout juste capable de s'habiller pour le déjeuner — un déjeuner d'importance, de fait, puisque ses prétendants y étaient tous deux conviés. Ils se présentèrent à une heure pile, et Tante Mame, d'une pâleur intéressante, les pria de prendre des cocktails avec Bella, tandis qu'elle-même s'en tenait au Fernet-Branca, à cause d'une légère indisposition, ajouta-t-elle d'une voix inaudible. Pour compléter le plan de table, elle avait également invité un distingué rabbin allemand, un cardinal français et une poétesse grecque, dont on disait qu'elle était la plus grande depuis Sapho. Le déjeuner, servi dans le *cortile*, était une symphonie en rose — le linge de table, le *prosciutto* et le vin. Tante Mame, livide, se contentait de chipoter dans son assiette ; cependant, au beau milieu d'une brillante discussion sur Cocteau, elle devait virer au gris cendre quand, levant les yeux, elle vit Cousin Elmore qui se dirigeait vers la table, avec sa chemise mauve à trous-trous, et chaussé de sandales couleur sang de bœuf qui couinaient à chaque pas.

« Ça m'a l'air plutôt mangeable, tout ça ! », déclara-t-il, tirant une chaise et la posant bruyamment à la droite de Tante Mame. « Hahahahaha ! » La brillante discussion sur Cocteau s'arrêta instantanément.

Elmore Burnside se sentait à l'aise dans *n'importe* quel milieu, et ne se trouvait jamais à court d'esprit. C'est ainsi qu'en cinq minutes il parvint à insulter indirectement tous les convives. Il commença, d'emblée, par régler leur compte aux deux prétendants de Tante Mame, Axel et Marcantonio, avec une longue histoire dans laquelle un Italien et un Suédois se trouvaient prisonniers dans un hammam turc, le soir réservé aux femmes. Sur les cinquante mille vieilles histoires d'Elmore, quarante-neuf mille au moins étaient fondées sur les situations les plus improbables. En guise de *bis*, il me raconta celle d'Izzy et Paddy — celle-ci, *très* longue, et comportant, entre autres éléments narratifs, du maquereau, du jambon, la circoncision et des perles de chapelet —, ce qui dégageait d'un coup le cardinal et le rabbin. Je fus un peu soulagé en constatant que, grâce à leur piètre maîtrise de l'anglais, ajoutée à celle d'Elmore, celle-ci leur échappait. Je n'aurais pas dû. Revenant sur ses pas, Elmore leur expliqua en détail son histoire immonde, avec force mimiques et gestes évocateurs. Tante Mame était passée du blanc à un vert délicat.

Une autre particularité de l'humour de Cousin Elmore était son amour des farces et attrapes. Il n'aurait jamais affronté la mort elle-même sans quelque accessoire hautement comique, tel son faux nez, son poil à gratter ou sa canne électrique. Il adorait les fleurs de boutonnière qui crachent de l'eau, les faux cafards que l'on glisse dans les tasses de café, les étrons de caoutchouc. Un de ses préférés, cependant, demeurait une goutte de verre trouble que l'on s'introduisait dans une narine, en faisant semblant de se moucher. Une fois le mouchoir ôté, la vision qui s'offrait avait de quoi faire flancher l'homme le plus aguerri.

« Je crois bien que j'ai chopé un petit coup de froid », dit Cousin Elmore, dépliant ostensiblement son mouchoir. Sur quoi il se moucha, laissant l'objet dépasser horriblement de sa narine droite. Déjà, mon estomac commençait de se rebeller, mais Tante Mame sauva la situation. Elle commença de se lever lentement, et s'évanouit, sombrant dans l'inconscience la plus totale. On ne peut pas dire que le déjeuner fut un franc succès.

Une semaine plus tard, Tante Mame était à bout de ressource. Elle avait perdu cinq kilos et une vingtaine d'amis. Mais Cousin Elmore s'accrochait à elle comme une sangsue. Toutes les ruses qu'elle mettait au point avec Bella échouaient lamentablement ; même le faux télégramme de la société Belle Poitrine, de Buffalo — dont Bella était l'actionnaire majoritaire —, lui proposant un poste de directeur des ventes à cinquante mille dollars par an le laissa étrangement indifférent, et inamovible.

Tante Mame n'aimait certes pas Cousin Elmore, mais elle commit l'erreur de le considérer comme une espèce de brave abruti, ennuyeux au-delà du possible. Ennuyeux, il l'était, abruti également, mais quiconque le connaissait vraiment ne pouvait en aucun cas le qualifier de « brave ». Derrière son apparente bonne humeur, son image ostensiblement affichée de bon gars du pays, il se révélait faux, mesquin, étroit d'esprit, d'une ignorance crasse, et très, très cruel. Au cours des nombreuses — trop nombreuses — occasions où je me trouvais seul avec lui, quand il se sentait libre de renoncer à ce masque de cordialité douteuse qu'il revêtait en présence des femmes, il me régalait de ses joyeux souvenirs, tel ce lynchage qu'il avait organisé une nuit, en Caroline du Sud ; et la fois où il avait trempé un chat dans du kérosène, avant d'y mettre le feu ; et celle où il avait fourgué un stock de porte-jarretelles comportant une malfaçon à un marchand juif, avant d'appeler la Chambre de Commerce pour le dénoncer comme vendant des articles défectueux. Et lorsque je ne riais pas, il m'accusait de manquer gravement d'humour.

« Eh bien, moi, je laisse tomber ! » déclara Tante Mame ce jour-là, comme, exceptionnellement, nous nous retrouvions seuls avec Bella. « Cet âne bâté me suit partout. C'est à peine si je peux prendre un bain sans risquer de le voir surgir par la bonde de la baignoire. J'ai tout, tout essayé pour me débarrasser de lui, à part le suicide.

— Il y a le meurtre, suggéra Bella.

— Ne t'imagine pas que je n'y ai pas songé. Dire que j'ai le choix entre deux des hommes les plus séduisants d'Europe, et tout ça pour quoi ? Dès qu'Axel ou Marcantonio m'invite, le cousin Elmore nous colle aux talons, avec ses plaisanteries épouvantables, et...

— Mon Dieu, je suis assez heureuse que *tu* t'en rendes compte, ma petite », gronda Bella, « parce que tu seras moins surprise, si je te dis que tu cours vers le plus beau ratage qu'on ait jamais vu à Venise, à moins que tu ne réussisses à te débarrasser de lui. »

Comme pour confirmer la sinistre prophétie de Bella, le téléphone se mit à sonner. C'était Axel Falk qui décommandait l'après-midi que Tante Mame et lui avaient projeté de passer au Lido. Sans savoir exactement quoi, je compris qu'il fallait Faire Quelque Chose.

Tante Mame décida donc de passer l'après-midi chez Capellini, où l'on ferait des essayages pour son costume de bal, sous l'œil vigilant d'Antonietta. Cousin Elmore ayant déjà failli causer un scandale chez Capellini, en coiffant un chapeau de Tante Mame avant de déambuler dans les salons et les cabines en offrant ce qu'il pensait être une parodie irrésistible, je le pris en charge et le traînai Piazza San Marco pour y prendre quelques bières. Il était dans sa forme habituelle, appelant « Pépé » le serveur Giuseppe, et faisant des plaisanteries tordantes sur la vie de chien que l'on devait mener au « Palais des Dogs ». Je demeurais raide sur ma chaise, un sourire de commande plaqué sur le visage, souhaitant être mort, quand tout à coup, à sa troisième bière, il se fit sérieux. Et s'il existait quelque chose de plus terrible qu'Elmore de bonne humeur, c'était Elmore sérieux, pas tant dans sa manière de dire les choses que dans les propos qu'il tenait.

« Je m'demande si ma Poupée en plumes a fini de commander sa robe, pour la soirée.

— Oh, non, Cousin Elmore », dis-je. « Elle en a pour tout l'après-midi — *au moins*. Cette réception est très importante pour elle.

— Et pour moi aussi, fiston. C'est ma dernière ligne droite, si l'on veut.

— Ah bon, vous quittez l'Italie ? » demandai-je, plein d'espoir. « C'est une excellente idée. Vous savez, la mousson commence à peu près à cette époque, à Venise — avec des vagues gigantesques, et...

— Non, fiston, c'est ma dernière ligne droite par rapport au P'tit chou — ta Tante Mame. Je prépare déjà mon costume.

— Vous n'avez pas l'intention de *venir* à la soirée ?

— Mais si, et je serai déguisé en fou.

— En *fou* ?

— Ouais, fiston, en fou du roi. Comme je suis dans la vie, quoi. Tu sais bien, toujours à remonter le moral des gens, à les faire rire, à les aider à oublier leurs soucis.

— Je... Je ne pense pas que la soirée vous amuse beaucoup », dis-je précipitamment. « Vous savez, ce n'est pas très drôle, de porter un costume, et... et je ne suis pas certain qu'il y avait des bouffons, à la Renaissance.

— Peu importe. De toute façon, j'ai une mission très importante à remplir, ce soir-là. Ça concerne ta tante. Je vais la sauver.

— La *sauver* ? Sauver Tante Mame ? » Cousin Elmore dans le rôle d'un messie, voilà qui paraissait pour le moins étrange.

« Exact, fiston. Et maintenant, dis-moi franchement, aimerais-tu avoir un nouvel oncle ?

— Un nouvel oncle ? Mon Dieu, ça n'a pas grande importance, pour moi. Je suis quasiment adulte — j'entre à l'université cette année. J'imagine que Tante Mame compte se remarier, en effet, et peu importe à mes yeux qu'elle choisisse Axel ou Marcantonio. Ce sont tous deux...

— Ce sont deux sales étrangers, voilà ce que c'est ! » coupa Elmore, non sans émotion. « Un sale Suédois, et un sale Macaroni. *Voilà* pourquoi j'essaie de la sauver. Ce que je veux dire, c'est que j'ai l'intention d'épouser ta tante, *moi*.

— *Quoi ?*

— Tu as très bien entendu. Nous sommes des Américains, et surtout, nous sommes des *Burnside*. J'ai l'intention d'épouser Mamie, pour la sauver de ce faux-jeton de Suédois et de ce sale métèque ! »

Je demeurai trop stupéfait pour répondre quoi que ce soit, mais pas assez cependant pour ne pas remarquer un homme d'aspect assez patibulaire, vêtu d'un uniforme noir, qui observait discrètement Elmore, à la table voisine. Il écrivit quelques mots sur un petit carnet. En un éclair, j'entrevis la possibilité d'éloigner Elmore de Venise, et de Tante Mame. Un orchestre jouait non loin de nous et je fis semblant de n'avoir pas bien entendu.

« Désolé, Cousin Elmore, mais avec ce vacarme, je n'ai pas compris ce que vous disiez, à propos de Marcantonio. Voulez-vous répéter — un peu plus fort, s'il vous plaît.

— J'ai dit que c'était un métèque — comme tous ces sales Macaronis. Ah, je les déteste, je les hais !

— Merci, Cousin Elmore », dis-je, détournant le visage juste comme l'homme, à la table voisine, prenait discrètement une photo. À cet instant, la place se remplit soudain de bruit et de couleurs. Arriva une fanfare qui jouait *Giovinezza*, marche enjouée des fascistes, bientôt suivie de *carabinieri* en rang. Dans leur uniforme d'opérette, coiffés de leur bicorne à plumes, ils donnaient le spectacle d'une force de police très pittoresque, quoique assez inefficace.

« Bon Dieu, mais on dirait tout à fait l'uniforme d'une de mes loges », déclara Cousin Elmore.

J'avoue que les *carabinieri* faisaient quelque peu penser à des Templiers revus par Las Vegas. « De quelle loge s'agit-il, Cousin Elmore ? m'enquis-je.

— Des Fils de la Sécession, de Stalwart — loge numéro cent quinze. On dirait même une de nos marches. La nôtre, elle fait comme ça :

“Fils de la Sécession,
Sus à l’ennemi, toujours,
Sus au Yankee cruel, au nom
De la Patrie, mon seul Amour.”

« L’air n’est pas *exactement* le même, mais il s’en rapproche. Nous, les Fils, tenons un grand congrès, tous les ans. Et l’année dernière, à Chattanooga, j’ai fait plus de barouf que n’importe qui d’autre dans toute la loge. Tout le monde m’appelle le Roi de la Rigolade.

— Qu’avez-vous donc inventé, Cousin Elmore ?

— Hahahahaha ! J’avais apporté ma canne électrique — celle que j’ai ici — et j’arrivais derrière les gens, et...

— Vous savez quoi, Cousin Elmore ? » fis-je. « Je parierais que ces gens sont la branche italienne des Fils de la Sécession. Vous voyez le grand, là-bas, avec sa moustache et son sabre ? Vous devriez prendre votre canne électrique, et... »

Je n’avais pas terminé ma phrase que Cousin Elmore était déjà au milieu de la Piazza San Marco, armé de sa canne électrique. Je me tournai vers l’homme en noir, à la table voisine, et chuchotai « *Anarchico !* Anti-Mussolini ! », d’une voix dramatique, désignant le cousin Elmore. Sur quoi l’enfer se déchaîna, et j’eus à peine le temps de me réfugier sous une table.

Si, en début d’après-midi, Tante Mame avait paru courir au ratage le plus complet, ce soir-là, elle reprit brillamment son envol vers les sommets azurés de la mondanité. Cousin Elmore mis au rancart Dieu seul savait où, elle était parfaitement libre d’organiser une petite soirée improvisée, sans risquer de le voir apparaître et tout saccager.

Sans lui dire comment ni pourquoi, je lui assurai qu’Elmore demeurerait invisible pendant au moins vingt-quatre heures. Je n’aimais pas l’idée d’Elmore obligé d'ingurgiter des litres d'huile de ricin, de subir des lavements de moutarde, ou toute autre torture anale très en faveur chez les fascistes. Mais, comme il le proclamait si souvent, il était citoyen américain et s'en tirerait sans doute avec une sévère réprimande et un avertissement, rien de plus grave. « Allez-y, Tante Mame », dis-je, « invitez qui vous voulez, ce soir. L'horizon est dégagé. J'ai tout arrangé.

— Oh, Patrick chéri, tu es un véritable génie », dit-elle, filant vers le téléphone et m'embrassant au passage.

Ce soir-là, l'assistance était composée des quelques véritables Têtes Pensantes du cercle vénitien de Tante Mame et Bella. À part celles-ci et Marcantonio della Cetera, étaient présents l'ex-ambassadeur de Chine et son épouse, un célèbre antinazi luthérien, un aviateur blessé pendant la guerre d'Espagne, une femme de loi yougoslave et gauchiste, ainsi qu'un leader whig du Liberia.

Le dîner achevé, les Têtes Pensantes s'étaient lancées dans une Discussion Animée, laquelle tournait essentiellement autour des guerres qui faisaient rage en Chine et en Espagne, ainsi que du déplorable état du monde. Quand elle le décidait, Tante Mame pouvait faire étalage d'un esprit fort aigu et érudit et, ce soir-là, elle se montra remarquable dans le rôle de l'intellectuelle libérale de haut vol.

« Je ne sais si mes renseignements sont exacts, Dr Chung », disait-elle, « mais j'avais toujours cru que, lors des dernières élections en Chine...

— Vous ne savez pas quand les Chinois votent le mieux, Poupée en plumes ? » fit soudain une voix. « Le matin, juste avant le petit déjeuner ! Hahahahaha ! »

La mâchoire de Tante Mame se décrocha. La mienne aussi. Devant nous se tenait Cousin Elmore, sale et échevelé. « T... tiens, Cousin Elmore », fit-elle, me lançant un regard à interrompre définitivement ma croissance, « je... Patrick m'a... Enfin, je ne pensais pas vous voir à la maison ce soir.

— Mieux vaut tard que jamais, mon p'tit bout. Hahahahaha !

— Ça, ça se discute », marmonna Bella, saisissant déjà son sac.

Tante Mame se jeta précipitamment dans une orgie de présentations, commençant par la femme de loi yougoslave. « Vous connaissez Marcantonio, bien sûr, ajouta-t-elle.

— Si je le connais ! Alors, sauce tomate ou parmesan ? Hahahahaha ! »

Sur quoi il traita le Libérien de « Blanche-Neige » (une fois) et de « charbonnier » (deux fois). Puis il gratifia le pilote espagnol d'une histoire salée à base d'aphrodisiaques et de castagnettes, avant de demander à l'ambassadeur : « Dites-moi, Courtepattes, c'est vrai, ce qu'on dit sur les femmes chinoises ? » En l'espace d'un quart d'heure, tous les invités avaient déguerpi.

Tante Mame était si furieuse qu'elle me claqua sa porte au nez, sans me donner une chance de m'expliquer. Mais, de retour dans ma chambre, ouvrant la fenêtre après avoir éteint, je remarquai l'homme en noir qui rôdait dans l'ombre du palais. Cette vision, pour troublante qu'elle fût, me laissait quelque espoir pour l'avenir.

Le lendemain matin, Tante Mame sortit avant même que je ne descende. Je supposai qu'elle était folle de rage, ou qu'elle avait encore un dernier essayage pour son costume de bal — ou les deux, plus vraisemblablement. Cousin Elmore ne tarda pas à me rejoindre, vêtu d'une cape de confédéré et d'un costume flou, rouge vif. Deux appareils photo et un luxmètre pendaient à son cou. Il se jeta sur les oranges et le raisin.

« Voulez-vous un œuf ? demandai-je.

— Un œuf, et un bœuf ! Je vais te dire quel est mon programme pour la journée. D'abord, il faut que je trouve des trucs pour mon costume de demain soir. Et puis, j'ai bien envie de prendre quelques photos. Et pour finir, je vais louer un bateau.

— Pour quoi faire, un bateau ?

— Eh bien, pour emmener mon p'tit bout, juste après la soirée.

— Écoutez, Cousin Elmore, en avez-vous, euh, *discuté* un peu avec Tante Mame ? Je ne suis pas du tout certain qu'elle trouve l'idée très...

— Écoute, fiston, j'ai pas mal d'expérience, et je sais parfaitement quand une petite dame a le béguin pour moi. Mince, tu as bien vu comment elle a réagi, dès l'instant où elle m'a vu.

— Tante Mame n'était, euh, pas vraiment elle-même, ce soir-là.

— En plus, je me sens un peu seul, à force de voyager pour ma lingerie. Et le p'tit chou, elle est toute seule aussi. Non, j'aimerais bien m'installer un peu, arrêter la vente, et, je ne sais pas, m'occuper des affaires de ta tante, quoi. » Je l'observai d'un œil interrogateur. Cousin Elmore rougit et, une fois de plus, je vis, presque réellement, la médiocrité, la fausseté de son sale petit esprit suinter au travers de ses manières chaleureuses. « Écoute, fiston », reprit-il, au bord de la colère, comme s'il tentait de se convaincre lui-même, « je suis plus vieux que toi, et j'en connais un *rayon*, en matière de femmes. Et je sais que c'est moi qu'elle veut. C'est pour ça qu'elle essaie de me rendre jaloux, avec tous ces gigolos étrangers. Et c'est pour ça que... » Elmore était intarissable. Comme presque tous les hommes suprêmement dénués de séduction, il croyait deviner, on ne sait comment, une invitation dans chaque rebuffade, une caresse dans chaque gifle, un

« viens » dans chaque « va-t'en », un « oui » dans chaque « non ». « En plus », continuait-il, « j'ai la main, avec les filles. J'ai vaguement feuilleté ce fameux bouquin, tu sais, *Comment rendre une femme heureuse*. Feuilleté d'une main, hein, hahahahaha ! »

Elmore radotait toujours sur ses conquêtes, alors qu'il posait son gros derrière dans une gondole de location. En montant à bord, je remarquai *deux* hommes en noir passant à notre hauteur, dans un petit canot à moteur.

« Je vous attends sur l'embarcadère, dis-je, tandis que Cousin Elmore prenait la direction d'une obscure échoppe proposant des souvenirs et des farces et attrapes.

— D'accord, fiston. Je préfère que tu ne m'accompagnes pas. Je tiens à ce que mon costume soit une surprise. Surtout pour ma Poupée en plumes.

— Je suis sûr qu'il fera sensation. » Sur quoi, je vis un des hommes en noir lui emboîter le pas. Comme je prenais une cigarette dans ma poche, l'autre — celui que j'avais déjà vu la veille — s'approcha de moi.

« Qui est cet homme ? demanda-t-il en anglais, avec un fort accent.

— *Buon giorno* », répondis-je. « Qui est qui ?

— Lui », fit-il, avec un signe de tête en direction d'Elmore. « L'homme à la chemise rouge. »

Comme mon regard tombait sur la chemise noire de l'homme, celle d'Elmore me donna soudain une inspiration. « Ne le dites à personne », murmurai-je, « mais c'est le chef des Chemises rouges.

— Américain ? s'enquit l'homme, notant fébrilement quelque chose sur son carnet.

— *Sud*-américain. C'est le chef des Fils de la Sécession. Ils sont très actifs, ils entretiennent la guerre civile. Un type sinistre. » Puis j'ajoutai ce qui me semblait être une traduction correcte en italien : « *Sinistro*.

— *Sinistro ?* répéta l'autre, me jetant un regard aigu.

— *Si. Molto sinistro.* »

Il n'en fallut pas davantage pour l'expédier, le feu au derrière, jusqu'à la cabine de téléphone la plus proche.

Je m'installai confortablement dans la gondole pour attendre Cousin Elmore, lequel ne tarda pas à réapparaître, chargé de paquets d'aspect redoutable, et suivi, cette fois, par *trois* hommes en noir.

« Mince, vous en avez acheté, des choses », dis-je, tandis qu'il prenait place à mes côtés. Du coin de l'œil, je vis que nous précédions maintenant une sinistre petite flottille de trois canots.

« Un peu, oui », répondit-il, visiblement content. « Des trucs épatants pour la soirée. Tiens, je vais t'en montrer un — mais un *seul*, hein. » Plongeant la main dans un sac, il en tira le 45 automatique le plus menaçant que j'eusse jamais vu.

« Hé, attention !

— N'aie pas peur, fiston, ce n'est qu'un pistolet à eau. Bon, maintenant, je vais prendre quelques photos, et on pourra déjeuner. Qu'est-ce que je peux photographier de joli, par ici ? Tu connais la ville. »

Aiguillonné par mon triomphe, et ravi de voir que les canots nous suivaient toujours, je décidai de pousser la chance : « Si vous preniez des vues des *Casermette* ?

— Des quoi ?

— Des *Casermette*. C'est le mot italien pour désigner des maisons un peu spéciales, vous voyez. Plein de choses à voir, là-bas. Les meilleurs fusils y vont. Hahahahaha ! » Laissez-moi vous dire que je m'amusai cinq minutes.

« Ah ouais ? fit Elmore, une lueur ardente s'allumant dans ses petits yeux de porc.

— Un peu, oui. Vous pourrez raconter ça à vos copains de la loge. Et prendre de fameuses photos. Allons-y. Aux *Casermette* », dis-je au gondolier.

Elmore brandissant son nouveau pistolet à eau, nous contournâmes l'île et, toujours suivis par les trois canots, nous arrêtâmes devant les grandes casernes sinistres, non loin des Fondamente Nuove. « Ça ne me plaît pas trop, déclara Elmore, sortant son appareil et son luxmètre, et se dressant dans la gondole.

— Oh, attendez d'être à l'intérieur.

— Je n'arrive pas à faire le point. » Soudain, les trois canots foncèrent droit sur nous. « Mais, bon Dieu, qu'est-ce que... ? » fit Elmore, se retournant, effrayé, et faisant tanguer la gondole.

« Oh, oh », dis-je, « ce sont les communistes italiens. Une vraie mafia. Vous feriez mieux de filer, Elmore, et à la nage. » Sur quoi je le poussai légèrement, et il y eut un éclaboussement épouvantable. « À la maison », dis-je au gondolier.

Quand j'arrivai, les domestiques étaient au bord de l'hystérie. Le palais avait été entièrement fouillé, jusqu'au dernier tiroir de la dernière commode. D'après ce que je pus comprendre, les Gerarchi, les Balilla, les Avanguardisti, les Giovani Italia, les Figlie della Lupa — tous les fascistes, excepté Mussolini — venaient de passer une heure à mettre la maison en coupe réglée, pour finalement repartir les mains vides. C'était la chambre d'Elmore qui avait subi la fouille la plus féroce. Cependant, tout devait être remis en ordre avant que Tante Mame ne réapparaisse, toujours furieuse.

« Et alors, peut-on savoir *pourquoi* tu as l'air si content de toi, Judas ? Tu vas sans doute me raconter que tu as poussé Cousin Elmore dans le canal, et que nous ne le reverrons plus jamais ? C'est bien ça ? demanda-t-elle d'une voix acide.

— C'est exactement ça, douce et tendre Tante Mame. Nous ne reverrons plus Elmore d'ici le Jugement dernier — et je n'aimerais pas être juré, hahahahaha ! Cela dit, je commence à être un peu fatigué de votre mauvaise humeur. Ce n'est pas *moi* qui l'ai invité, c'est *vous*, et...

— Oh, tais-toi ! Je sais bien que ce n'est pas ta faute, mais si tu ne m'en *débarrasses* pas, je crois que je vais...

— Mais c'est fait, Tante Mame, et pour de bon, cette fois. » Et je lui racontai ce qui était arrivé.

Tante Mame rit ; elle rit aux larmes. Elle me serra dans ses bras, m'embrassa, et se rua sur le téléphone pour prévenir Bella. « Demain », déclara-t-elle, « nous allons donner une soirée dont Venise se souviendra éternellement. Elmore a enfin disparu, et grâce à mon Patrick chéri. Sors tes frusques, Bella, ce soir, je donne un dîner en l'honneur de Patrick. Il m'a sauvée, sauvée, *sauvée* ! »

Tante Mame, escortée de ses *deux* chevaliers servants, Axel et Marcantonio, donna un dîner en mon honneur. Une jolie fille prénommée Marina me gratifia d'un baiser, en me disant que j'étais encore plus mignon que Mickey Rooney, et, quand nous rentrâmes au palais, à trois heures du matin, il n'y avait toujours pas trace de Cousin Elmore. « Il a disparu, mon petit amour », soupira Tante Mame, béate, « et demain soir, à l'occasion du bal, je te présenterai ton nouvel oncle. Axel et Marcantonio m'ont tous deux demandé ma main ce soir. Il va donc falloir que je choisisse. »

J'étais sur le point de lui dire qu'elle avait, en fait, le choix entre *trois* prétendants, si elle voulait bien prendre en compte la proposition de Cousin Elmore, lorsqu'elle leva les yeux vers la pendule et s'écria : « Grands dieux ! Regarde l'heure qu'il est ! Je vais être affreuse à voir, demain, si je n'ai pas mon compte de sommeil. Bonne nuit, mon petit amour. Tante Mame n'oubliera jamais ce que tu as fait pour elle. »

Je me réveillai tard, le lendemain matin. Le palais

était en ébullition. Il y avait des ouvriers partout ; sur le toit, pour préparer le feu d'artifice, dans le *cortile*, pour poser le parquet de la piste de danse, installer l'estrade pour l'orchestre, les projecteurs, les guirlandes Renaissance. Dans la cuisine, les traiteurs se querellaient avec les domestiques, et des rumeurs de mutinerie couraient, car certains d'entre eux avaient aperçu les costumes que Tante Mame et Bella avaient prévus pour eux — collant noir avec coquille blanche pour les hommes, et tunique d'arlequin noire et blanche. Tante Mame était déjà à l'institut de beauté, pour se faire étriller, rosser, friser et émailler en vue de la grande soirée. Toujours aucun signe de Cousin Elmore — pas même une demande de caution. Je le considérai donc, non sans plaisir, comme disparu au front. Sur quoi je me retournai et replongeai dans le sommeil.

Le temps que je me lève, prenne mon bain et me rase, l'orchestre — également Renaissance — répétait des standards bien italiens, tels *The Isle of Capri* et autres *The Piccolino*. Au crépuscule, toutes les lumières s'embrasèrent d'un seul coup, dans un « Aaaahhhh ! » général. Puis s'éteignirent, dans un « Oooohhhh ! » consterné. Puis s'allumèrent de nouveau. Jetant un coup d'œil par la fenêtre, je vis Bella qui chargeait à toute vapeur vers le palais de Tante Mame. Puis j'allai revêtir mon costume — ce qui ne prenait que quelques secondes. N'étant guère fanatique des soirées costumées, j'avais privilégié le confort, au détriment du style. J'étais travesti en moine, vêtu d'une longue robe de bure à capuche. Avec une ceinture de corde et des sandales, cela passait relativement bien et, comme je ne portais rien en dessous, le déguisement était infiniment plus supportable que les justaucorps et collants de velours qui prévalaient ce soir-là.

Je descendis juste à temps pour accueillir Bella, laquelle faisait penser à un morceau de ricotta avariée, enveloppée de damas blanc et de queues d'hermine. « Mon Dieu », fit-elle en me voyant, « Fra Lippo Lipschitz ! » J'eus le tact de ne rien répondre. C'est alors que Tante Mame descendit l'escalier, divine en velours noir brodé de perles. L'orchestre attaqua une vigoureuse rumba Renaissance, et la soirée put officiellement commencer.

Trois heures plus tard, elle battait son plein. Il y avait là plus de cinq cents invités, sans compter les photographes de *Life* et les resquilleurs. Tout ce qui comptait un tant soit peu à Venise avait déniché quelque tenue noire et blanche, plus ou moins Renaissance, pour assister à la réception. Tante Mame touchait à peine le sol, passant des bras de Marcantonio, d'une élégance audacieuse et très italienne, en collant rayé et chemise immaculée, à ceux d'Axel, évoquant quelque Hamlet blond, en laine noire et manches à crevés. Il était presque minuit quand je parvins enfin à danser avec elle.

« Vous vous amusez ? demandai-je.

— Oh, mon chéri, jamais je ne me suis autant amusée dans une soirée. Et c'est entièrement à toi que je le dois.

— Avez-vous pris une décision, en ce qui concerne mon nouvel oncle ?

— Oh, Patrick, ça, c'est le revers de la médaille. C'est affreux, je n'y arrive *pas*. Ils sont si merveilleux, tous les deux... Si merveilleux, en fait, que j'ai décidé de les refuser carrément. Je suis encore trop jeune pour m'engager de manière durable. Mon Dieu ! C'est bientôt l'heure du feu d'artifice ! Il faut que je demande à Bella si elle... »

« Mame ! » fit soudain la voix rauque de Bella. « Mame ! » Je vis une montagne de queues d'hermine fondre sur nous, fendant la foule des danseurs. « Mame, ma puce, tu vois ce que je vois ? »

Notre regard suivit la direction que nous indiquait Bella d'un index tremblant. Cousin Elmore descendait l'escalier. La vision était inhumaine. Son costume — jamais je ne pourrai l'oublier — se composait d'une vieille combinaison, une jambe absurdement teinte en jaune, l'autre en vert. Il avait enroulé autour de sa taille un cache-nez écossais, au-dessous duquel son ventre protubérait vilainement, et au-dessus duquel il arborait une chemise de cow-boy en rayonne, bouffante, d'un rose magenta, ornée de clochettes accrochées tant bien que mal à ses longues franges. Une collerette de papier hygiénique entourait son cou et, en guise de chapeau, il avait opté pour un passe-montagne orange abondamment garni de rubans.

« Patrick Dennis », fit Tante Mame, les dents serrées, les lèvres blanches, « tu m'as *bien dit* que...

— C'était vrai, Tante Mame », dis-je, n'en croyant pas mes yeux. « Je vous jure que c'était vrai, devant Dieu. Bon, je vais vous débarrasser de lui. » En dix enjambées, j'avais traversé la salle et poussé Elmore dans les vestiaires. « Cousin Elmore », dis-je, « que diable faites-vous là ?

— Je suis venu sur les ailes de l'amour. Je me suis évadé de prison. Et je savais que si je venais ici, en plein bal masqué, personne ne me remarquerait.

— Que personne ne vous *remarquerait* ? » répétai-je, baissant les yeux sur sa tenue. « Il faut filer d'ici. L'endroit n'est pas sûr. La police est à vos trousses.

— Je sais. Je pars, et j'emmène ma Poupée en plumes avec moi. Tu sais ce qu'ils croyaient, quand ils m'ont arrêté, dans l'eau ?

— Je n'en ai pas la moindre idée, dis-je, détournant le regard.

— Eh bien, je vais te le dire. Ils pensaient que j'étais un *rouge, moi* ! Et tu sais *pourquoi* ? À cause de tous ces étrangers qui tournent toujours autour de Mamie. Ce Marcantonio, c'est bien un Macaroni, hein ?

— C'est un Italien, dis-je d'une voix glaciale.

— Eh bien, il n'est même pas pour Mussolini. C'est quoi, un Italien pareil ?

— Un Italien intelligent, mon pauvre vieux. Aucune personne un peu raisonnable ne peut être pour Mussolini.

— Et cet Axel. C'est un *socialiste*. Si ça se trouve, il a une bombe sur lui. Tu te rends compte, un *socialiste* !

— Comme le gouvernement suédois, abruti. Il se trouve que c'est un pays social-démocrate.

— C'est exactement ce que je veux dire ! Des rouges, des bolchevistes, tous autant qu'ils sont. Et à la prison, quand je leur ai parlé de ce qui se passait ici, de tous ces radicaux, ces révolutionnaires, ces espions qui tournent autour de Mamie, ils ont fait une histoire ! 'videmment, je ne comprends pas leur charabia. En tout cas, j'ai un bateau, juste là — pour sauver ta tante.

— Ce soir, tout Venise a un bateau amarré devant cette maison, espèce de crétin !

— P... Patrick ! » m'appela soudain Tante Mame, se dirigeant vers nous, « le portier me dit qu'il y a une sorte de policier, je ne sais pas...

— Ma Poupée en plumes », vagit Elmore, « j'arrive sur les ailes de l'amour, pour vous sauver. Je sais que je ne vous laisse pas indifférent, et...

— Ce cornichon est allé ouvrir sa trappe devant les fascistes. Dieu sait quelles âneries, quels mensonges il a pu leur raconter. Mais vous pouvez être sûre qu'...

— Mon p'tit chou, je leur ai seulement dit que... »

Jamais je ne saurai exactement ce que leur avait dit Cousin Elmore. À cet instant, des Chemises noires surgirent de partout, l'arme au poing. Il y eut un coup de sifflet strident, et les lumières s'éteignirent.

« Mamie, venez avec moi ! » s'écria Elmore, me

tirant par la manche et m'entraînant. Je lançai mon bras libre à toute volée, et mon poing s'enfonça dans son gros ventre, je pense. Puis je saisis la main de Tante Mame : « Venez, nous pouvons filer par le côté. Par la fenêtre qui donne sur le petit canal !

— Mais, Patrick... Ma soirée...

— La fête est finie. Allez, venez ! »

Nous sautâmes dans le premier bateau venu, un hors-bord amarré sous la fenêtre.

« Ça ira. On pourra toujours le renvoyer à son propriétaire demain matin.

— Mais sais-tu piloter ce genre d'engin, Patrick ? gémit Tante Mame.

— Plus ou moins », dis-je, tirant sur le démarreur. Le moteur rugit, et le bateau recula d'un bond, pour aller s'écraser contre les fondations du palais. Des cris et des hurlements nous parvinrent. J'appuyai sur quelque chose, au hasard, et le hors-bord s'élança soudain en avant, nous projetant tous deux sur le plancher. Tandis que nous nous débattions dans nos costumes, tentant de nous redresser, j'entendis encore des cris et des jurons, puis un craquement de bois discret, mais bien perceptible. Je repris enfin la barre, et nous nous extirpâmes de la masse d'embarcations massées autour du *palazzo* rose, filant droit vers l'île de San Giorgio. C'est alors que, sur le toit, se déclencha le feu d'artifice, en une explosion de fusées roses et bleues.

« Si nous essayions de rejoindre la Yougoslavie ? suggérai-je, sans grande conviction.

— Je ne p... pense pas, mon chéri. Le *mal de mer**, tu sais. Non, on peut essayer d'aller jusqu'à la gare. Une fois là-bas, on trouvera quelque chose.

— Je préfère quitter le Grand Canal, et passer par-derrière. Enfin, si j'y arrive.

— J'espère bien que tu vas y arriver, mon petit amour. Je commence à être un peu lasse de Venise. Il fait si... humide », ajouta-t-elle, comme une vague s'écrasait contre le flanc du bateau. « C'est vraiment *épatant*, ce petit canot, ne trouves-tu pas ? Tellement plus rapide qu'une gondole... Je me demande à qui il appartient.

— Il y a une inscription, sur le côté. Essayez de la déchiffrer, pendant que je ralentis pour voir un peu où nous en sommes. »

Comme un nouveau tir de barrage bleu et rose illuminait le ciel, Tante Mame se pencha avec précaution par-dessus bord pour lire le nom du bateau. « Oh, Patrick », dit-elle, « il est écrit : "Propriété de la Police de Venise".

— Oh, non ! » fis-je d'une voix étranglée, tournant brusquement la manette des gaz, tandis que le canot quittait littéralement la surface des eaux, bondissant en avant. Nous filions maintenant droit devant nous, dans la nuit, le moteur rugissant, et laissant un large sillage d'écume blanche. Les cheveux défaits de Tante Mame volaient au vent. La regardant de nouveau, je vis qu'elle souriait. Puis elle se mit à rire.

« La situation n'a rien de drôle, Poupée en plumes ! criai-je par-dessus le ronflement du moteur.

— Si, c'est sensationnel, mon p'tit chou ! » s'écria-t-elle en retour. « Je pense que nous allons prendre le premier train pour l'Autriche — pour Vienne, probablement. Après tout, à Vienne qui pourra ! Hahahahaha !

— Oui, à Vienne, et encore plus loin si possible. N'oubliez pas que nous avons volé un bateau de la police, dans un État policier, et que *vous* êtes sans doute la femme la plus recherchée d'Italie. S'ils nous mettent la main dessus, nous sommes bons pour cinq litres d'huile de ricin *chacun*.

— C'est absurde, mon petit amour », répondit Tante Mame en riant de plus belle. « Que peut-on rêver de mieux, en Italie, qu'un canot de la police piloté par un moine ? Non, je ne serais pas plus en sécurité avec *Il Duce* lui-même. Et maintenant, à la gare. *Precipitevolissimevolmente !* »

CHAPITRE VI.

Tante Mame dans sa Retraite des Montagnes.

« Et donc, nous sommes partis pour l'Autriche, évidemment. Tante Mame était violemment antinazie, et refusait de s'approcher de l'Allemagne. Mais on ne risquait pas d'être confronté à ce genre de chose en Autriche — du moins, pas en 1937.

— L'Autriche, cela me semble un voyage un peu curieux, pour une femme comme ta tante. Qu'est-ce qu'elle avait en tête ?

— Ma tante est un joyau à plusieurs facettes », dis-je d'un ton pompeux. « En fait, elle se lança dans l'immobilier. De plus, le séjour fut bénéfique à notre santé, car nous avons passé la plus grande partie du temps au Tyrol. D'ailleurs, je dois encore avoir quelques photos, en haut. Je vais les chercher. J'en ai pour une minute, ma chérie. »

Je montai à l'étage et comptai jusqu'à mille. J'en étais à 956 quand la sonnerie du téléphone me sauva. Lorsque Pegeen eut fini de bavarder, elle avait plus ou moins oublié l'affaire. Me sentant plus détendu, je pris, avec précaution, une gorgée de mon verre.

« *Ach*, mon petit amour », fit Tante Mame, écartant sa chaise, au restaurant Am Franziskanerplatz, « quel *fameux* dîner ! — *Rindsuppe mit Nudeln, Butterteig-*

pastetchen mit Geflügelfragout, Rahmschnitzel mit Hausgemachten Nudeln, Essiggurken, et *Nussrollade mit Schokoladeüberzug*. Trop *gemütlich* !

— Ça fait un peu grossir, non ?

— Quelle absurdité, mon chéri ! Bien, sois un amour et donne-moi du feu. Tu es *sûr* que tu n'en veux pas un ?

— Non, merci. Les Lucky Strike me suffisent amplement.

— *Ach*, aucun esprit d'aventure. » Tante Mame se planta au coin des lèvres un cigare d'au moins trente centimètres de long, prit une profonde bouffée, et fut saisie d'une quinte de toux effroyable.

« Aimez-vous *vraiment* fumer ces barreaux de chaise ? demandai-je, sachant que ce n'était pas le cas.

— *Jawohl, Liebchen* », mentit-elle. « C'est si parfaitement viennois. » Sur quoi elle souffla un grand rond de fumée au-dessus de ma tête, comme une auréole, avant d'appeler le serveur : « *Rechnung, bitte* », et, le cigare toujours au coin des lèvres, commença d'ôter ses longs gants noirs.

En moins d'une semaine, Tante Mame était devenue plus viennoise que le Danube. Chaque matin, dans sa grande chambre capitonnée de l'hôtel Sacher, elle commençait la journée par un café accompagné de petits pains, suivis, sur le coup de onze heures, d'un *Gabelfrühstück* — lequel se composait en principe de deux grosses saucisses, d'une pinte de bière, de café et, éventuellement, d'un bol de goulasch. Cela lui suffisait généralement jusqu'à l'heure du déjeuner. Vers quatre heures, c'était le moment d'une *Kleine Jause*, composée de café, de crème fouettée en abondance, et de quelques douzaines de pâtisseries. Nous dînions vers sept ou huit heures. Elle passait ses journées à flâner sur le Ring, disant « *Ja* » ou « *Bitte* » sans la moindre raison, ainsi que chez Farnhamer, dans la Kärtnerstraße, où elle achetait force robes, tout droit sorties de *La*

Veuve joyeuse. De fait, ses tenues étaient si viennoises que les Viennois eux-mêmes la contemplaient avec de grands yeux. Mais comme si les chapeaux emplumés, les boas, les manchons de fourrure, et les cinq kilos qu'elle avait déjà pris ne suffisaient pas, les gros cigares étaient sa nouvelle invention, destinée à la transformer définitivement en vraie *Alt Wien gnädige Frau*. Et là, c'était trop.

« Bien, mon petit amour », dit-elle, secouant sa cendre d'une main inexperte, « on file au Volksoper pour écouter une *kleine Nachtmusik*.

— Et quel est le programme, ce soir ? *Le Prince étudiant* ? *L'Auberge du Cheval blanc* ? *Der Zigeunerbaron* ?

— Non, *Liebchen*, c'est *Die Pillangoprinzessin*. » Sur quoi elle lança un « *Auf wiedersehn* » au serveur, et se dirigea vers un taxi, dans une aura de plumes et de fumée de cigare.

Durant le long trajet qui nous menait au Volksoper, elle ne cessa de tirer éperdument sur son cigare en répétant « *Alt Wien !* » à intervalles réguliers. J'étais pour ma part vaguement étourdi par la fumée, et elle me parut un peu pâlotte. Cependant, elle descendit du taxi dans une envolée de boa, jeta son mégot dans le caniveau et pénétra dans le théâtre à pas délicats, toute en plumes, satin et petits mouvements de tête impertinents.

Die Pillangoprinzessin était déjà commencé mais, m'étant fait traîner chaque soir à une opérette, depuis notre arrivée à Vienne, je savais à peu près de quoi il retournait. C'était l'éternel *Strudel* austro-hongrois, histoire d'une ravissante princesse qui, afin d'éviter le mariage avec un quelconque principicule que veut lui imposer son méchant oncle, le régent, s'enfuit dans un pittoresque petit village des Alpes où, déguisée en gardeuse d'oies, elle tombe amoureuse d'un fougueux jeune lieutenant de la Garde, ne se doutant pas qu'il s'agit d'un prince qui, afin d'éviter le mariage avec une quelconque princesse que veut lui imposer son méchant oncle, le régent, s'est enfui dans un pittoresque petit village des Alpes où... Bon, vous voyez l'idée.

Le premier acte se concluait sur un final retentissant où les deux étoiles de l'opérette — dont l'âge combiné devait dépasser légèrement le siècle, et le poids total frôler les deux cent cinquante kilos — se lançaient dans un émouvant duo qui concrétisait fermement leur amour. Encore que, vu leur âge, leur poids et leur corset, j'eusse quelque peine à les imaginer en train de le consommer. Les Viennois adoraient. Tante Mame faisait mine d'adorer. Pour ma part je n'essayais même pas de feindre.

« Eh bien, nous allons fumer un bon cigare au foyer », dit-elle sans grande conviction. Elle paraissait affreusement pâle, mais toujours emplie de l'âme de la Vienne d'autrefois. « N'est-ce pas charmant, et dansant, cette *Pillangoprinzessin*, mon chéri ? As-tu jamais rien vu de plus adorable que ce ballet des papillons ?

— Non, plus depuis la fermeture de l'Hippodrome.

— *Pillango*, cela signifie "papillon", en hongrois, déclara-t-elle, produisant ostensiblement son étui à cigare en *petit point**.

— Dites-moi, êtes-vous certaine que tout va bien ?

— Mais enfin, c'est absurde, *Gansel*, jamais je ne me suis mieux sentie », répondit-elle, allumant son barreau de chaise sous le regard horrifié des épaisses *Hausfrauen*. Elle aspira deux bouffées, et pâlit encore.

« Que se passe-t-il, Tante Mame ? demandai-je, la voyant passer du blanc au jaune, puis au vert, puis au gris.

— R... rien, Patrick, simplement, l'atmosphère est si... si confinée, ici, balbutia-t-elle, tirant derechef sur son cigare.

— Je me demande si ces cigares ne sont pas plus forts que vous », suggérai-je. « Ou disons *presque* aussi forts.

— N... ne sois pas bête, mon chéri. À Vienne, les femmes un peu élégantes en fument de semblables. En outre, j'apprécie infiniment le bouquet d'un bon... » Sur quoi elle vacilla, avant de s'effondrer au milieu de la foule, dans une grande envolée de plumes. L'émotion fut grande, les gens se mirent à crier des choses que je ne comprenais pas. Puis je vis le corps de ma tante emporté dans la rue, dans les bras d'un grand jeune homme séduisant.

Me frayant un passage dans la foule, j'arrivai sur le trottoir à l'instant où on la déposait dans un taxi. « *Achtung !* » m'écriai-je, « *Halt !* », épuisant ainsi tout mon allemand. « *Attendez* !* Hé, une seconde ! »

Le sauveur de Tante Mame se tourna vers moi avec un sourire charmant. « Ne vous inquiétez pas, Monsieur. Je parle anglais.

— Oh, tant mieux », dis-je. « Eh bien, merci infiniment.

— À votre service », répondit-il, claquant des talons fort civilement. Essayant de l'imiter, je me heurtai douloureusement les chevilles l'une contre l'autre.

« Eh bien, merci encore », répétai-je. Il n'avait pas l'allure d'un homme auquel on peut donner la pièce, avec son costume anglais impeccablement coupé. « Je vais ramener ma tante à l'hôtel, à présent.

— Laissez-moi vous accompagner, je vous en prie. J'insiste. C'est bien le moins que je puisse faire.

— C'est très aimable à vous, mais je peux m'en tirer tout seul », dis-je, prenant place aux côtés de Tante Mame, toujours inerte. « En outre, l'opérette n'est pas terminée.

— Allons, quelle importance ? » fit-il d'un ton sans

réplique, montant à son tour dans le taxi. « Après tout, je suis un Hodenlohern.

— N... nous, nous sommes américains.

— Quelle est l'adresse ? » demanda-t-il, coupant court à toute autre protestation.

Le temps que nous arrivions au Sacher, Philarmonikerstraße, Tante Mame commençait de gémir doucement, battant des paupières. Je tentai de régler la course, mais son chevalier servant, produisant un portefeuille d'alligator et un torrent d'allemand incompréhensible, me devança. « Eh bien, merci beaucoup, vraiment », fis-je d'une voix ferme. « Nous n'allons pas gâcher toute votre soirée. Je peux monter avec ma tante sans aide. Merci mille fois. »

« Silence », me fit Tante Mame du coin des lèvres, me décochant un méchant coup de coude dans les côtes. Sur quoi son bras retomba, inerte, et elle soupira : « *Ach, Gott !* » Puis elle prit pied sur le trottoir, languissamment, avant de s'évanouir de nouveau, droit dans les bras de son beau chevalier. La question était réglée. Il la souleva de terre et la porta jusqu'à notre suite, où elle se reposa, avec la pâleur d'une élégante consomption, dans son salon capitonné comme une boîte de chocolats. Cette image de fragilité diaphane se vit quelque peu écornée les trois fois où elle dut filer à la salle de bains, et lorsque le médecin que j'avais fait appeler déclara que le seul problème, c'était sa gloutonnerie et son abus de cigares. Cependant, elle parvint à garder son chevalier servant auprès d'elle assez longtemps pour passer un peignoir aérien et m'envoyer chercher une bouteille de champagne. Ni l'un ni l'autre ne m'accorda la moindre attention quand je m'excusai pour aller me coucher.

Quand je m'éveillai, le lendemain matin, Tante Mame était levée, et dansait une ravissante valse-hésitation, seule dans le salon, en fredonnant « *Ich war so gern einmal verliebt* » (Kreisler), le nez enfoui dans un énorme bouquet. Je demeurai silencieux, l'observant, pendant trois mesures niaises, avant qu'elle ne m'aperçoive. Le rouge aux joues, elle me dit bonjour et s'employa aussitôt à disposer son hommage floral dans un vase.

« Ça va mieux ? m'enquis-je.

— Oh, ça va divinement, mon petit amour », répondit-elle sans cesser de fredonner. « Ces fleurs ne sont-elles pas magnifiques ? La *Zimmermädchen* vient de me les apporter. »

Une carte s'échappa du bouquet, voletant sur le sol. Je la ramassai et lus simplement : *Freiherr Werner von Hodenlohern.*

« Qui est-ce ? demandai-je, lui montrant la carte.

— Mais, mon chéri, c'est le baron von Hodenlohern, cet homme charmant qui m'a secourue hier soir, au Volksoper.

— Grands dieux, mais c'est une gerbe mortuaire, ou quoi ?

— Ridicule ! N'est-il pas adorable ? Si séduisant, si bien élevé... À la fois débordant de jeunesse, de santé, et tellement *weltlich.*

— Tellement *quoi* ?

— Plein d'expérience. Vraiment, je n'ai pas rencontré d'homme aussi intéressant depuis... mon Dieu, depuis...

— Depuis la semaine dernière ?

— Oh, ça n'a aucun rapport. Mais cette rencontre de pur hasard avec Putzi...

— Avec qui ?

— Putzi. C'est le diminutif de Werner... je veux dire du baron.

— Je vois. Continuez.

— Oh, ça n'a pas une telle importance, Patrick, réellement. Mais je trouve tellement *fascinant* d'entrer en contact avec des étrangers, d'apprendre à les connaître — à les connaître vraiment bien. Enfin, je veux dire... »

La sonnerie du téléphone l'interrompit. « Oh ! » fit-elle, après avoir décroché. « Oh, *oui* ! Montez, je vous en prie.

— Qui était-ce ? Le médecin, encore ?

— Non, Patrick, c'est Putzi. Je veux dire le baron von Hodenlohern. Il m'invite à déjeuner au Kursalon. Fais-le patienter, pendant que je m'arrange un peu. »

Elle fila vers sa chambre, avec une alacrité remarquable pour une malade, et je l'entendis fredonner de nouveau, tandis qu'on frappait à la porte.

Putzi — je ne peux l'appeler autrement, quand je pense à lui — entra fièrement, après avoir claqué des talons, tout en camaïeu de bruns, de son chapeau Homburg jusqu'à ses chaussures de daim. Sur un homme de moindre prestance, sa tenue aurait semblé quelque peu affectée, mais le baron von Hodenlohern possédait un tel naturel, une aisance si remarquable, à la fois militaire et décontractée, que l'effet général était des plus plaisants.

« Ma tante sera prête dans quelques minutes », dis-je. « Prenez un siège, je vous en prie. »

Il s'assit élégamment sur l'une des petites chaises de style Marie-Thérèse, sourit, et m'offrit une cigarette qu'il tira de son étui en alligator.

« Vous allez souvent au Volksoper ? m'enquis-je, un peu à court de sujets de conversation, mis à part les cigares de Tante Mame.

— Oh, oui. Chaque fois que je me trouve à Vienne, j'essaie de m'y rendre. Je suis passionné de musique. »

Mon Dieu, il n'était guère besoin de faire d'effort, après tout. Putzi me parla de ses opéras préférés au Staatsoper, de ses opérettes préférées au Volksoper, de ses *Heurigensänger* préférés à Grinzing, de la chorale qu'il avait fondée lorsqu'il était jeune cadet au Theresianum, ajoutant que ses frères et lui avaient toujours chanté, à la maison, et qu'il ne manquait jamais la messe de Noël en l'église Maria-am-Gestade. C'était la chose la plus agréable, chez lui : il était inutile d'entretenir la conversation — on lui tendait une perche, et il continuait tout seul. Ne croyez pas pour autant que ce fût un moulin à paroles ou un raseur. Tout ce qu'il disait était intéressant, et il parlait toujours avec chaleur et cordialité.

« Vous parlez vraiment bien anglais, dis-je.

— Oh, merci. Mais c'est bien normal. Quand nous étions très petits, mes frères et moi avions une gouvernante anglaise, au domaine, et, jusqu'à la guerre, j'ai fait mes études dans un pensionnat anglais. Bien sûr, j'étais très jeune alors, mais... »

La porte de Tante Mame s'ouvrit, et elle apparut, toutes voiles dehors, dans un bruissement de taffetas violet, la taille serrée à mort. « *Gut' Morgen, mein Kavalier !* » s'exclama-t-elle en agitant coquettement l'index, ce qui ne manquait pas d'évoquer toutes les opérettes que j'avais vues cette semaine-là.

« *Gnädige Frau*, dit Putzi, claquant des talons et la gratifiant d'un baisemain.

— *Auf wiedersehen, Liebchen* », me lança-t-elle, suprêmement agaçante, avec un geste de son mouchoir parfumé. Sur quoi ils disparurent.

Je passai la journée à écumer Vienne, à la recherche d'une tasse de café qui ne soit pas dissimulée sous une montagne de crème fouettée. Lorsque je rentrai, bredouille, il n'y avait pas trace de Tante Mame. Il était six heures passées quand elle arriva, plus froufroutante que jamais.

« Vous avez dû faire un sacré déjeuner », dis-je. « Qu'y avait-il au menu, aujourd'hui ? *Hühnerleber mit Speck und Reis und Schlagobers ?* Je croyais que le médecin vous avait dit de...

— Pas maintenant, mon petit amour », coupa Tante Mame d'une voix chantante. « Putzi m'a invitée à dîner, puis à l'opéra, et j'ai juste le temps de me *jeter* dans une robe. » Elle disparut, et je l'entendis au loin chanter le duo d'amour de *Die Pillangoprinzessin*.

Putzi arriva bientôt dans un claquement de talons vernis, vêtu cette fois d'un habit de soirée impeccable, si séduisant, si aristocratique que j'en demeurai moi-même légèrement ébahi. Loin du mastard au cou épais, au crâne rasé, au visage marqué de cicatrices de duel que j'avais toujours imaginé comme le Teuton parfait, Putzi était grand, sombre, romantique. Il avait des manières superbes, le rire facile. Tout en attendant Tante Mame, il me parla de son enfance, passée dans l'immense domaine familial de Mähren qui, d'après ce que je compris, se trouvait en Moravie, avant que celle-ci ne devienne tchécoslovaque. Apparemment, la famille était à présent installée dans une propriété beaucoup plus modeste au Tyrol. Tout cela était très romantique — à l'image de Putzi. Il commençait d'évoquer pour moi l'époque où il était cadet, au Theresianum, quand Tante Mame apparut : un pur Winterhalter. « *Auf wiedersehen*, mon petit amour », dit-elle, m'embrassant sur le sommet du crâne. « Le baron von Hodenlohern et moi allons dîner, puis au Staatsoper, mais je t'ai *laissé* des billets pour le Volksoper. Je suis certaine que tu vas adorer le spectacle. C'est une opérette de Kalman, ou de Lehar.

— Ou de Romberg, ou de Friml, ou de Strauss. Cela ne fait pas grande différence », dis-je.

Elle tira discrètement sur ses jarretelles, prit au passage un petit bouquet de violettes de Parme, et s'éloigna au bras de Putzi. « Ce cher Patrick », l'entendis-je assurer, « adore la musique viennoise, il la trouve d'une telle gaieté... » Je pris les billets, les jetai dans les cabinets et tirai la chaîne.

La pendulette de voyage posée sur ma table de chevet indiquait trois heures trente-cinq quand j'entendis Tante Mame rentrer.

« Grands dieux », fis-je d'une voix forte, « vous avez assisté à une rétrospective complète des œuvres de Wagner ?

— Tu ne dors pas encore, mon Patrick chéri ? » s'enquit-elle, pénétrant dans ma chambre d'un pas aérien. Elle s'assit au pied du lit, contemplant d'un regard rêveur le bouquet de violettes froissé dans sa main, comme une vache affamée et prête à le dévorer. « Oh, non, mon petit amour, nous avons vu *Le Chevalier à la rose*. Et nous sommes partis après le deuxième acte.

— Eh bien, dites-moi, il vous en faut du temps, pour traverser la rue.

— Ah ! mon petit amour, Putzi a loué une calèche, et nous sommes allés nous promener dans les bois, autour de Vienne, jusqu'à une petite auberge, où nous avons bu des *Gespritzten*, tandis que des tziganes nous donnaient la sérénade. C'était divin. »

Il m'apparut qu'elle en avait certes fait beaucoup plus, mais je ne dis rien. Elle fredonna quelques mesures d'une mélodie tzigane résolument funèbre, puis m'interrogea : « Comment as-tu trouvé l'opérette, mon chéri ?

— Oh, *bouleversante* », dis-je, non sans acidité. « C'était l'histoire d'une ravissante princesse des Balkans qui se déguise en bergère et...

— Est-ce charmant... » fit Tante Mame d'une voix rêveuse. « J'aurais tant aimé la voir. Continue, mon petit amour. » Sur quoi elle se remit à fredonner. Il était clair qu'elle n'écoutait absolument pas. J'improvisai donc.

« Eh bien, cela s'appelait *L'Impératrice de l'asile*.

Les moutons meurent tous d'un anthrax, et donc la petite Stigmata — c'est son nom — et le vilain, le baron de Charlus, échangent leurs vêtements et se précipitent à Vienne, où elle trouve un emploi de vendeuse de contraceptifs chez Walgreen-im-Prater, et tombe amoureuse d'un caporal déguisé en archiduc des Balkans, sans se rendre compte que le dopant que lui a donné à boire Dichotomie, la méchante sorcière, a fait d'elle une lesbienne acharnée... Nom d'un chien ! » fis-je en rugissant. « Vous *n'écoutez* même pas !

— Oh, Patrick, mais si, *j'écoutais* », dit-elle, rougissant à ravir. « Mais... Eh bien... Voilà, Patrick, prépare tes affaires, nous quitterons Vienne dès que Ito arrivera avec la voiture.

— Nous partons ? Pour où ? Pour New York ?

— Non, Patrick. Pour Stinkenbach-im-Tirol.

— *Où ?*

— Nous allons faire un petit séjour dans le domaine familial de Putzi — au château de Stinkenbach. »

Deux jours plus tard, nous atteignions Stinkenbach-im-Tirol, village situé à environ trois heures de route de Salzbourg, d'Innsbruck et de Bad Gastein, mais qui n'avait pas su profiter de la proximité relative de ces lieux de villégiature. Il était posé à mi-chemin entre le pied et le sommet de la montagne, de sorte qu'il ne se trouvait jamais au-dessus ni au-dessous des nuages, mais toujours *dedans*. En un mot, l'endroit était humide.

La Rolls débarqua sur la place de l'église à l'instant même où la foule des fidèles en sortait, et je ne pus m'empêcher de penser aux premiers actes des opérettes que j'avais vues, depuis que nous avions échoué en Autriche. La joyeuse paysannerie — un bon millier d'individus — paradait sur la *Kirchenplatz*, tout en jupes bouffantes et corselets, *Lederhosen* et bonnes joues roses. Les cloches sonnaient gaiement dans l'affreuse vieille église gothique, et j'aperçus même un vieillard enjoué, avec des moustaches tombantes, qui levait son bock de bière devant l'auberge. Je m'attendais presque à les voir se mettre à chanter.

« *Ach !* » s'écria Tante Mame, « C'est tellement *gemütlich* ! Exactement comme me l'avait décrit Putzi. On y respire le parfum du XIVe siècle. Ne trouves-tu pas ? »

Si, je trouvais. En un clin d'œil, et un reniflement, j'avais compris que Stinkenbach-im-Tirol était dépourvu d'eau courante et d'égouts.

Les habitants si pittoresques s'évanouirent, et nous vîmes apparaître Putzi, au volant d'une antique Mercedes. Après nous avoir salués avec une affectueuse réserve, il nous fit monter dans sa voiture, et nous commençâmes la dernière étape de notre voyage, rejoignant le domaine médiéval des Hodenlohern.

« À présent, nous allons grimper jusqu'au château de Stinkenbach, annonça-t-il, rétrogradant avec peine.

— Grands dieux ! » fit Tante Mame. « *Toutes* ces terres vous appartiennent ?

— Elles appartiennent à ma famille », répondit Putzi avec modestie.

Mon Dieu, cela représentait effectivement pas mal de terrain. Le seul problème était que celui-ci s'étageait presque à la verticale. Loin, loin au-dessus de nous, se dressaient, menaçantes, les ruines d'une vieille forteresse. C'était l'ancien château de Stinkenbach. Un peu plus bas, une énorme construction dans le style Frankenstein, si vilaine, si funèbre qu'elle en acquérait, à première vue, une sorte de noblesse assez impressionnante. La Mercedes de Putzi gravissait la montagne en gémissant, suivie par Ito. Finalement, nous atteignîmes une masure de pierre brute, bordant une double grille décrépite que seule la rouille maintenait béante. Un vieux concierge en *Lederhosen* en surgit, claudicant, et tira effectivement sur la mèche qui lui retombait sur le front. Une chose que je devinai être sa femme déboula à sa suite, chassant les poules qui encombraient le chemin. « Nous y voilà », déclara Putzi d'un ton guilleret. Après avoir dépassé encore quelques appentis croulants, la voiture s'arrêta enfin devant un énorme ragoût de maçonnerie, plâtre, colombages, arches, auvents, poutres, arcs-boutants, créneaux et tourelles. C'était le château de Stinkenbach.

La grande porte à lourdes ferrures s'ouvrit, et nous nous retrouvâmes dans un grand hall de pierre, vaguement garni de quelques vilains meubles de bois sculpté, noircis par le temps. Les murs de plâtre, sur lesquels étaient peintes devises et armes de famille, se hérissaient de bois de cerfs. Un immense poêle carrelé, dans un coin, diffusait une timide chaleur. Sinon, il faisait plus froid qu'au-dehors. Sous la lueur faible et peu flatteuse d'un lustre de fer, se tenaient deux hommes et une femme, les frères et la belle-sœur de Putzi.

« Ah », s'écria joyeusement celui-ci, « voilà le comité d'accueil ! Mrs. Burnside, Mr. Dennis, je vous présente ma famille, au grand complet. Voici les derniers Hodenlohern. Mon frère aîné, Maximilian, mon frère cadet, Johannes, et Frieda, l'épouse de Maximilian. Autrement dit, Maxl, Hannes, et Friedl. »

Je notai que, comme pour tout, à Stinkenbach, Friedl, la châtelaine, baronne et hôtesse, arrivait en dernier. C'était une blonde usée, délavée, dont la joliesse saxonne, depuis longtemps fanée, la laissait seule face à la ménopause et à la neurasthénie, armée seulement d'une morne résignation. Friedl semblait enrhumée en permanence — ce qui, dans cette maison, n'avait rien d'étonnant. Elle portait un cardigan blanc défraîchi, passé sur une robe « habillée » d'un bleu paon absolument mal venu, et demeurait immobile dans le hall plein de courants d'air, frissonnante, les bras serrés autour d'elle. Très autrichien, je claquai des talons, avec un peu plus de succès qu'à l'habitude, et embrassai sa main froide et rouge.

« *Enchantée** », dit Friedl en claquant des dents.

Maxl, le chef de famille, était aussi sombre que Putzi, mais infiniment moins séduisant, car affligé de dix ans et de vingt-cinq kilos de plus. Il portait des vêtements de style gentleman-farmer anglais, trop étroits pour lui, et une résille sur les cheveux. Hannes, le benjamin, était plus âgé que moi de quelques années à peine. C'était un de ces jeunes dieux teutons, minces et musclés, avec des yeux d'azur et des boucles d'or. Il aurait certes été le plus beau des trois, sans cette complète absence de vie et de chaleur sur ses traits parfaits, dans ses yeux glacés. Il était taciturne jusqu'au mutisme, et sa conversation consistait essentiellement en petits saluts et signes de tête. Non que ses manières eussent laissé à désirer, mais j'avais toujours le sentiment, en sa présence, de me trouver à côté d'un robot de très bonne famille.

« Friedl, as-tu ouvert le salon, comme je te l'ai demandé ? s'enquit Putzi.

— *Ja !* Oui, Putzi. C'est Poldi qui a allumé le *Kamin*... euh, le... euh... » Friedl, dont l'anglais n'était pas aussi bon que celui des frères Hodenlohern, cherchait désespérément le mot.

« Le poêle », traduisit Putzi, se tournant vers nous avec un large sourire de satisfaction. « Comme vous le savez, on n'apprécie guère le chauffage central, en Autriche. Nous préférons utiliser nos magnifiques vieux poêles de porcelaine.

— Comme c'est charmant ! dit Tante Mame, radieuse, les contemplant.

— À présent, Friedl, veux-tu appeler Poldi, puis tu conduiras nos invités à leur chambre. »

Friedl tira sur un vieux cordon mangé aux mites, et une paysanne sans âge accourut, l'air harassé. Elle saisit nos bagages et commença de gravir péniblement l'escalier.

« Suivez-moi, je vous brie », dit Friedl.

C'était une expédition : volées de marches à monter, à descendre — à Stinkenbach, il semblait ne pas y avoir deux pièces au même niveau —, longs couloirs humides où les pas résonnaient. La construction semblait suivre une structure pour le moins hétéroclite faite de salles, d'ailes et de rajouts accolés au petit bonheur, au cours des siècles. Sans doute le château comportait-il plus d'une centaine de pièces, mais la plupart demeuraient fermées, sauf aux courants d'air glacés. La chambre de Tante Mame, au quinzième étage environ, était confortable, dans un style lourdement Biedermeier. La mienne, au bout du même couloir, était parfaitement circulaire, avec des murs de pierre brute, et située dans ce qui devait être jadis une tour de défense. Une sorte de chemin de ronde crénelé réunissait nos deux chambres, à l'extérieur — Tante Mame le baptisa immédiatement « terrasse » —, nous offrant plus d'air frais qu'il n'était nécessaire, et ce qu'elle qualifia de « vue panoramique sur la vallée ».

« Ce château de conte de fées, c'est absolument incroyable, tu ne trouves pas, mon chéri ? dit-elle, déboulant dans ma chambre, quelques instants plus tard.

— Incroyable, c'est le mot. Il me rappelle la belle époque du comte Dracula. » De nouveau, je parcourus ma chambre des yeux, contemplant les parois de pierre froide, les embrasures, le plafond voûté. Le lit évoquait quelque tombe de style gothique flamboyant. Un meuble sculpté, sinistre, ressemblant à une Vierge-de-Nuremberg, se révéla être une penderie. C'était dans ce genre de chambre que Jan Hus avait dû être atrocement torturé par un des premiers ecclésiastiques de la famille Hodenlohern — ils étaient nombreux — avant de mourir sur le bûcher, à Prague. L'effet était aggravé par une fresque primitive montrant un martyr anonyme subissant une sorte d'intervention chirurgicale que je n'osais même pas imaginer. Je ne pouvais m'empêcher de me demander où ils avaient mis ce pauvre Ito. Tante Mame trouvait tout cela d'une perfection indicible.

« Ah, mon petit amour, que de siècles de *Kultur*, pour créer cette magnifique demeure familiale ! J'espère, Patrick, que tu te rends compte de la chance que nous avons, d'être ainsi reçus par l'une des plus anciennes familles d'Europe. Les Hodenlohern descendent des Habsbourg en droite ligne, de Frédéric Barberousse par alliance et, illégitimement, des Babenberg.

— Des bâtards ? Les pauvres.

— Mais enfin, Patrick, ils ont le sang si bleu que la seule famille qui puisse leur être comparée est celle des Kapuziner-Gruft. Tu sais bien, ce caveau, à Vienne, où sont enterrés les Habsbourg.

— Oui, eh bien, je parierais que ce caveau est mille fois plus confortable que le château de Stinkenbach. Pour un petit séjour, c'est sympathique, bien sûr, mais je n'aimerais pas vivre ici.

— Viens, mon chéri, nous allons essayer de retrouver le chemin du salon. Et surveille tes manières. Les leurs sont tellement, tellement admirables... »

Après une demi-heure de voyage, nous atteignîmes enfin l'impressionnante porte à deux battants qui ouvrait sur le *salon**. Celui-ci, dans un style outrancièrement Marie-Thérèse, évoquait les grandes salles des palais de Schönbrunn ou de la Hofburg, en moins bien entretenu. Sur les murs, les tentures de brocart effiloché se déchiraient en maints endroits. À l'une des extrémités de la pièce, une tapisserie piquée par l'humidité montrait un Hodenlohern du XVIIe siècle (Augustus-

Christus, dit « Le Musclé ») anéantissant l'Empire ottoman d'une seule main. Le plafond, entre deux auréoles brunes, était orné d'une allégorie représentant un des ecclésiastiques de la famille (Franz-Leopold, prélat de Pilsen), grimpant au Paradis grâce à l'aide de six chérubins, en piétinant les corps nus et mutilés de quelques protestants, auxquels il venait sans doute de régler leur compte. Partout ailleurs étaient accrochés soixante-dix portraits — environ — d'ancêtres en casque et cuirasse, velours et hermine, mitre et chape, se gondolant dans leurs cadres dorés. Par-delà une lagune clapotante de chaises rococo, de petites tables branlantes, de lampes à huile fuligineuses et de vitrines constellées de chiures de mouche, les frères Hodenlohern et Friedl se tenaient recroquevillés autour d'un poêle de faïence baroque, semblable à une pièce montée. Il avait la couleur et la texture d'une très vieille théière, et diffusait à peu près autant de chaleur.

Les hommes parlaient. Ils parlaient, assis. Si j'insiste sur ce point, c'est qu'ils ne faisaient *jamais* rien d'autre. Ces trois barons avaient élevé le fait de discourir, assis, au stade d'une véritable science. Comment faisaient-ils pour ne pas souffrir de laryngite et d'escarres, voilà qui me dépasse tout à fait. Et ils paraissaient même y trouver plaisir et énergie.

La vie au château de Stinkenbach suivait un rigoureux principe d'immobilisme, mais non de silence. Après neuf ou dix heures de sommeil, tous se retrouvaient autour d'un copieux petit déjeuner, afin de prendre des forces pour une rude journée de bavardage et de station assise. Sur quoi, les hommes allaient se reposer du petit déjeuner. À onze heures, les trois frères se réunissaient dans la *Herrenzimmer* pour bavarder, tandis que Poldi allait et venait, chargée de saucisses, bière, fromage et café. En réalité, seuls Maxl et Putzi parlaient. Hannes se contentait de demeurer assis à la fenêtre, silencieux, offrant son meilleur profil, son regard maussade fixé vers le nord, bandant et débandant les muscles de ses cuisses dans ses vieux *Lederhosen* marron. Cependant, si Maxl faisait une déclaration suffisamment remarquable concernant la vie de la famille avant-guerre — vie dont Hannes, étant trop jeune, ne pouvait se souvenir —, il ressuscitait et laissait tomber quelque commentaire lourd de passion contenue, quoique en style télégraphique, dans un anglais haché et guttural.

Les trois frères Hodenlohern parlaient bien anglais, et leur éducation était telle qu'ils insistaient, en ma présence, pour n'utiliser que cette langue. J'aurais préféré qu'ils s'en abstiennent, car leur conversation avait des relents d'« Évocation des Jours Anciens », plutôt que de « Que Fait-On Aujourd'hui ? ». Mais c'était surtout la faute de Maxl. Aussi aristocratique fût-il, c'était un vrai rustre — obèse, verbeux, paresseux et ignorant. Il monologuait sans cesse sur le Bon Vieux Temps, avant que Woodrow Wilson ne tue l'archiduc Ferdinand à Sarajevo, forçant le monde entier à se liguer contre l'Empire austro-hongrois, de sorte que les Hodenlohern — et eux seuls — avaient connu cette douleur de voir leurs terres légitimes dépecées et livrées à cette petite république de Juifs parvenus, la Tchécoslovaquie. Hannes, qui ne pouvait en penser quoi que ce fût, approuvait toujours.

Putzi, cependant, paraissait avoir un peu plus les pieds sur terre. Il relevait poliment les erreurs et les anachronismes, avec un tact infini, et me gratifiait d'un clin d'œil complice quand Maxl tenait quelque propos franchement hallucinant, affirmant, par exemple, que l'Amérique était le refuge des escrocs et des déserteurs autrichiens, techniquement sous-développée, rongée par la passion de l'argent, et un simple pion dans le jeu des Rothschild. Malgré son sens de la famille, je comprenais que Putzi préférât se tenir le plus possible à l'écart des inconforts de Stinkenbach, des bavardages oiseux de Maxl, et des silences maussades de Hannes.

Tante Mame se réveillait généralement à l'heure du déjeuner. En son honneur, Maxl ôtait sa résille, la plaçait à sa droite et, devant son auditoire captivé, se lançait dans un sujet inédit, tel que la qualité de la vie, infiniment supérieure avant la Première Guerre mondiale, l'hôtel particulier que les Hodenlohern avaient perdu, à Vienne, les *Kronländer* qu'ils avaient également perdus, en Moravie, ainsi réduits à habiter leur vieux pavillon de chasse — le château de Stinkenbach. Friedl prenait place en bout de table, toussant et frissonnant, ignorée de tous, sauf quand Maxl lui disait de demander telle ou telle chose à Poldi. Cela semble incroyable, mais je crois réellement que Poldi était l'unique domestique, dans cette immense demeure. En tout cas, c'est la seule personne que j'aie vue travailler quelque peu, Friedl exceptée.

Après déjeuner, Friedl travaillait, Maxl faisait la sieste, et Hannes regardait vers le nord. Putzi, lui, toujours plein d'entrain, de charme et de gaieté, emmenait Tante Mame faire quelque promenade pittoresque. Ils m'invitaient très souvent à les accompagner. Pour Stinkenbach-im-Tirol, c'était un grand jour, quand débarquait *die Amerikanerin*, comme ils appelaient Tante Mame. Malgré les corsages brodés et les corselets délicats dont elle s'affublait pour ressembler aux autochtones, son maquillage, ses bracelets tintinnabulants, ses bas arachnéens, l'émeraude brute à son doigt, et Ito qui la suivait avec la Rolls pour rapporter au château d'éventuelles emplettes, n'ajoutaient rien à l'image d'une authentique paysanne. Eût-elle fait son apparition sur une litière incrustée de pierres précieuses, portée par une douzaine de Nubiens dévêtus, elle n'aurait pas suscité plus d'émoi. Tel était le genre du village.

Cependant, Putzi éprouvait un intérêt de propriétaire envers cet endroit, et nous désignait certains vestiges du XIVe siècle. En fait, tout à Stinkenbach n'était que vestiges — et les pires qu'on puisse imaginer —, depuis l'épouvantable église gothique jusqu'aux maisons *kitschig*, avec leur mièvre foisonnement de fleurs et de cœurs tyroliens. « Adorable », déclara Tante Mame, bondissant de côté pour éviter le contenu d'un seau hygiénique vidé par une fenêtre. Nous fûmes épargnés, de justesse, mais pas la Rolls. J'entendis Ito pousser un bref glapissement.

Mon Dieu, ce village était une horreur, ravagé par la consanguinité ajoutée à la misère, sans électricité, ni radio, ni téléphone, ni aucune de ces commodités alors déjà très répandues qui apportent un peu d'air frais. Je trouvais l'endroit et les habitants, avec leur servilité embarrassante, tout à la fois angoissants et gênants à voir. Mais j'aimais beaucoup Putzi et, s'il trouvait Stinkenbach-im-Tirol à son goût, j'étais déterminé à l'apprécier également. Quant à Tante Mame, comme toujours, elle était passionnée par *toute* expérience inédite.

Nous rentrions toujours au *Schloß* à temps pour une espèce de *Kaffee Klatsch*, pris dans la bibliothèque obscure et moisie. Là, Maxl, ragaillardi par sa sieste, tenait de nouveau salon, installé devant un feu morose, disant à Friedl où glisser des coussins sous son gros derrière, combien de crème fouettée mettre sur son café, et ce qui allait, ou pas, avec les pâtisseries. Puis, soutenu par les grognements et hochements de tête assidus de Hannes, il nous régalait d'histoires du *gute alte Zeit*, jusqu'à l'heure du dîner, où il présidait aux conversations. Le soir venu, le *salon** était ouvert, éclairé et chauffé à zéro degré, et là, autour du poêle, la famille se réunissait pour commenter les événements de la journée.

Au bout de deux jours passés au Schloß Stinkenbach, j'étais plus que prêt à filer, et surpris de voir que Tante Mame paraissait heureuse dans cette ambiance morbide autant qu'humide. Au matin du quatrième jour, je fus réveillé par des cris provenant de l'allée, ainsi que par la voix de Tante Mame, qui se trouvait sur le chemin de ronde, devant ma chambre.

« Je vous ai dit que nous allions à la foire aux chevaux, ma chère Mame ! criait Putzi.

— Je sais bien, mon chéri ! », répondit Tante Mame sur le même ton. « Et *moi*, je vous ai dit d'attendre une seconde, pour vous accompagner tous les trois. *J'adore* ces escapades dans la campagne. »

J'ouvris la porte et sortis. Tante Mame, enveloppée de sa robe de chambre, se penchait entre les créneaux. « J'en ai pour une minute ! » cria-t-elle de nouveau.

En bas, les trois frères Hodenlohern étaient assis dans la vieille Mercedes, que la malheureuse Poldi tentait de faire démarrer à la manivelle.

« Mais, Mame », s'écria Putzi, « les femmes ne sont pas autorisées à entrer !

— Enfin, Putzi, qu'est-ce qu'ils présentent, des chevaux ou des films pornographiques ? Après tout, je pourrais *éventuellement* être intéressée par l'achat de quelques chevaux, maintenant que...

— Désolé, ma chérie. Pas de femmes là-bas. Je serai de retour à temps pour vous emmener au *Kirchtag*.

— Mais, franchement, Putzi, c'est absolument ridicule. Je pourrais rester dans la voiture, et... » Nous ne sûmes jamais ce qu'aurait pu faire Tante Mame. Dans une série de violentes détonations, la vieille Mercedes démarra enfin. Poldi, agile pour son âge, s'écarta d'un bond, avant de tendre cérémonieusement la manivelle à Hannes. Il y eut encore force explosions, tandis que

Tante Mame essayait vainement de se faire entendre. Puis la voiture fila dans l'allée, Maxl et Hannes le regard fixé droit devant eux, tandis que Putzi se retournait pour lui faire un signe d'au revoir.

« Vraiment, c'est incroyable, vraiment ! » répétait Tante Mame d'une voix agacée. Puis, se détournant, elle me vit là, sur le chemin de ronde. « Oh, bonjour, mon chéri. J'imagine que tout ce raffut t'a réveillé. Il est vrai qu'il y avait de quoi. Franchement, les conceptions du vieux continent sont parfois insensées. Les garçons se rendent à une foire aux chevaux, dans le nord, et ne veulent pas m'emmener. Les femmes ne sont pas admises, imagine-toi. Alors que j'ai apporté ce tailleur de laine brute absolument divin, et que...

— Peut-être ces histoires de chevaux sont-elles réservées aux hommes, en Europe.

— Ridicule. Tu ne peux pas feuilleter un numéro de *Tatler* ou de *Country Life* sans voir à chaque page les femmes les plus moches qu'on puisse imaginer habillées comme Vesta Tilly, en train de regarder de vieux...

— Mon Dieu, nous sommes en Autriche. Et de toute manière, depuis quand vous intéressez-vous aux chevaux ?

— Oh, ce n'est pas une passion, Patrick, mais simplement, ils font partie de cette vie extraordinaire qu'on mène ici, et comme j'ai... Je vais te dire quoi, mon chéri. Puisque nous sommes levés à cette heure indue, nous allons nous habiller et descendre au village pour prendre le petit déjeuner dans cette adorable petite *Gasthaus*. J'ai des lettres à poster. »

Une demi-heure plus tard, nous nous mettions en route. Tante Mame faisait penser à une sorte d'enfant illégitime de Guillaume Tell et de Heidi. « Ah, mon petit amour », dit-elle, inspirant profondément l'air saturé d'humidité, « regarde un peu ce spectacle. Des kilomètres et des kilomètres, à perte de vue. Je suis sûre que par temps clair on aperçoit l'Allemagne *et* l'Italie.

— Eh bien, j'aimerais autant que nous n'attendions pas que le ciel se dégage. On part quand ?

— Tu ne te plais donc pas, ici, mon chéri ? N'apprécies-tu pas cette paix ? Ce calme ? Toutes ces coutumes désuètes, si touchantes ?

— Oui, ça m'a changé un peu, bien sûr, mais il faut que je songe à la rentrée, à l'université, et...

— Je suis *si* contente que tu aies mentionné l'université, Patrick. J'avais justement l'intention de te suggérer de t'inscrire dans une université européenne. C'est très chic, les études à l'étranger. Dieu sait où j'aurais pu t'envoyer, sans ce Mr. Babcock...

— Dieu sait, en effet.

— ... et donc, j'ai songé à l'université de Vienne — elle date du XIVe siècle, tout comme Stinkenbach. Une institution admirable. Célèbre à cause de Freud, Krafft-Ebing et...

— ... et de ses pogroms.

— C'est absurde, mon chéri. Schuschnigg a réglé ce problème avec les nazis. Mais si tu veux, il y a Budapest, ou la Suisse. Il y a quantité d'excellentes universités, non loin d'ici.

— C'est hors de question. Je ne parle pas la langue. Et de toute façon, ça intéresse qui, de rester par ici ?

— Mon Dieu, Patrick chéri, je t'ai *bien* dit que nous allions passer ici un séjour d'une durée indéterminée.

— Tout de même, j'imagine mal qu'ils seraient ravis de nous voir rester pendant mes quatre années d'études. En outre, je...

— Écoute, Patrick, mon petit amour », fit-elle, légèrement embarrassée, « tu vas peut-être trouver cela étrange de ma part, mais j'ai découvert une telle sérénité, ici, dans ce petit village d'Autriche, niché au cœur des montagnes, que j'ai...

— Que vous avez quoi ?

— Que j'ai acheté le Schloß Stinkenbach.

— *Quoi ?*

— J'ai acheté le Schloß Stinkenbach. Oh, Putzi a eu un mal fou à convaincre Maxl de s'en séparer, mais finalement...

— J'imagine, oui — cela a dû lui prendre cinq ou dix secondes. Êtes-vous devenue folle ? Vous avez réellement fait une chose aussi insensée ? *Acheter* cette morgue croulante, dont personne n'arriverait à se débarrasser ? Sans chauffage, sans électricité ? Avec une unique baignoire en fer-blanc, qui vous fait un derrière de babouin à chaque fois que vous...

— Oh, mon chéri, mais il est évident que je compte rénover entièrement le *Schloß*. En gardant le parfum d'autrefois, naturellement. L'endroit sera absolument parfait, dans les moindres détails. Chauffage central. Dix ou vingt salles de bains, dans les tons pastel — je vois la mienne en onyx noir, cela dit —, une cuisine tout-électrique. Qui sait, cela peut se révéler un excellent investissement, si je décide de recevoir quelques hôtes payants, triés sur le volet. Tant de gens sont fatigués de Saint-Moritz, de Bad Gastein, de Kitzbühel, de toutes ces stations à la mode, ils pourraient apprécier un petit village authentique, intact, sans chichis, comme...

— Intact ? Je me demande en effet comment une ville peut être morte depuis aussi longtemps que Stinkenbach, et ne pas avoir pourri sur place. Vous êtes devenue complètement...

— Bien sûr, il n'est pas question pour moi de me vautrer dans le luxe en laissant le village végéter dans la misère. Je compte également le réhabiliter, sans rien sacrifier de son charme pittoresque. Juste un réseau d'assainissement, l'électricité, le téléphone, une antenne médicale, tu vois, mon chéri, ce genre de chose, une école digne de ce nom, peut-être une succursale de Peck & Peck. Oh, je saurai prendre soin de mon peuple.

— De *votre* peuple ? Mais pour qui vous prenez-vous, Madame Dieu ? Je pense que vous avez simplement perdu la tête, et je vais quitter ce trou à rats avant de devenir aussi cinglé que vous. De toutes les demi-folles les plus extravagantes que j'aie jamais...

— Silence, insolent petit morpion ! Si tu ne te plais pas ici, tu peux ficher le camp. En ce qui me concerne...

— C'est exactement mon intention. Je rentre à New York aujourd'hui même, dussé-je faire le trajet à la nage. » Sur quoi je courus jusqu'au château, appelé à présent, j'imagine, Schloß Burnside, et gravis quatre à quatre les escaliers jusqu'à ma froide cellule de pierre brute.

Si j'avais compté m'y retrouver seul, je me trompais lourdement. J'ouvris la porte de ma chambre avec une telle violence qu'elle alla frapper de plein fouet cette pauvre Friedl qui était occupée à faire mon lit. Le choc fut tel qu'elle alla s'étaler par terre, où elle demeura inerte, toussant à fendre l'âme.

« M... mon D... Dieu, je suis désolé, Madame la baronne. Je ne savais pas que vous... » L'espace d'un moment, je crus que je l'avais tuée. Son visage était d'un bleu franc, et elle toussait comme la Dame aux Camélias. De tous temps, la devise de Tante Mame avait été : « Avoir toujours un peu de cognac à portée de la main » — comme diraient les actionnaires de Hennessy. Je saisis donc la grande flasque de voyage dans la valise et, ayant aidé Friedl à s'installer sur une chaise, lui portai le goulot aux lèvres. La toux s'arrêta instantanément. Puis je versai une sérieuse dose de cognac dans un verre et le lui tendis. « Tenez. Prenez-en un peu. Comment... Comment vous sentez-vous ?

— Oh, ça va, merci », répondit Friedl, s'étouffant quelque peu avec le cognac. « Ce d'est rien. Chuste un petit rhube. » Elle prit une nouvelle gorgée, plus lentement cette fois. « *Ach !* Mais c'est bon. Ça be réjauve bien. » Sur quoi elle me tendit le verre vide, que je remplis de nouveau. « C'est bon d'affoir chaud. » Son regard était vitreux, et je craignais qu'elle ne défaille sous mes yeux. « Ici, il fait touchours froid — hiffer, été, touchours. Che ne sais même plus comment c'est t'affoir chaud. Plus debuis Fienne. Fous connaissez Fienne ? » Elle but une nouvelle gorgée, non sans élégance.

« Vienne ? Oh, oui. C'est très joli, Vienne.

— *Ja !* Il fait touchours chaud à Fienne. Fous connaissez la Herrengasse ? La rue des Seigneurs ? C'est là que che fiffais, chez Papa. Une grande maison, touchours chaute. Touchours chaute. » Ses yeux commençaient de briller, ses joues de rosir. Encore une gorgée, et la pauvre Friedl paraîtrait presque jeune à nouveau. « *Ach*, cette maisson de la Herrengasse ! Et les *chours** de Maman ! Vous comprenez, *chour* ? *Très Fiennoisse, le chour**. »

Je comprenais surtout que tout Viennois un peu soucieux d'être à la page utilisait un mot français dès qu'il était possible — ou non — d'en placer un. « Une grande réception pour le thé, voulez-vous dire ?

— *Ja ! Exactement* ! !* Foilà ! Les *chours** de Maman. Tous les deuxièmes samedis du mois, c'était. *Ach !* Les *Delikatessen* ! Trois sortes de *Bäckerei...* » Sa voix s'étranglait. Elle finit son verre d'un trait, me le tendit de nouveau. « Chaque mois, tout Fienne — Vienne — fenait à la grante récebtion de Maman. C'est là que ch'ai rencontré Maxl, au *chour** de Maman. Il était cheune, et séduisant. Pas comme maintenant, mais comme Putzi — *schlank*, fous comprenez ? *Élancé* ?*

— Vous voulez dire, mince, svelte, c'est cela ? fis-je, remplissant le réservoir.

— *Ja !* Foilà. *Schlank.* Dans la guerre mondiale, Maxl était *Kapitän.* Uniforme... *so stilvoll... qui a du style*... adl... aristocratique*.* Fous comprenez ? » Je hochai la tête, m'imaginant bien que Maxl avait dû jadis ressembler aux portraits de famille, plus qu'à un tas de saindoux. Jetant un coup d'œil discret sur Friedl, je me demandai également s'il existait une antenne des Alcooliques Anonymes à Stinkenbach-im-Tirol. Le cognac avait frappé vite et fort et, au fur et à mesure que ses inhibitions tombaient, lui revenait le peu d'anglais qu'elle avait appris, ainsi que l'usage affecté du français, tel qu'on le pratiquait au temps de son enfance viennoise. « Ch'étais si cheune. Si cholie. Ma famille... Nous n'étions pas *aristocratiques**, mais *haute bourgeoisie**, comme fous dites. Papa possétait une banque — *Privatbankgeschäft.* Priffée, fous comprenez ? J'affais le plus kros *Mitgift* de Fienne. *Mitgift*, fous comprenez ? » Non, je ne comprenais pas, et cela m'évoquait quelque chose de vaguement dégoûtant, mais comme elle piochait dans différentes langues, je finis par saisir que cela signifiait la dot que son père avait payée pour lui permettre d'entrer dans cette noble famille. Le reste de l'histoire, comme je le compris, appartenait de fait à l'Histoire : la défaite de l'Autriche, l'effondrement économique, la faillite de la banque privée de Papa ; et enfin, la dispersion des propriétés des Hodenlohern. Et c'est ainsi que Friedl — sa dot dilapidée par Maxl en dettes et en résilles pour ses cheveux — se retrouvait vieille et frigorifiée, sans tendresse ni enfants, maîtresse et servante du Schloß Stinkenbach, méprisée en tant que roturière et pauvresse par son époux et ses frères. Je me demandai, l'espace d'une seconde, comment Tante Mame s'en sortirait, une fois châtelaine, si Bache & Company devait essuyer ce genre de tempête. Mais l'excentricité de ma tante m'agaçait trop, cette fois, pour que je m'en inquiète outre mesure. Tout ce que je désirais, c'était filer d'ici, et la première chose à faire était de me débarrasser de Friedl. « Bien », fis-je, jetant à la hâte quelques chemises dans une valise. « Je pense que je serai parti, quand les hommes reviendront de la foire aux chevaux. Vous leur direz au revoir pour...

— Ha ! » coupa Friedl, se levant, chancelante, et se versant un nouveau cognac. « Les chefaux ! Ces messieurs von Hodenlohern ont *teux* chefaux à leur charrette — le chefal autrichien, et le chefal allemand de Berchtesgaden. »

Ma mâchoire se décrocha. « Berchtesgaden ? L'endroit où vit Hitler, vous voulez dire ?

— *Ja.* Berchtesgaden. À quelques kilomètres t'ici. Très chentil pour les messieurs Hodenlohern. Les krands barons autrichiens traffaillent pour un Autrichien pauffre qui... » Son anglais l'abandonna, mais son geste sans ambiguïté signifiait « pognon », dans toutes les langues.

« Êtes-vous tranquillement en train de m'expliquer qu'ils sont nazis — tous les trois ?

— Non, pas tous les trois.

— Oh », fis-je, soulagé. Je savais bien que Putzi, au moins, avait les pieds sur terre.

« Non, Maxl est kros, bête, baresseux. Quand Hitler fient ici, Maxl ne fait pas attention. Si Hitler ne fient pas, Maxl ne fait pas attention aussi. Maxl est fieux, *dumm, dünkelhaft.* Hannes est encore un bébé — cheune et *albern.* » Elle se frappa la tête, d'un geste éloquent. « Il rêffe seulement d'être le krand officier de la *Schutzstaffel* pour les cheunes karçons, pour faire du sport. Les teux ne falent rien.

— Mon Dieu », dis-je, « je suis content d'apprendre que Putzi, au moins...

— Putzi ! » cracha-t-elle. « Putzi est le bire de tous ! C'est un... comment dites-fous, un *Landsknecht.* Fous comprenez ? » Je ne comprenais pas. « Putzi traffaille pour les nazis depuis des *années*. Chaque semaine, il fa aux réunions. À Berchtesgaden, à Innsbruck. Il n'a pas d'argent, mais il voyache touchours. À Paris, à Londres, à Rome — touchours avec des beaux vêtements, touchours dans des beaux hôtels, bien au chaud. Et *touchours* pour les nazis ! »

Je demeurai un moment trop saisi pour parler. Puis il me vint à l'esprit que Putzi et toute sa bande allaient devoir bientôt déménager, de toute manière. « Eh bien », dis-je avec chaleur, « cela ne change pas grand-chose, ni pour vous, ni pour moi. Moi, je pars aujourd'hui. Ma tante a acheté le *Schloß* — vous êtes au courant, je suppose —, et vous allez aussi partir bientôt. Comme cela, vous n'aurez plus froid, et quoi que fasse Putzi, vous...

— Non », coupa Friedl d'un ton sans réplique, « che ne pars pas. Nous restons là — tous.

— Mais c'est impossible. Enfin, une fois que le château sera la propriété de ma tante, vous n'allez pas pouvoir rester. Et de toute façon, qui aurait envie de...

— Nous resterons. Nous resterons dans cette maison froite jusqu'à la mort, ou jusqu'à ce qu'on nous tue. Che n'ai plus d'archent — plus du tout. Les krands barons von Hodenlohern ont pesoin d'un nouffeau *Mitgift* — d'une nouffelle femme riche, pour être une nouffelle Friedl. Putzi fa épouser Frau Burnside. Je fous le dis.

— Mais écoutez, il a au moins dix ans de moins qu'elle. Il... »

Soudain, Friedl me saisit le bras. « Fous ! Fous m'écoutez, *moi*. Emmenez-la. Emmenez-la d'ici. C'est une femme bonne. Chentille. Heureuse de fiffre. Elle ne foit pas le mal. Comme moi. Emmenez-la loin d'ici, affant qu'elle soit prisonnière, tans cet endroit horrible.

— *Tante Mame*, prisonnière ? » Certes, je savais

qu'elle était ivre, mais quelque chose dans sa voix, une sorte de panique, me forçait à écouter.

« *Ja !* Une prisonnière, comme moi. Une prisonnière dans cette maison horrible, horrible. Il y a des choses dans cette maison, fous ne pourriez pas croire...

— Friedl ! » fit soudain la voix de Maxl. « Friedl ! »

Brusquement, celle-ci devint livide, les yeux exorbités. « Ils sont reffenus. Les hommes sont reffenus. Je tois partir.

— Hé, attendez une seconde...

— Non, je tois partir, maintenant. Je fous en prie, ne dites rien de ce que je fous ai raconté. Je fous en prie. » Et Friedl disparut — pour couper les ongles d'orteil de Maxl, ainsi que je l'appris plus tard. Je commençai de défaire mes bagages.

J'avais l'intention d'aller immédiatement trouver Tante Mame pour lui dire de filer, et vite. Mais c'est elle qui vint à moi. « Oh ! » fit-elle d'une voix légère, « tu es encore là ? Je pensais que tu serais à mi-chemin de New York, à cette heure, chargé de raquettes de tennis, de fanions et de panneaux d'interdiction de stationner, prêt à entrer à l'université. Si c'est une question d'argent pour le voyage, je me ferai un plaisir de...

— Écoutez, Tante Mame, il faut que je vous parle. C'est très grave...

— Non, merci bien », coupa-t-elle avec une morgue souveraine. « Tu en as déjà assez dit, et largement. Cependant, puisque tu jouis encore de *mon* hospitalité, sous *mon* toit, tu peux faire quelque chose pour moi. Tu peux m'emmener au *Kirchtag*. Je souhaite apprendre le *Schuhplattler*, et...

— Vous emmener *où* ?

— Au *Kirchtag*. C'est jour de marché, sur la place de l'église, et comme je suis destinée à devenir, en quelque sorte, la marraine de Stinkenbach, il est de mon devoir d'être près de mon peuple, lors de ces réjouissances. Crois-moi, je ne te ferai pas gaspiller ton temps précieux, mais Putzi et ses frères ont dû se rendre à une espèce de réunion de propriétaires terriens, et...

— Mais il n'y a plus de propriétaires terriens, qu'est-ce que...

— Ne me parle pas. Ne dis rien, rien. Essaie simplement de te montrer sous ton jour le plus agréable. Oh, et n'oublie pas de mettre les ravissants *Lederhosen* que je t'ai achetés. »

Me sentant — et ayant l'air — absolument idiot, je descendis au village d'un pas rageur, tandis que Tante Mame, nouvelle châtelaine du Schloß Stinkenbach, effectuait le trajet en Rolls, impériale. Le village, un petit peu moins endormi qu'à l'habitude, était pavoisé de guirlandes décolorées. On avait installé quelques étals, proposant des objets d'un *kitsch* hallucinant — mauvaises petites statuettes, tabliers brodés aux couleurs hurlantes, baromètres rustiques — ce genre de cochonneries. On débitait au litre la bière et le vin du pays, des beignets de la taille et du poids d'un boulet de canon ne cessaient de graillonner dans la friture, une fanfare de quatre musiciens s'époumonait devant l'unique café. Il y avait beaucoup de jeunes villageoises, évoquant vaguement des mottes de beurre, dans leur corselet défraîchi, quelques femmes d'âge moyen, et une poignée de vieux birbes. En revanche, les hommes plus jeunes semblaient avoir tous disparu.

« Pas bézef de cavaliers, dans le coin, hein ? fis-je.

— Ne t'inquiète pas pour ça », répondit Tante Mame, froidement. « Ils attendent certainement que je donne le signal des réjouissances. Si tu veux bien m'aider à ouvrir le bal, avec un joyeux *Schuhplattler*, je ne te demanderai plus rien. *Der Schuhplattler, bitte !* » cria-t-elle à l'adresse du chef de la fanfare. « Viens, Patrick. »

Avant même d'avoir compris ce qui m'arrivait, je me retrouvai au milieu de la place, essayant de suivre Tante Mame, lancée dans une danse traditionnelle du Tyrol, aussi idiote que complexe. Elle s'en sortait plus qu'honnêtement et, quand elle avait une défaillance, savait discrètement la dissimuler. Pas moi. « Écoutez, Tante Mame, vous avez le droit de devenir folle ; moi, ça m'est égal, mais...

— Silence, mon enfant, et concentre-toi. Et maintenant, tu clac'-des-mains, tu clac'-tes-g'noux, et...

— Mais j'essaie de vous parler de Putzi. Il est... » Déjà, Tante Mame avait disparu. Elle réapparut dans mon dos, se cognant le derrière contre le mien au rythme de la musique. « Tante Mame, m'entendez-vous ?

— Je ne t'écoute pas. Je danse. Maintenant, tu lèves la jambe. » La foule se tenait les côtes. « Clac'-des-mains, clac'-tes-g'noux, lèv'-la-jamb'... »

En pleine confusion, je glissai et m'étalai de tout mon long sur les pavés. De joie, les villageois faisaient littéralement dans leur culotte. Je m'étais fâcheusement cogné la tête et, l'espace d'un moment, n'eus plus conscience que d'une espèce d'aurore boréale se levant devant mes yeux, et du rire des jeunes filles. Puis les rires s'arrêtèrent brusquement, pour laisser place à un silence complet, qui dura quelques secondes, silence dans lequel s'éleva soudain cette voix onctueuse et contrefaite, si chère au cœur des passionnés de théâtre du monde entier. « Mais bon Dieu », s'exclama la voix, et son écho retentit dans les montagnes, « il va falloir qu'on se fasse traîner jusqu'à Changri-La, pour trouver une vacherie de pompe à essence ? »

Levant les yeux, je vis arriver, par la rue principale, une paire de bœufs tirant une étincelante voiture de sport anglaise. Et, assis sur la capote repliée, l'Honorable capitaine Basil Fitz-Hugh et son épouse Vera Charles.

« *Vera !* » s'exclama Tante Mame d'une voix perçante. « Basil ! Mais que diable...

— Grands dieux, *Mame* ! » Une seconde plus tard, les deux amies s'étreignaient au beau milieu de la place de l'église. Si les citoyens de Stinkenbach-im-Tirol avaient trouvé Tante Mame différente, exotique, ils n'avaient encore rien vu avant de jeter un coup d'œil sur Vera Charles, sa chevelure auburn, ses diamants, sa longue cape de lynx, son tailleur dynamique et son coquet chapeau de Paris. « Mame, ma chérrriah' », roucoula-t-elle d'une voix de scène. « Tu ne peuh' pas savoââh' combien c'est absssolument divvvvin de rencontrer un visaaaage amiah' dans ce pays abandonnneh de Diiiieu et des hommmmes ! Bééézel et moâ rentrions de Bad Gastein quand... Et à propos de pays abandonné », conclut-elle soudain en américain pur porc, « qu'est-ce que tu glandes dans ce trou, et sapée comme ça ?

— *Moi ?* Mais je l'ai acheté », répondit Tante Mame. Sur quoi elle reprit précipitamment. « Oh, mais c'est fantastique de vous avoir ici, Basil et toi ! Il faut absolument que je vous montre mon *Schloß*. Bien sûr, vous allez passer la nuit ici. Non, je ne veux rien entendre. Ito ! Veux-tu t'occuper des bagages ? »

Après quoi, tout espoir de pouvoir placer une parole relevait de la folie. Tante Mame et Vera, échangeant dix mille mots à la minute, entraînèrent Basil dans la Rolls, à charge pour moi de trouver de l'essence pour la voiture de sport et de la ramener au *Schloß*. Le temps que je revienne, Tante Mame et ses invités semblaient avoir disparu ; je ne les voyais ni ne les entendais dans les pièces principales. Déprimé, je montai dans ma chambre pour m'allonger un peu et réfléchir. Mais j'avais à peine posé la tête sur l'oreiller que me parvenait l'écho des voix sonores de Tante Mame et de Vera, qui se trouvaient sur le chemin de ronde, devant ma chambre. « Oui, ma chérie », disait Vera, « il est très Vieux Continent, très pittoresque, mais pourquoi diable l'acheter ? Cet endroit est plus âgé que Dieu lui-même, plus grand que le Waldorf, et aussi froid que le cœur de Belasco. Basil, mon chou, allez chercher ma cape.

— Tout de suite, ma chérie.

— Oh, mais la vue, Vera ! La vue ! Regarde ce paysage grandiose, dont chaque centimètre carré est à moi !

— Eh bien, offre-toi une lanterne magique, si c'est ça. De toute façon, ces Boches me donnent la chair de poule. Il y a quelque chose dans l'air, je ne sais pas... »

Encouragé par les propos de Vera, j'allai les rejoindre sur le chemin de ronde. Elles se passaient les jumelles à tour de rôle, observant la vallée. « Non, Mame », reprit Vera, lui tendant les jumelles, « tu as acheté un mouton à cinq pattes. Tu vas déprimer affreusement, dans ce...

— Tais-toi, Vera, j'essaie de voir quelque chose...

— C'est vrai, Vera », intervins-je, « c'est exactement ce que j'ai essayé de lui... »

Les jumelles tombèrent des mains de Tante Mame avec un bruit métallique. « Patrick ! » fit-elle d'une voix sèche, venant vers moi. « Combien de fois devrai-je te dire de ne *pas* écouter aux portes. Et maintenant, retourne dans ta chambre, et n'en sors plus jusqu'au dîner.

— Mais enfin, Tante Mame, je voulais seulement...

— Fais ce que je te dis, et immédiatement », coupa-t-elle. « Allez ! »

Blessé et furieux, je regagnai ma chambre. Je refermai la porte-fenêtre quand j'entendis de nouveau la voix de Tante Mame : « Tiens, Vera, prends les jumelles et regarde par là-bas. »

Sans les révélations de Friedl, j'aurais immédiatement fait mes valises et quitté le *Schloß* dans la seconde. Cependant, je ravalai mon orgueil, m'habillai et descendis quand Poldi fit résonner le gong annonçant l'heure du dîner. De toute évidence, Tante Mame avait mis les petits plats dans les grands en l'honneur de Basil et Vera. Tout le monde était en habit de soirée, et le repas se révéla meilleur qu'à l'habitude. Comme toujours, Maxl présidait la table, Vera assise à sa droite, tandis que cette malheureuse Friedl, l'air transi et les yeux bouffis dans une robe de lamé terni, avait pris place en face.

Maxl, qui avait l'œil en matière de jolies femmes — et de femmes riches —, s'employait à séduire Vera, et débordait de sujets de conversation inédits. « Oui, ma chère dame, avant la Grande Guerre, tout était différent pour nous. Nous avions une immense maison à Vienne, non loin du palais, et bien sûr nos *Kronländer*, à Mähren. Les propriétés étaient immenses, et c'était un latifundium — un héritage obligatoire, comme vous dites — que l'on se transmettait de père en fils, sans qu'il soit jamais question de le vendre. Bien sûr, nous ne nous en occupions nullement. En tant que nobles, nous avions tout simplement fait appel aux services d'un petit Juif très malin pour les gérer au meilleur profit.

— Vraaaiiiiment ? » fit Vera. « Eh bien, il est heureux que vous n'ayez pas à faire de même ici. Samuel Insull lui-même ne pourrait rien tirer de cet endroit. »

Je pouffai de rire dans ma soupe, envoyant un délicat jet de consommé sur le chemin de table.

« Vera, fit Tante Mame, s'éclaircissant la gorge.

— Ce que j'entends par lââââh' », reprit Vera dans son anglais britannique le plus élégant, « c'est que les terres qui entouah' Stinkenbach sont d'une teeeellllle beautéahh' qu'il serait crrrrriminel de les défigurrrer pouah' une simple question d'ah'gent.

— C'est très juste », déclara Basil, quelque peu mal à l'aise.

C'est alors que Putzi prit la conversation en main, s'attirant sourires et approbation générale, très charmant, très mondain, très aristocrate. Bien qu'il ait su me séduire au début, moi aussi, je ne voyais plus à présent en lui qu'un escroc habile, complaisant, mielleux, un homme qui aurait vendu son nom, sa patrie, sa mère pour une garde-robe de qualité, des voyages en première classe, et la vague promesse d'être un jour *Gauleiter*, après que ses compatriotes auraient été proprement trahis. « Ah, vous avez mille fois raison, lady Fitz-Hugh. » Vera n'aurait droit à aucun titre jusqu'au décès de son beau-père, mais Putzi ne lésinait pas. « Comme je l'ai dit à Mame quand elle a acheté ces terres, il y a une fortune à faire ici — surtout en hiver, quand il y a de la neige. »

Friedl eut un frisson et serra autour d'elle ses bras frêles et bleuâtres.

« Une fois cette immense maison convertie en hôtel — avec quelques minimes améliorations, bien sûr —, Stinkenbach ferait une station de sports d'hiver absolument idéale. Bien sûr, aucun membre de notre famille ne peut se permettre de se lancer dans les affaires, mais avec des Américains, c'est tout différent. Vous savez, nous, les Autrichiens, n'avons jamais été très doués pour l'opportunisme, pour sentir le vent, en matière de profit. Mais rendez-vous compte, quand les skieurs de toute l'Europe se donneront rendez-vous dans cette maison, faisant de Stinkenbach un village prospère, et de Mame une milliardaire ! Bien sûr, je demeurerai à ses...

— Je ne vois pas très bien ce que vous voulez dire, quand vous prétendez que les Autrichiens ne sont pas très doués pour les affaires, *ni* très opportunistes, Putzi », coupai-je, incapable de me contenir, « car enfin, regardez ce petit peintre en bâtiment autrichien, Adolf Schicklgruber. Il est parti de rien, et à présent, il a atteint le sommet, en marchant sur la tête de tout le monde. Et pour ce qui est du sens des affaires...

— Patrick ! » s'écria Tante Mame. Elle s'était à demi dressée sur sa chaise, les yeux étincelants. « Cela suffit », reprit-elle d'une voix plus calme. « Tu es prié de ne pas interrompre les gens qui parlent. »

Je remarquai que les jointures des doigts de Putzi, serrés sur son verre de vin, étaient devenues blanches — aussi blanches que le visage de Friedl.

« Allons, mon grand », déclara Basil d'un ton apaisant, « Hitler a réussi quelques entreprises remarquables, en Allemagne. »

J'étais si choqué que je remarquai à peine Poldi, qui gravissait en toute hâte les trois volées de marches séparant la salle à manger de la cuisine, chargée d'un *Salzburger Nockeln* gonflé et brûlant.

« Bien sûr », renchérit Vera. Sur quoi Hannes hocha frénétiquement sa jolie tête d'automate.

« Ah, pauvre jeunesse américaine », déclara Putzi avec un sourire insupportable. « Vous commettez cette erreur si commune dans les pays où règne une société sans classes. Bien sûr, Hitler est un héros, mais un héros pour la paysannerie. L'aristocratie et même les classes supérieures le considèrent comme quantité négligeable.

— Il me semble pourtant que pas mal de soi-disant aristocrates, par ici, ne sont que trop heureux de vendre leur âme à Hitler — contre espèces sonnantes et trébuchantes, bien sûr.

— *Patrick !* » rugit Tante Mame. Elle s'était à présent levée. « Quitte immédiatement cette table ! Je ne laisserai *pas* un petit écolier de rien du tout, prétentieux et mal élevé, insulter mes amis ! File dans ta chambre !

— C'est exactement ce que je comptais faire ! » répondis-je sur le même ton. Jetant ma serviette, je quittai la salle à manger d'un pas rageur.

« S'il fous plaît... » murmura Friedl — mais sa voix se perdit.

Pour la troisième fois de la journée, je pénétrai en trombe dans ma chambre, fou de rage. J'arrachai mes vêtements et me mis au lit. Mais il était encore trop tôt pour dormir. Je me tournai et me retournai dans les draps pendant une éternité. Comme le sommeil commençait enfin de me gagner, je fus éveillé par un bruit de pas sur le chemin de ronde. Tendant l'oreille, je reconnus la voix de Maxl et celle de Vera, immédiatement identifiables.

« Ah, cette vuuuuah', disait Vera.

— Oui, charmante dame », ronronna Maxl, « et juste là, en bas, ce sont les lumières de Stinkenbach-im-Tirol.

— Oui, je les vois bien, toutes les deux. » Sur quoi Vera eut un petit rire niais. « Oh, baron, je vous en *prie* !

— Oh, charmante dame », feula Maxl, « si seulement j'avais à mes côtés une personne comme vous, une déesse pleine d'humanité, et si belle, au lieu de cette sotte de Friedl. Dites-moi... un de mes amis possède un pavillon de chasse, à Zell-am-Ziller. Aimeriez-vous m'y accompagner ?

— Aoh, barrron von Haodenholerne, je ne saiah' vraiment que diiiah' !

— Dites oui, ma très charmante. Vous et moi, seuls avec la montagne...

— Vous me tentez terrrrriblement — terrrriblement. Mon cœuuuuah' dit oui — oui, oui, ouiiiiiaaah'. Mais la raison me dit non. Ce *graaaand ammmouah'** qui est le not'h se th'ansfohmeraia'h en une liaison soooh-did'h.

— Non, non, gémit Maxl.

— Si, sia'h ! Et vous ne connaissez paaaas mon mari. Ah, vous croyez peut-êth' que c'est le plus doux, le plus calme des hommes. Maaaiiiis je peux vous dia'h que c'est une vérrritable brut'h. Ouiii, une bruttt'h. Aoh, vous ne pouvez savouah' ce que j'enduuuuah'. Il est fou de jalousiah'. Il me *bat* ! Il a tuéah' — ouiah', massssacré — d'innnnocents jeun' gens pour avoah' simplement jeté un regaaah' suh' moah'. S'il savvvait que vous et moah' nous sommes enfuis pouah' passsser ce brrrref instant enssssemble, je n'oooose mêm' pah' imagineah' ce qu'il sehait capaaaable de faiah'. »

« Maxl ! Maxl ! » C'était la voix de Putzi.

« Paaaaah'tez, maintenant, vith' », dit Vera. « J'enttends les aoth's qui arrrrivent. Je vous donnnnnerai ma réponse demain'ah ! »

« C'est ça ! » beuglai-je. « Sautez par-dessus le parapet et laissez les gens normaux dormir ! Bravo pour la lune de miel, Vera Charles ! » Sur quoi je claquai la porte-fenêtre si violemment que l'une des vitres explosa. « Bon Dieu », repris-je à voix haute, « le monde est devenu cinglé. » Ce n'est que plus tard que je me rendis compte que Vera répétait, mot pour mot, la grande scène d'amour de son fameux succès à Broadway, *Le Cœur de Lalage de Trop*.

Après une nuit peuplée d'horribles cauchemars, je fus éveillé par un grattement sur le sol de ma chambre. Me redressant, je vis que l'on glissait une feuille de papier sous ma porte. Je la ramassai prestement, la dépliai ; c'était, de l'écriture stricte, germanique de Hannes, une sorte d'invitation :

Aimeriez-vous vous joindre à mon frère Maximilian et à moi-même, pour une promenade dans la montagne ? Nous serions enchantés de vous mon-

trer l'ancien Schloß Stinkenbach. Nous serons prêts à partir à l'heure qui vous conviendra.

Bien à vous,

Johannes von Hodenlohern.

À part assister à ma propre veillée funèbre, je ne voyais guère de projet moins tentant mais, aussi ennuyeux Maxl et Hannes fussent-ils, au moins n'émargeaient-ils pas au parti nazi. J'ouvris la porte et sortis dans le couloir juste comme Hannes allait descendre l'escalier. « C'est parfait », dis-je. « Sensationnel. Je serai ravi de vous accompagner. Le temps de m'habiller, et j'arrive.

— Dans un quart d'heure, alors ? me lança Hannes avec un sourire — chose exceptionnelle.

— Dans un quart d'heure. »

Nous offrions tous trois un étrange spectacle. Hannes, tout en bottes, *Lederhosen*, muscles et bronzage, évoquait une photo de *Jungend*, le magazine de la Jeunesse hitlérienne. Quant à Maxl, il s'était vêtu pour la vie au grand air, son gros derrière scindé par un short de cuir trop étroit. Il s'était également muni d'une longue corde, d'un revolver et d'une trousse de premiers soins. « Est-il question d'escalader l'Everest, ou d'une promenade en montagne ? » m'enquis-je. L'expédition suscitait en moi un enthousiasme de plus en plus tiède, mais elle m'offrirait cependant l'occasion de m'éloigner un peu de Tante Mame et de son petit copain nazi, pour pouvoir réfléchir à tête reposée.

Comme nous allions partir, j'entendis Tante Mame m'appeler :

« Patrick ! Patrick ! Où vas-tu ? »

Je me retournai. Elle était perchée sur le chemin de ronde, penchée entre les créneaux. « Faire un tour, répondis-je froidement.

— Non, mon chéri, non ! Nous allons en pique-nique — Basil, Vera, Putzi, Friedl et moi. Je... j'aimerais bien que tu nous accompagnes.

— Pourquoi ne pas demander aux Goering de vous accompagner ? C'est un couple charmant. C'est où, ce pique-nique, à Berchtesgaden ? » Peut-être aurais-je dû néanmoins tenir ma langue, car je vis Hannes et Maxl échanger un coup d'œil.

« Patrick ! Attends ! Je t'interdis de... »

Je me retournai et lui adressai un pied de nez. « Allez, on y va », fis-je.

De loin, les ruines de l'ancien, de l'authentique Schloß Stinkenbach ne *semblaient* pas à ce point plus haut dans les montagnes que sa version du XIVe siècle, mais c'était cependant une expédition, et la pente montait dur. Plus d'une fois, je me félicitai que Maxl se fût muni d'une corde. Celui-ci, au bout d'une heure, ahanait comme un phoque. Quant à moi, je mourais de soif et commençais de manquer de souffle. Hannes lui-même, notre incarnation de la Force par la Joie, haletait quelque peu.

« Si nous faisions halte ici ? » suggéra-t-il soudain. De nouveau, il me gratifia d'un sourire glacé et, d'un mouvement d'épaule, se débarrassa de son sac à dos. « Vous avez soif ? me demanda-t-il, en tirant deux étroites bouteilles de vin.

— Un peu, oui.

— Tenez. » Hannes me versa un énorme gobelet de vin et me le tendit. Cela me semblait beaucoup d'alcool, si tôt dans la journée — d'autant qu'ils avaient insisté pour partir avant le petit déjeuner.

« Il n'y a... il n'y a pas d'eau ? demandai-je.

— De l'eau ? Oh, si, mais nous la boirons là-haut, une fois arrivés au vieux château. Pour l'instant, buvez ceci. Nous sommes presque arrivés. »

J'avalai mon gobelet d'un trait et, avant que j'eusse pu refuser, Hannes l'avait rempli de nouveau.

« Vous... vous n'en prenez pas ?

— Oh, non », dit Hannes, se frappant la poitrine. « J'attendrai de boire de l'eau. Trop de vin est mauvais pour la santé. Regardez mon frère Maxl. » De fait, Maxl valait le coup d'œil, gisant inerte à l'ombre d'un bosquet, haletant comme un vieux bouledogue asthmatique.

Ayant fini le deuxième gobelet de vin, j'en refusai sagement un troisième, bien que j'eusse encore très soif.

« Maintenant, venez admirer ce panorama », me dit Hannes. « De ce côté. »

Bien que quelque peu lassé d'admirer les panoramas, ce qui semblait être la seule occupation à Stinkenbach, je me traînai, obéissant, à la suite de Hannes qui se dirigeait déjà d'un pas hardi vers l'extrême bord d'un gouffre. « Regardez », fit-il avec enthousiasme, « toute l'Autriche est à nos pieds. » Il passa son bras autour de mes épaules, dans un élan d'affection. J'aurais préféré qu'il évite. De temps à autre, Hannes me faisait penser à ces types très particuliers qui aiment par-dessus tout jouer les matamores et les machos — mais qui trouvent plaisir et soulagement, derrière une porte verrouillée, à porter une perruque blonde et le vieux peignoir de maman. En outre, s'ouvrait, au bout de nos chaussures, un à-pic de quelques centaines de mètres.

« Regardez », reprit Hannes, me serrant légèrement l'épaule, « juste devant nous, on aperçoit le *Schloß*, et les gens, comme de minuscules insectes. » Je baissai les yeux, luttant contre le vertige. En effet, on voyait là-bas le Schloß Stinkenbach, ses ailes partant dans toutes les directions. J'apercevais même Poldi qui étendait du linge, derrière le château. La Rolls de Tante Mame et la voiture de sport de Basil étaient garées dans l'allée. Je distinguai également des champs et des dépendances dont j'ignorais jusqu'alors l'existence. « Regardez », dis-je, désignant deux taches minuscules, vivement colorées, « c'est Tante Mame et Vera — je veux dire Mrs. Fitz-Hugh. Mais que font-elles dans ce champ, si loin du... » Je n'allai pas plus loin. L'étreinte de Hannes s'était soudain resserrée sur mon épaule, et je sentais, contre ma nuque, un objet froid et métallique. Le vieux Maxl s'était soudain réveillé et avait sorti son revolver.

« Et maintenant, jeune et brillant socialiste », déclara Hannes, « préparez-vous à avoir un accident d'escalade, dans la propriété de votre tante. La corde, Maxl. *Der Strick.*

— Hé, là », fis-je, « mais qu'est-ce que vous avez l'int... ?

— J'ai l'intention de vous attacher avec cette corde », coupa Hannes. « Nous allons attendre qu'ils partent pour leur pique-nique. Alors sonnera l'heure de votre chute fatale. Ce pauvre Américain aura abusé du vin, et... »

Me rendant compte que j'avais affaire à deux psychotiques, je tentai de les raisonner. « Mais, Hannes, si l'on me découvre ligoté, il sera clair que ce n'était pas un accident.

— Nous vous délierons — en bas. Cela aura l'air parfaitement accidentel. Une vraie nature morte. Maxl... » Hannes dit quelques mots brefs, en un allemand familier, tandis que la corde se resserrait autour de mon corps. Il était vain de me débattre. Un faux pas, et je passais par-dessus bord, c'en était fini de moi — une vraie nature morte, en effet.

« Hannes ! Maxl ! C'est de la... » Je ne pus en dire davantage. Une large bande de ruban adhésif, prise dans la trousse de premiers soins, venait de se plaquer contre ma bouche. Hannes et Maxl travaillaient calmement, dans la bonne humeur, riant et échangeant des plaisanteries. Pour des crétins aussi amorphes, ils faisaient preuve d'une redoutable efficacité. Avant même d'avoir vraiment compris ce qui m'arrivait, j'étais empaqueté et bâillonné, prêt pour le Grand Voyage.

Cela fait, Hannes me sourit, contemplant son œuvre. « Ah, regardez, tout en bas », dit-il. « Vous voyez, les voitures s'éloignent. » Sur quoi il m'assena deux grandes claques en plein visage, tranquillement. « Ça, c'est l'au revoir de Hannes. Maxl... » À cet instant, une explosion déchira l'air, faisant vibrer la montagne. L'onde de choc nous projeta tous trois à terre. Gisant au sol, la tête dépassant au-dessus du gouffre, je vis de la fumée, puis des flammes s'échapper d'une des dépendances du Schloß Stinkenbach. Puis une nouvelle explosion secoua la montagne, et un deuxième bâtiment s'embrasa.

« *Gott !* » s'écria Hannes. « *Das Zeughaus !* »

Les deux frères se mirent à dévaler la pente, m'abandonnant seul, à demi dans le vide. Avec mille précautions, je tentai de m'écarter du gouffre. Une troisième explosion suivit, puis une autre. Enfin, une main me saisit dans le dos, me tirant en arrière. Me retournant comme un poisson, je vis devant moi le visage rouge brique du capitaine Fitz-Hugh. Mon Dieu, me dis-je, peu importe après tout *qui* m'achève — un nazi en vaut bien un autre.

« Patrick », dit Basil, arrachant le ruban adhésif de ma bouche, « j'ai eu tellement peur !

— *Vous* avez eu tellement peur ? Et *moi*, alors ?

— Oh, il ne pouvait rien t'arriver de grave », reprit-il, coupant la corde. « Je vous ai suivis d'aussi près qu'il me paraissait judicieux de le faire. Et j'étais armé, bien entendu.

— Pourquoi n'avez-vous pas tiré, alors ? Moi, je ne trouvais pas ma situation particulièrement *judicieuse*, au bord de ce gouffre.

— Ce n'est pas le moment de poser des questions, mon cher garçon. Nous n'avons pas une seconde à perdre. » Sur quoi il commença de descendre vers la vallée au pas de course, moi sur ses talons — ne comprenant pas grand-chose, mais heureux d'être encore en vie. Acquérant peu à peu une vitesse alarmante, à cause de la déclivité, il nous fallut à peine dix minutes pour rejoindre la route qui menait à Stinkenbach-im-Tirol. La Rolls de Tante Mame nous attendait sur le bas-côté. Derrière, je vis la voiture de Basil, avec Ito au volant. À ses côtés, Friedl, enveloppée dans la cape de lynx de Vera. Elle paraissait morte de terreur mais, pour une fois, semblait avoir chaud.

« Patrick, mon chéri ! » s'écria Tante Mame, jaillissant hors de sa voiture. Elle me prit dans ses bras, m'étreignant, tremblant affreusement, et je vis que ses joues étaient baignées de larmes. Sur quoi Vera, décidée à ne pas se laisser voler la vedette, bondit à son tour et se jeta dans les bras de Basil, l'étouffant sous ses fourrures de martre, le noyant sous un déluge de larmes de mascara. « Basil ! Oh, Basil, mon héros ! Je suis si heureuse ! J'ai pris mille ans, pendant que tu étais là-haut, dans cette affreuse montagne. Dis-moi, mon chéri, qu'ont-ils...

— Pas maintenant », coupa Tante Mame, tentant d'allumer une cigarette. Mais ses doigts tremblaient trop. « Il faut quitter immédiatement cet endroit abominable. Je ne sais pas combien de...

— Vous avez raison », déclara Basil. Il se mit au volant et, connaissant à présent les détours et les raccourcis des alentours de Stinkenbach, je m'installai à ses côtés. Il embraya et nous nous éloignâmes, Ito à notre suite.

Bien qu'il eût deux yeux et deux bras, l'Honorable Basil évoquait très précisément lord Nelson, au volant de la Rolls, tandis que nous filions bon train vers Salzbourg. Ne comprenant décidément rien à ce qui s'était passé, je le suppliai de me donner quelque explication. « Eh bien, vois-tu, Patrick, ta chère tante Mame a découvert hier que le baron von Hodenlohern — Putzi, veux-je dire — était nazi, tandis que Vera et elle contemplaient la vallée, avec les jumelles.

— Mon Dieu, j'aurais bien pu le lui dire, mais elle ne voulait rien entendre.

— Sans doute était-il préférable qu'elle le découvre par elle-même. Et c'est ce qui est arrivé, par hasard, quand elle a repéré Putzi et Johannes dans un champ, qui instruisaient les hommes et les garçons du village. Un spectacle traumatisant, selon Vera. Le pas de l'oie, le salut nazi — enfin, toutes ces horreurs. Inutile de préciser que ta tante a accusé le coup. Et tu peux imaginer combien elle a eu peur quand tu as dit toutes ces choses malvenues — quoique parfaitement justes — au cours du dîner, hier soir.

— Je suppose que j'ai un peu trop parlé, en effet.

— Et Mame avait toutes les raisons d'être inquiète. Je m'en suis aperçu quand, passant devant la *Herrenzimmer*, j'ai entendu Putzi ordonner à ses frères de se débarrasser de toi dans la montagne. Sans ces mortelles leçons d'allemand que m'infligeait ma *Fräulein*, je n'aurais pas eu la moindre idée de ce dont ils parlaient. Et en fait, sur l'instant, j'ai eu peine à en croire mes oreilles.

— Vous auriez pu me prévenir, non ?

— Mame a essayé, Patrick. Mais tu ne voulais rien entendre. Tu as préféré filer avec Hannes et Maxl. Quoi qu'il en soit, l'histoire n'est pas terminée. Apparemment, Friedl aurait parlé à ta tante Mame de ce qui était dissimulé dans les pièces condamnées du château. Elle le lui aurait même montré. Des armes. De la dynamite. Des caisses et des caisses de munitions. Et, pour une maison dépourvue d'électricité, un émetteur des plus perfectionnés. Ces Fritz sont drôlement doués, pour ce genre de chose, il faut le reconnaître. Bref, comme je te le disais, Friedl a tout déballé à ta tante, lui parlant même des stocks de munitions, dans les dépendances. Comme tu peux l'imaginer, Mame était folle d'angoisse. La situation était critique, il fallait agir très vite.

— Oui, en effet, dis-je, frissonnant au souvenir de ce qui avait failli m'arriver.

— Et donc, quand tu es parti avec ces affreux, complètement inconscient, ce matin, je vous ai suivis. Par chance, j'ai un peu l'expérience de la montagne — la guerre, tu sais.

— Mais ces explosions ?

— Ah oui, joli spectacle, hein ? Ce sont Vera et Mame qui s'en sont occupées. Elles ont tout simplement fait le tour de l'arsenal avec un flacon d'essence pour briquet et y ont mis le feu. Après tout, le domaine *appartient* à Mame.

— Mince, Basil, vous deviez être redoutable, dans l'armée, pour imaginer tout cela.

— Grands dieux non, mon cher garçon. C'est l'idée de Mame. D'après ce que j'ai compris, l'arrière-grand-père de feu son époux, le général Lafayette Pulaski Pickett, avait utilisé la même tactique de diversion à Second Manassas, en faisant sauter un arsenal. Du moins, c'est ce qu'elle prétend. Non, réellement, c'est elle qui a entièrement conçu ce plan. Le plus grand stratège militaire femelle depuis Jeanne d'Arc.

— Et Putzi s'est contenté de rester tranquillement là, à ...

— Grands dieux ! Putzi ! Je l'avais complètement oublié.

— Où est-il ?

— Dans la malle arrière.

— Dans la quoi ?

— Dans le coffre à bagages — enfin, je ne sais pas

comment vous appelez ça, vous les Américains. » Il arrêta la voiture, et nous sortîmes tous.

« Oh, Patrick, mon petit amour », dit Tante Mame, m'étreignant. « S'il t'était arrivé quoi que ce soit, je me serais tuée. Tu avais raison, cent fois raison, à propos de Stinkenbach — c'est un trou sinistre, minable, et moi, je suis une idiote. Dire que c'était presque trop tard...

— Mame », dit Basil, « il faut nous débarrasser de votre baron autrichien.

— Oh, mon Dieu, c'est vrai !

— Mais que fait Putzi là-dedans, Tante Mame ? m'enquis-je.

— Eh bien, Patrick, Dieu sait que ça m'a fait horreur, mais il ne voulait absolument pas nous laisser seules, Vera et moi, le temps que nous fassions ce que nous avions à faire, ce matin, et j'ai donc dû l'assommer.

— L'assommer ?

— Oui, mon chéri, avec ce vilain vase en *cloisonné** qui traîne dans le salon. Il était à genoux, me suppliant de lui accorder ma main, et l'occasion était trop belle pour que je la laisse passer. Ensuite, Vera et Friedl m'ont aidée à le descendre et à l'enfermer là-dedans. Je ne voyais vraiment aucun autre endroit où le mettre. »

Comme Basil ouvrait le coffre, Putzi, ivre de rage, se déplia et en sortit à quatre pattes.

« Mame, si vous trouvez la plaisanterie amusante...

— Une plaisanterie, baron von Hodenlohern ? De ma vie je n'ai jamais été plus sérieuse, traître, méprisable individu ! »

Putzi leva les yeux vers le Schloß Stinkenbach, et son visage se convulsa d'horreur. D'énormes nuages de fumée noire montaient des toitures à peine visibles des dépendances. Puis il y eut un grondement de tonnerre, bas, horrible, et nous vîmes le toit du château exploser.

Putzi se jeta sur Tante Mame avec la vélocité d'une panthère. Mais je fus encore plus rapide. Je lui fis un croche-pied, et il s'étala face contre terre, avec un bruit mat. « Je vous ferai jeter en prison ! » cria-t-il d'une voix de goret. « Vous avez mis le feu à notre demeure.

— Votre demeure ? » répéta Tante Mame. « J'ai sur moi l'acte de vente. Et, au fait, ma réponse à votre proposition de ce matin est "non".

— Mais nos munitions, nos armes, nos...

— Vous m'avez tout vendu, les terres, les murs et le mobilier, baron von Hodenlohern. Je suppose que l'arsenal et l'émetteur ondes courtes étaient inclus. Quoi qu'il en soit, je crains que votre gouvernement ne voie d'un mauvais œil vos activités subversives. Et maintenant, déguerpissez !

— Une seconde », gronda Putzi. « Vous êtes la riche Américaine, qui croit qu'elle peut acheter un château et y mettre le feu, hein ? L'argent, ça se brûle, c'est ça ? Mais quand nous prendrons le pouvoir...

— Tout ceci ne me coûte pas un centime, Putzi. C'est en revanche dommage pour l'Allgemeine Bodenkredit Versicherungs und Handelsgesellschaft.

— Mais qu'est-ce que c'est que ça, grands dieux ? s'enquit Vera.

— L'Allgemeine Bodenkredit Versicherungs und Handelsgesellschaft ? Mais enfin, un enfant pourrait te le dire, c'est la plus grande compagnie d'assurances nazie en Allemagne. Je voulais assurer le château à la Lloyds, mais Putzi a insisté pour que je choisisse cette compagnie. J'ai justement envoyé la prime hier. Bien, Putzi, je ne vois plus très bien l'intérêt pour vous de traîner ici. Je vous souhaite une bonne promenade jusqu'à Stinkenbach.

— Oh ! Pourriez-vous transmettre un message à votre frère Maxl ? » ajouta Vera. « Dites-lui qu'il n'aura plus à supporter la présence de son épouse.

J'emmène Friedl en Angleterre. Et dites-lui aussi que je ne pourrai pas devenir sa maîtresse. Mon grand-père, qui est rabbin à Schenectady, n'apprécierait guère. »

Nous demeurâmes quelques instants encore sur la route, Tante Mame m'entourant les épaules de son bras, regardant le Schloß Stinkenbach s'évanouir en fumée.

CHAPITRE VII.

TANTE MAME CHEZ LES SOVIETS *.

« Et après avoir joyeusement chanté la tyrolienne dans les montagnes, où êtes-vous allés ? demanda Pegeen.

— En Russie.

— En *Russie* ? Mais comment avez-vous pu ?

— C'était très simple, à l'époque. Avant la guerre, les touristes y étaient plus que bienvenus.

— Pas elle, j'imagine.

— Tout au contraire. À sa manière, ma tante a fait sensation, en Union soviétique.

— Je veux bien te croire. Mais, quoi qu'il en soit, pourquoi voulait-elle se rendre dans un endroit pareil ?

— Tante Mame a toujours été passionnée par les sciences politiques, et désireuse d'en savoir plus. Son... séjour en Russie a été une expérience pour elle, à tous égards.

— Quel genre d'expérience ?

— Une expérience de vie. »

« Es-tu bien installé, *douchka* ? » s'enquit Tante Mame d'une voix enjouée. « En russe, cela veut dire mon chéri, mon chéri.

— Aussi bien que l'on puisse espérer, répondis-je,

* *Cf.* page 376.

parcourant d'un regard hostile les garnitures de peluche et d'acajou de notre compartiment du *Krasnaya Strela*, soit la "Flèche Rouge", qui traversait en renâclant, ballottant, grinçant, traînassant, le sinistre paysage russe.

— Ah, mon petit amour, tous ces gens de Wall Street peuvent bien prendre des airs supérieurs et ironiser sur la République socialiste, mais en attendant, nous n'avons rien chez nous qui arrive à la cheville du train "Octobre".

— Sauf, peut-être, le petit train de Long Island », dis-je. L'« Octobre » était en fait l'ancien train « Nicolas », qui courait, ou rampait, de Leningrad à Moscou, suivant les horaires les plus imprévisibles. Les voitures étaient des wagons-lits européens d'avant 1917. Le voyage durait plusieurs jours. Les toilettes ne fonctionnaient pas, il n'y avait pas de wagon-restaurant, mais le convoi faisait halte tous les quarts d'heure environ, et des gens venaient nous apporter du pain noir et du thé. Quoi qu'il en soit, Tante Mame étant dans une Nouvelle Phase, il était exclu d'émettre la moindre réserve quant à la Russie.

« Es-tu bien installé, camarade ? demanda-t-elle à Ito.

— Non, Madame, répondit-il en ricanant.

— Ito ! Combien de fois t'aurai-je dit de ne *plus* m'appeler *Madame*. Je t'ai affranchi. J'ai brisé tes chaînes, je t'ai rendu la liberté, la possibilité d'être toi-même dans un monde d'hommes, après t'avoir pendant des années imposé le joug immonde de la servitude, aveuglée que j'étais par un égoïsme sans nom. J'espère, camarade Ito », ajouta-t-elle avec moins de véhémence, « que tu pourras me pardonner un jour.

— Pas vous inquiéter, Madame Camarade, dit Ito, se tenant les côtes.

— En outre », ajouta Tante Mame, « nous devons

être conscients de la chance que nous avons de voyager en première classe.

— En première classe ? » répétai-je, me demandant ce que la foule des voyageurs devait endurer dans les autres voitures. « Mais je croyais que la Russie avait fait table rase des classes. Comment cela se fait-il, Tante Mame ?

— Mon Dieu, *douchka*, eh bien... Vois-tu... Enfin, je... Ne voulez-vous *pas* expliquer tout cela à Patrick, Dr Whipple ?

— Mon Dieu... euh... mais certainement... euh... » commença le Dr Whipple, lissant son petit bouc gris et clairsemé. « Eh bien voilà... euh... le gouvernement considère... euh... les... les voyageurs étrangers et... certains intellectuels soviétiques... euh... comment dire... comme ses invités, en quelque sorte. Oui... oui, c'est tout à fait cela. Voilà. »

J'étais à présent habitué aux discours abscons autant qu'interminables du Dr Whipple. C'était un vieux birbe d'une soixantaine d'années, et docteur en *quoi*, je ne l'ai jamais su. En pas mal de choses, probablement, si l'on considère la somme effrayante d'initiales qui suivaient son nom. Le Dr Whipple était de ces hommes qui se rendent toujours ailleurs, où que ce soit, pour faire très exactement ce qu'ils pourraient faire, quoi que ce soit, là où ils sont à l'instant. Il avait passé le plus clair de son existence à suivre des cours abstraits dans des universités lointaines, et à accumuler les titres à ajouter après Euclid (car c'était là son prénom, et je ne plaisante pas) Alonzo Whipple Jr. Tout cela faisait grande impression sur ses vilaines petites cartes de visite. Tante Mame l'avait ramassé à Budapest, après avoir fui l'Autriche. Le Dr Whipple, qui était occupé à étudier *quelque chose* dans cette bonne vieille université de Budapest, avait volé à son secours, avec une superbe traduction en hongrois, alors qu'elle éprouvait quelque difficulté à commander un side-car à l'Abazzia Kaheva.

Tante Mame vivait depuis une dizaine de jours comme une Esterhazy au Dunapalota, quand le Dr Whipple, l'ayant prise en amitié et tapée d'un repas dans ce charmant café des bords du Danube, avait entrepris de réveiller sa conscience politique. Chaque jour, guidés par le Dr Whipple, nous nous rendions en Rolls dans les bidonvilles, pour constater comment les Magyars écrasés vivaient sous le régime de Horthy. C'était un grand ami des masses laborieuses, bien que, j'en eus la sensation, les masses laborieuses ne le considérassent pas d'un œil particulièrement amical. Je remarquai également qu'il rentrait toujours à temps pour dîner au Dunapalota, préférant apparemment la cuisine du Ritz aux nouilles et aux patates des Hongrois pauvres.

Il n'était nullement question de flirt entre lui et Tante Mame, de cela je suis certain, car seule sa propre mère aurait pu éprouver quelque sentiment envers lui. Mais c'était une question d'effet-réaction et, en matière de réactions, Tante Mame était absolument imbattable. Ayant fui droit devant elle, horrifiée par les nazis autrichiens, son élan l'avait emportée un tout petit peu trop loin, jusque dans le giron du Dr Whipple. Sans avoir eu le temps de rien comprendre, je me retrouvai dans un avion pour Leningrad.

La Russie était un pays fort intéressant à visiter, ne croyez pas que je joue les blasés, mais Tante Mame ne pouvait la voir qu'au travers du regard du Dr Whipple.

Leningrad, anciennement Petrograd, anciennement Saint-Pétersbourg, se révéla aussi baroque qu'avait pu la concevoir Pierre le Grand. Nous étions descendus à l'hôtel Astoria qui, avec son faste râpé, m'évoquait un peu une sorte de Plaza repris par un patron de garni minable. Nous allâmes voir des spectacles au théâtre

Marinsky, autrefois Opéra impérial, et effectuâmes de respectueuses visites au palais d'Hiver, à Peterhof, palais de Pierre le Grand, à Tsarskoïe Selo, palais de la Grande Catherine, et autres endroits divers et tout aussi somptueux, ayant jadis appartenu aux riches et aux puissants, et appartenant aujourd'hui à tout le monde.

Tante Mame fut plus que séduite par la joie de vivre des Gens du Peuple, sans en avoir jamais rencontré aucun. « Mais, mon petit amour, rends-toi compte que *tout le monde* possède un manteau de fourrure, ici ! » s'écriait-elle. Tante Mame étant tout à la fois myope et dans une Nouvelle Phase, je négligeai de lui faire remarquer que la fourrure en question faisait penser à un chat de gouttière explosé. En outre, cela lui aurait gâché le plaisir qu'elle prenait à acheter des hermines au marché aux fourrures de Leningrad. Elle tomba également sur quelques Russes blancs dans la dèche qui lui vendirent un triptyque très ancien et fort décoratif, quoique fendu, et quelques œufs de Fabergé d'une élégance incontestable. Mission accomplie à Leningrad, nous rentrions au Quartier Général, à Moscou.

En 1937, non seulement la Russie recevait volontiers les visiteurs occidentaux, mais le cordon d'accueil était un véritable lasso. Je comprends pourquoi. Nous descendîmes à l'hôtel Métropole, établissement en comparaison duquel l'Astoria de Leningrad faisait figure de Xanadu. On n'y trouvait pas de suite Louis Quelque chose, mais des chambres carrées, dépouillées, tendues de peluche d'un bleu dur, dans un style que j'ai pour habitude d'appeler le style Staline standardisé. Des balcons affaissés donnaient sur une cour tout aussi dépouillée. Il y avait certes des salles de bains particulières mais, dans la mienne, par exemple, je devais m'asseoir sur la bonde de la baignoire pour empêcher l'eau de fuir. En revanche, pas de prise de courant. Mais je savais qu'il était inutile d'en faire la remarque à

Tante Mame. Rien de ce que faisaient les Soviétiques ne pouvait lui déplaire bien que, aux États-Unis, eût-elle fait halte par mégarde dans un hôtel à moitié aussi mauvais, elle aurait fait redescendre ses bagages avant même que le chasseur eût allumé et ouvert la fenêtre. Je partageais ma chambre avec Ito qui, fort embarrassé, ne pouvait se résoudre à m'appeler camarade.

Cependant, Tante Mame adorait tout cela, c'est du moins ce qu'elle disait. Nous fîmes, elle, Ito et moi, d'interminables excursions dans Moscou, sous l'autorité du Dr Whipple. Celui-ci, ayant exhumé son Ruban Rouge de l'Ordre du Travail, quelque peu défraîchi, put aisément nous faire découvrir des lieux et monuments à la pointe de la recherche : le nouveau métro ; Lénine, chef-d'œuvre de la taxidermie ; une usine de tracteurs ; la galerie Trétiakov ; le musée de la Révolution, la rue Gorki, et le parc Sokolniki. Tout cela était fort intéressant, mais après avoir contemplé moult édifices publics, Ito et moi étions ravis de filer au cinéma, où passaient deux grands films dont, invariablement, une palpitante épopée soviétique dans laquelle le jeune Dimitri, chef des komsomols, et son amie de cœur, Sonia, finissaient par s'éloigner vers le soleil couchant, fous de bonheur sur leur tracteur tout neuf. Quant à l'autre, infiniment plus apprécié des masses, c'était toujours un film de Shirley Temple.

Ito et moi commencions d'être rassasiés de Moscou quand Tante Mame déboula un jour dans notre chambre. « Nous avons réussi ! » s'écria-t-elle. « Nous avons réussi !

— Réussi à quoi ? À trouver des billets de train pour filer d'ici ?

— Non, *douchka*, non. Nous allons tous en Géorgie !

— Mais, Tante Mame, nous sommes *déjà* allés en

Géorgie, et vous avez détesté ça. Avez-vous oublié la vieille Mrs. Burnside ?

— Pas cette Géorgie-*là, douchka* ! La *vraie* Géorgie ! *L'Ibérie !* Tu sais bien, mon chéri, là d'où viennent les Mdivani.

— Et où j'aimerais qu'ils retournent, commentai-je.

— Eh bien, c'est *là* que nous allons, mon petit amour ! Juste à côté de Tiflis.

— Mon Dieu, un petit séjour à Tiflis, et j'imagine que même la syphilis nous semblera un baume, après...

— Un *petit séjour* ? Ah, *douchka*, comme tu es frivole, dans l'inconscience de la jeunesse, alors que le cours même de nos destins est sur le point d'être bouleversé.

— Mais que voulez-vous dire, pour l'amour de Dieu ?

— Ccchhh, *douchka*, Dieu n'existe pas...

— Qu'il existe ou non, de *quoi* parlez-vous ?

— Je parle de l'expérience la plus merveilleuse jamais tentée par l'humanité, la Ferme Communautaire de Mère Bloor (je te traduis ça en anglais).

— La *quoi* ? m'écriai-je.

— Oh, Patrick, mon petit amour, j'ai trouvé. J'ai trouvé le but, la finalité, la raison d'être de cette existence vaine que j'ai menée. Tout cet argent, ces chichis, ce temps gâché avec des monstres qui sucent le sang des travailleurs, afin de...

— Qui font *quoi* ? Qu'avez-vous bu ?

— Rien que de la vodka, avec de la bière pour me rafraîchir, comme *tout* prolétaire qui se respecte. Oui, mon petit amour, Euclid, enfin le Dr Whipple, *douchka*, m'a fait découvrir ma *voie*, et elle mène à la Ferme Communautaire de Mère Bloor (je te traduis ça en anglais).

— Êtes-vous devenue folle ?

— Non, *douchka*. Folle, je l'ai été, toute ma vie.

Mais à présent, mes joyeux camarades, nous allons rejoindre la Géorgie, ensemble ; nous allons d'ailleurs tout faire ensemble ; nous vivrons radicalement à l'écart du monde capitaliste... Oh, mon petit amour, je ne peux même *pas* te donner une idée de ce que ça va être...

— Non, j'imagine.

— Non, Patrick, mon chéri ! Oh, la main guidant la charrue... Le métier à tisser... Les camarades de toute origine, de toute couleur, de toute culture, vivant, aimant ensemble...

— Hé, dites !

— Oh, *douchka*, si seulement tu pouvais avoir une bonne conversation avec Euclid, le Dr Whipple.

— C'est déjà fait. Mais, et notre retour en Amérique, mon entrée à l'université ?

— L'université ! Pfffu ! Enfin, Patrick, tu en apprendras mille fois plus à la Ferme Communautaire de Mère Bloor (je te traduis ça en anglais) en quatre *jours* que tu ne le ferais en quatre ans, dans ces tours d'ivoire d'une autre époque. Non, mon petit amour, là est la *vérité*. Je me suis comportée comme une sotte, depuis ces quarante... enfin, depuis *trop* longtemps. Mais j'ai enfin trouvé ma voie, ma voie, ma *voie* ! Euclid dit que...

— C'est le Dr Whipple qui vous a mis ça en tête ?

— Euclid est un grand maître, et lui et moi, avec l'aide de ce gouvernement fabuleux, allons prouver aux saint Thomas du monde matérialiste que des Anglo-Saxons peuvent mener une vie riche et productive, en paix et en harmonie, dans une atmosphère de *culture* et de pacifisme qui...

— D'accord », coupai-je, sachant qu'une nouvelle tempête s'annonçait et qu'il faudrait bien la traverser. « Dites-moi simplement ce qu'on fait, maintenant.

— Oh, Patrick, *douchka*, je *savais* que tu serais fou

d'enthousiasme ! » Sur quoi Tante Mame me serra dans ses bras, m'enveloppant du délicieux parfum *Nuit de Noël*. « Eh bien, Ito et toi allez partir sans attendre pour la Ferme Communautaire de Mère Bloor...

— Je te traduis ça en anglais, ajoutai-je, non sans impatience.

— Exactement, mon petit amour ! Bien sûr, tu ne vois aucun inconvénient à emporter deux ou trois choses. Je te charge de préparer mes appartements, dans cette adorable vieille ferme géorgienne, et si tu veux bien t'occuper de ce qui est déjà ici... Le Dr Whipple et moi devons rencontrer Staline et Max...

— Qui est Max ? m'enquis-je.

— Maxim Litvinov, naturellement, *douchka*, ainsi que Micky Borodine, et il est également *possible* que je traîne un peu pour voir si Anna Louise Strong n'est pas quelque part en ville.

— Nous prenons la Rolls, alors ?

— Oh, comme c'est bien toi ! L'école, l'héritage, Mr. Babcock ! Tout ce qui aurait contribué à te façonner selon le moule de Scarsdale ! Mais dans quelle décadence as-tu donc été élevé ! Toi et ce pauvre camarade Ito, dans une Rolls-Royce, fabriquée avec le sang *même* des travailleurs anglais, alors que des millions de gens meurent de faim...

— Mais que se passe-t-il, Tante Mame ? Elle n'est pas encore arrivée ?

— Eh bien non. Il y a eu des manifestations, et le convoi a été bloqué. Donc, vous allez prendre le bateau, puis le train, puis le car. Quelqu'un vous attendra à Rostov, et...

— Je vois. Et quels bagages sommes-nous censés emporter ?

— Pour ainsi dire rien, *douchka*. Une malle, et deux ou trois valises légères. »

Ito et moi nous mîmes en route avec une livre de halvas, la *Grammaire russe simplifiée* de Hugo, et les *quelques* bagages de Tante Mame. Ito parlait parfaitement japonais et un peu anglais. Je parlais parfaitement anglais, un peu français, un tout petit peu latin (avec un manuel de traduction à portée de main). Moyennant quoi, notre long, long voyage vers le sud, de Moscou jusqu'en Géorgie, s'avéra une catastrophe linguistique. Nous parvînmes néanmoins à rejoindre la Ferme Communautaire de Mère Bloor (je vous traduis ça en anglais).

La Géorgie est une région singulière, située tout au sud, comme son nom le laisse supposer, mais on l'appelle *également* Ibérie, Caucase, et Arménie. Elle est délimitée par la mer Noire, la mer Caspienne, l'Iran et la Turquie, si cela vous dit quelque chose. C'est une des plus vieilles civilisations existantes, si l'on peut parler de civilisation, et l'on dit que nombre de constructions datent de plus de deux mille cinq cents ans, ce dont je ne doutai pas en voyant la Ferme Communautaire de Mère Bloor. C'est, quoi qu'il en soit, une des régions les plus charmantes et les moins froides de Russie, quoique très montagneuse. C'est également une des plus pacifiques, du moins était-ce le cas en 1937, Staline et son vieux copain Beria étant tous deux géorgiens.

Trêve de digressions. Le kolkhoze de Mère Bloor était situé à quinze kilomètres d'un hameau appelé Psplat, lui-même situé à quelque soixante kilomètres d'une petite ville appelée Lyukemsburgy, elle-même située à distance raisonnable de Tiflis, ou Tbilissi. En d'autres termes, il était isolé. C'était naguère la *datcha* d'un gros bonnet local, qui s'était fait zigouiller en compagnie de Zinoviev, Kamenev, et une cinquantaine d'autres sympathisants trotskistes, l'année précédente. Contrairement à la plupart des constructions de tuffeau de la région, la ferme était en bois, dans un style vaguement fin de siècle qui évoquait pour moi les pièces de Tchekhov. C'était un bâtiment aussi vaste que disgracieux, hérissé de tours et de tourelles, de coupoles et de fioritures diverses. Sinistres fenêtres à meneaux, mansardes crasseuses et vitraux nous fixaient de leur regard aveugle. La pelouse semblait de ne pas avoir connu la tondeuse depuis l'invasion mongole. Bien qu'elle datât de moins d'un demi-siècle, la maison paraissait beaucoup plus ancienne, et son bois craquait beaucoup plus fort que d'autres constructions du coin, qui avaient dépassé le millénaire. C'est, évidemment, le Dr Whipple qui l'avait dénichée.

Ito et moi descendîmes du char à bœufs sur lequel nous avions effectué la dernière partie du voyage, et tirâmes les bagages de Tante Mame vers la maison, sur l'allée creusée d'ornières et envahie d'herbe folle. Une atmosphère funèbre d'abandon, de hantise, émanait des lieux mais, cependant, un vieux camion Fiat était garé dans l'allée. De l'intérieur nous parvenaient des coups de marteau accompagnés d'une voix gutturale scandant *L'Internationale*. Épuisés, nous nous hissâmes avec les bagages sur la terrasse croulante et nous effondrâmes sur les marches.

La première personne que je vis apparaître fut Natalie, une étudiante en sciences politiques à l'université de New York, qui se faisait appeler Natacha.

« Bonjour », dis-je. « Ma tante Mame est-elle déjà là ?

— Bonjour, camarade », fit Natalie-Natacha avec chaleur. « Vous arrivez juste ? Mame viendra avec le convoi. Ils devraient être là d'un jour à l'autre. Eh bien, ne restez pas ainsi, entrez, et donnez-nous un coup de main. Il faut que nous travaillions tous ensemble, si l'on veut que l'Expérience ressemble à quelque chose. Tenez, portez ces trucs-là au troisième. On a fait pas mal de ménage, là-haut, et vous allez pouvoir vous y installer, tous les deux. Vous avez déjeuné, je suppose. »

Nous n'avions pas déjeuné. Ni petit déjeuné, d'ailleurs.

Je traînai mon barda au long d'un escalier tortueux de chêne blond et le laissai tomber, déprimé, dans une petite pièce circulaire, au sommet d'une tour. L'odeur de renfermé était abominable. Sur quoi Ito et moi passâmes l'après-midi à balayer, récurer, éponger la crasse invraisemblable qui régnait dans cette espèce de caserne immense, sombre, étouffante. Natacha avait trouvé un stock de vieux lits-cages à demi défoncés, ainsi que des cageots, des chaises pliantes et des tables sur tréteaux. Il y avait également quelques meubles surannés et un peu précieux, dans un style vaguement français, sans doute abandonnés par l'ancien propriétaire. On les avait réunis dans la Salle Commune, où ils paraissaient se sentir aussi déplacés et solitaires que moi. Je m'entrai une méchante écharde dans la main, sur quoi Natacha me donna une petite tape sur le bras, et me dit de ne pas jouer les bébés et d'arrêter de me plaindre. J'eus cependant ma revanche quand, plus tard, elle creva par mégarde un nid de guêpes, dans le salon du premier étage.

Il faisait presque nuit quand elle déclara que nous pouvions baisser les bras et dîner. Elle était au régime, aussi nous n'eûmes droit qu'à une salade accompagnée d'eau. Laitue tiède et sableuse, ni lavée, ni dénaturée par le moindre assaisonnement, ne fût-ce que poivre et sel. Je bus un peu d'eau du robinet, à fort goût de rouille.

Cette nuit-là, je ne dormis pas très bien. Le lit était dur, et habité, j'aurais pu le jurer. La chambre était suffocante. Pas moyen d'ouvrir la fenêtre. Il y avait d'étranges bruits assourdis de galopades dans les murs.

Le lendemain matin, avant de nous remettre à la

tâche, on nous offrit un peu de pain rassis en guise de petit déjeuner. Au crépuscule, Ito et moi avions réussi à ouvrir la plupart des fenêtres et à faire fonctionner trois chasses d'eau. Puis nous récurâmes les parquets du premier étage, sur quoi Natacha déclara que cela lui évoquait exactement le genre de monument qu'un salaud de trotskiste pourri et décadent aurait fait construire avec le sang des travailleurs.

Ce soir-là, le dîner fut des plus silencieux. Au menu, haricots blancs, et le pain qui restait. La nuit fut calme, et la chambre était si fraîche à présent que je frissonnais sous la vieille couverture rêche jetée sur mon lit pliant. Vers deux heures, un orage terrible éclata, et je me tirai du lit pour fermer les fenêtres. J'aurais aussi bien fait de rester couché. Une fois ouvertes, pas moyen de les refermer. Le toit fuyait en six endroits différents ; Ito et moi passâmes donc le reste de la nuit à vider brocs et casseroles d'eau de pluie dans la tuyauterie des salles de bains, laquelle se révéla désespérément bouchée.

À onze heures le lendemain matin, un vieux bus londonien, plus mort que vif, s'arrêtait devant la ferme, exhalant son dernier soupir. À son flanc, un écriteau de carton délavé : « Ferme Communautaire de Mère Bloor. »

« Eh bien, camarades, nous voici *arrivés* ! » fit la voix d'airain de Tante Mame, résonnant allégrement. « N'est-ce pas *divin* ! »

Ito et moi nous ruâmes sur la pelouse pour l'accueillir. « *Douchka !* Oh, mon chéri, avoue que c'est le *paradis*, ici ! » Elle m'embrassa vivement. Le Dr Whipple descendit à son tour du bus, nous faisant signe, le poing levé. « Salut, camarades ! » fit-il d'une voix joviale autant qu'asthmatique. « Et voici vos... euh... vos frères ! »

Un par un, nos frères débarquèrent en claudiquant du bus à impériale. Ils étaient une trentaine. Essentiellement des Américains et des Anglais, plus un couple de Danois, et trois Canadiens. Pour faire bonne mesure, on y avait ajouté un déserteur de l'armée australienne et trois Russes anglophones. Le contingent anglais se composait d'un jeune homme aux yeux vifs, frais émoulu d'Oxford ; de deux dockers de Liverpool ; du mouton noir (de la brebis galeuse, en fait) d'une famille titrée ; et d'un anarchiste qui préconisait d'aligner la famille royale d'Angleterre dos au mur et de tirer dans le tas, tout comme on l'avait fait avec les Romanov. Il était considéré comme relativement extrémiste.

Les États-Unis avaient ajouté dans la corbeille un professeur d'économie à Rand School ; quelques employés d'usine de confection au chômage ; une brassée d'instituteurs de l'enseignement privé ; un professeur adjoint qui s'était vu prié de quitter Williams ; deux filles de Bryn Mawr qui parlaient comme Katharine Hepburn ; une jeune étudiante récemment diplômée de Bennington, laquelle aurait pu être tout à fait charmante, si elle ne s'était habillée comme Raymond Duncan ; une paire de marins d'eau douce, spécialisés dans la revente d'épaves ; un jeune prêtre défroqué et illuminé, venant des Rose-Croix ; une femme coiffée en brosse qui enseignait l'artisanat aux Indiens ; un jeune décorateur d'intérieur appelé Ralph, qui avait travaillé pour Ruby Rod Wood jusqu'au jour où il avait « vu la lumière », comme le disait Tante Mame ; et un couple de Noirs, vaguement mal à l'aise, les Johnson, accompagnés de leurs deux enfants, des gamins timides d'à peu près mon âge.

Les Russes se prénommaient Boris et Soso (diminutif géorgien de Joseph). Tous deux avaient vécu pas mal de temps aux États-Unis, et ils me semblaient relativement sinistres. Soso avait amené sa petite amie, Macha, ancienne danseuse dans le corps de ballet du Bolchoï.

Macha était jolie, et discrète, mais avait, hélas, des jambes qui ressemblaient à deux totems.

Avec ses bottes rouges, sa jupe bouffante et son corsage brodé de paysanne, Tante Mame ne manquait pas d'un certain chic moscovite. En fait, elle évoquait tout à fait une girl des revues de Nikita Balief, dans les années vingt. Comparés à cette splendeur slave, les joyeux camarades de la Ferme Communautaire de Mère Bloor faisaient piètre figure, miteux, hétéroclites. En fait, le mal de la route semblait être leur seul véritable point commun.

Tante Mame étendit élégamment ses longs bras, extatique, aspirant à pleins poumons l'air de la montagne. « Respirez *ça*, camarades ! N'est-ce pas *enivrant* ? Bien, d'abord un bon bain chaud, et au travail ! »

Natalie-Natacha émit un ricanement de mépris.

« Mais, Tante Mame », dis-je, « l'évacuation ne fonctionne pas. »

On aurait cru que je venais de la gifler. « C'est absurde, mon chéri ! » s'écria-t-elle avec un sourire optimiste. « En nous y mettant tous, nous allons bien réussir à réparer la plomberie, que diable ! Nous n'allons *tout de même* pas faire appel aux artisans du village ? » Les hommes demeurèrent muets, l'air vaguement perplexe. « Il n'y a rien de plus simple », reprit Tante Mame d'une voix un peu moins assurée, « il suffit de verser un peu de soude caustique dans les tuyaux. »

Boris, qui de toute façon n'avait jamais pris de bain, déclara que c'était sans importance. « La première chose à faire », dit-il, « c'est d'attribuer les chambres et de tenir une assemblée générale. » « Et quand est-ce qu'on mange ? » fit une voix subversive, dans l'assistance. Il y eut un instant de vague remous. Cependant, Boris, peu à peu, reprit les choses en main, et les sacs, valises, duvets et cartons commencèrent de descendre de l'impériale découverte du vieux bus. Il était acquis que chacun n'avait droit qu'à un bagage, et la pluie de la nuit précédente ne les avait guère épargnés. Une valise de carton bouilli se déchira, et en tomba la balalaïka de Soso, vilainement gauchie par l'eau. Tante Mame, observant scrupuleusement la règle, n'avait emporté qu'un bagage : une immense malle de chez Gilmore, réalisée sur mesure, couverte d'étiquettes des hôtels les plus luxueux du monde entier, et protégée par une housse de grosse toile. Il fallut trois hommes pour la descendre. De nouveau, Natacha eut un ricanement mauvais, avant de disparaître dans la maison.

La répartition des chambres donna lieu à une certaine confusion. La maison avait beau être immense, il semblait qu'il n'y en eût pas assez pour tout le monde. Le rez-de-chaussée étant entièrement occupé par le Réfectoire, la Salle de Réunions, la Bibliothèque et le Bureau de l'Administration, seuls les deux étages étaient disponibles. Tante Mame avait jeté son dévolu sur le salon du premier, lequel offrait une vue magnifique sur les montagnes, mais Boris se l'attribua d'office. L'ancienne nursery, son second choix, se vit transformée en dortoir pour six hommes, puisqu'elle était assez grande. Je vis bien qu'elle n'était guère ravie d'écoper d'une des chambres de bonne, en face de la mienne, mais elle préférait cela à partager le dortoir des étudiantes.

Tante Mame, toujours avide d'atmosphère, n'avait pas seulement emporté des blouses paysannes, elle avait également entassé dans sa malle une icône lourdement ornementée, en triptyque, une lithographie représentant Trotski, retouchée à la main et encadrée d'un passe-partout, ses œufs de Fabergé incrustés de pierres semi-précieuses, un énorme samovar et un châle ukrainien vivement coloré.

Ralph, le décorateur, ne fut que trop heureux de l'aider à égayer un peu la pièce nue, aux murs couleur mou de veau et, une fois la lampe votive allumée sous l'icône, il ne put contenir un gloussement d'allégresse. « Mais c'est troooop divin, Mame, ma chère ! Une merveille, tellement Casino Russe ! »

Ralph et elle étaient encore en extase devant la pièce métamorphosée quand Natacha s'encadra dans la porte, la mine sévère. Son regard tomba sur le triptyque. « L'opium du peuple », gronda-t-elle. Puis elle vit le portrait de Trotski, eut un haut-le-corps, et fila immédiatement pour en faire part à Boris.

Ce jour-là, le déjeuner fut mon premier vrai repas depuis mon départ de Moscou. Mrs. Johnson, silencieuse et toujours coiffée de son chapeau, avait apporté des ustensiles de cuisine, et assez de provisions pour nous offrir un festin. Personne ne le lui avait demandé, mais elle l'avait fait tout naturellement. Il y avait un gros jambon, des œufs farcis, des biscuits tout chauds, deux condiments différents, de la confiture, une salade délicieuse, et des fruits. La vie communautaire, vue sous cet aspect, semblait soudain très sympathique. J'hésitai à me resservir pour la troisième fois mais comme, réunissant tout mon courage, je tendais de nouveau le bras vers le plat, le joli visage de Mrs. Johnson s'éclaira d'un large sourire. Elle déclara qu'elle avait plaisir à voir les garçons bien manger, et qu'elle allait essayer de me remplumer un peu.

Le Dr Whipple annonça une assemblée générale pour quatre heures. D'ici là, nous pouvions faire ce que bon nous semblait. « Fais-moi un peu visiter les environs, *douchka* », me dit Tante Mame, me prenant le bras.

Elle se coiffa d'un immense chapeau de paille qu'elle s'était fait faire d'après une photo du *National Geographic* montrant des batteurs de blé en Ukraine, et nous nous mîmes en route. Tante Mame était une compagne stimulante, une brillante causeuse et, aussi fatigante, agaçante pût-elle parfois se montrer, je suis toujours demeuré un peu fasciné par elle. Elle me fit faire le tour de la propriété : le jardin, où toute trace d'allées et de massifs avait depuis longtemps disparu, et au milieu duquel une statue en marbre de Pan gisait sur le flanc, pathétique, comme s'il venait de recevoir une balle, puis l'ancien potager, les étables et enfin le verger. Son bavardage incessant paraissait redonner vie aux lieux. Nous nous promenions en devisant depuis un bon moment, quand elle jeta soudain un coup d'œil sur sa délicate montre de diamants. « Parfait ! » fit-elle d'un ton léger, « il est à peine deux heures. Nous avons encore tout le temps de faire une promenade dans les bois. » Nous pénétrâmes dans la forêt.

« Tu te plais *vraiment*, ici, n'est-ce pas, *douchka* ? s'enquit-elle avec inquiétude.

— Ou... oui », répondis-je, évitant son regard. « Je trouve l'endroit très agréable, maintenant que vous êtes là.

— Oh, j'en suis ravie, mon petit amour », soupira-t-elle. « Oh, Patrick, cela va être *merveilleux* ! Le Dr Whipple et moi, et tous les autres bien sûr, nous sommes donné tant de mal pour concevoir ce projet, pour tout préparer. Cela m'a coûté une fortune. Mais cela en valait tellement la peine, mon chéri ! Cette ferme va devenir la communauté socialiste idéale, nous allons vivre ensemble, bâtir ensemble, produire ensemble ! Tous heureux, tous égaux ! Travailler ensemble, s'amuser ensemble, tout partager ! Il n'y aura ni riche, ni pauvre, nous serons tous semblables : riches les uns des autres ! Te rends-tu compte, *douchka*, que tu vis un moment d'Histoire ? À son échelle minuscule, cette expérience que nous menons, cette poignée de pionniers, montrera bientôt à l'Amérique tout entière les carences indélébiles dont elle souffre. Me suis-tu, *douchka* ?

— Oui, Tante Mame, répondis-je, sans en être trop sûr.

— Un jour, mon enfant, tu t'assiéras ici, à cet endroit même, avec tes enfants, et tu leur diras : "C'est en 1937 que j'ai aidé Tante Mame et le Dr Whipple à bâtir la Ferme Communautaire qui a montré la voie au monde entier !" Oh, Patrick, j'ai toujours voulu venir en Russie, pour savoir comment ils parvenaient à ce miracle. Et nous y *voici* ! »

Son visage prit cette expression qui évoque toujours pour moi les saints en pleine vision, ou les malades commençant une crise de tétanie. « Ah, *douchka* », reprit-elle, « ne trouves-tu pas que cette communauté réunit les êtres les plus *merveilleux* qui soient ? Nous formons une équipe fantastique, non ? » De nouveau, son regard chercha le mien.

« Ils sont sympathiques, mentis-je.

— Tu sais, il y a toute sorte de gens, ici. Certains issus d'un milieu aisé, d'autres sans le sou ; certains dotés d'une excellente éducation, d'autres quasiment illettrés ; des travailleurs manuels, et des intellectuels. Oh, la merveilleuse complétude des mains calleuses et de l'esprit le plus brillant ! C'est ainsi que l'humanité *doit* progresser ! »

Nous nous promenâmes ainsi longtemps au hasard, dans la forêt.

« Eh bien, *douchka*, le Dr Whipple a fixé la réunion pour quatre heures. Je crois que nous ferions aussi bien de rentrer, si nous voulons arriver à temps. S'il existe une chose qui pourrait mettre en péril cette merveilleuse expérience, c'est bien l'absence de ponc... » Son visage prit soudain la couleur de la cendre. « Mon Dieu ! Ma montre est *arrêtée* ! Elle indique toujours deux heures. »

Nous rentrâmes au pas de course. Il était inutile de s'affoler, cependant : la première Assemblée Générale était déjà terminée.

Le Dr Whipple se révéla particulièrement bouleversé que Tante Mame ait manqué la réunion. « Chère... euh... camarade », commença-t-il, tripotant nerveusement son bouc, « il était bien... bien clair que... euh... que nous avions, *vous* et moi... euh... tout pouvoir de décision. Mais... enfin... le camarade Markov...

— Boris, voulez-vous dire ?

— Exactement. Eh bien, apparemment... euh... le camarade Markov pense que... qu'il est... comment dire... aussi *habilité* que nous à... enfin, Mame, c'est assez embarrassant et... je souhaiterais que vous en parliez un peu avec lui.

— Mais certainement, cher Euclid », fit Tante Mame, très « je m'occupe de tout ». « Ne torturez pas votre chère vieille cervelle, je vais aller trouver Boris et mettre les choses au point en un clin d'œil. »

En fait, c'est Boris qui mit les choses au point. Il était extrêmement mécontent que Tante Mame n'eût pas assisté à la réunion. En Russie, ceux qui se complaisaient dans un passé révolu autant que nauséabond étaient mis au ban et, plutôt que de traînasser dans la campagne avec un morveux capitaliste (je ressentis un certain choc en comprenant qu'il parlait de moi), Tante Mame aurait dû prendre sa place aux commandes, avec les membres du Comité Directeur. De plus, elle avait été *exclue* dudit Comité Directeur, à l'unanimité, car le sentiment général était qu'elle charriait avec elle d'évidentes traces de décadence. De même, le Dr Whipple avait été radié. Le Comité Directeur se composait à présent de Boris et Soso, ainsi que de Natalie-Natacha en tant qu'Auxiliaire Féminine.

Tante Mame eut quelque peine à dissimuler sa déception. Car, après tout, c'était son argent qui avait permis à la ferme d'exister, et c'était également en grande partie son projet, inspiré par le Dr Whipple, et il lui semblait qu'elle dût avoir voix au chapitre. Mais elle fit contre mauvaise fortune bon cœur, déclarant que, puisqu'ils étaient tous égaux, cela n'avait pas grande importance. Le Dr Whipple, lui, en dépit de tous ses diplômes, ne parut pas faire preuve d'une telle philosophie.

Au cours de cette première assemblée, on avait noirci pas mal de papier. Un des professeurs inscrivait déjà les Règles de la Vie Communautaire — il n'y avait pas de Lois — sur un grand tableau noir, dans la Salle de Réunions. Boris était le Chef Suprême, Soso prenait en charge les hommes, Natalie-Natacha les femmes. Mrs. Johnson avait été élue Intendante et Responsable des Repas. Ito était Chef du Ravitaillement. Macha, la ballerine au chômage, organiserait les Loisirs et les Exercices Corporels. Sid, l'anarchiste anglais, était nommé Chef du Comité de Gestion. Desmond McLush, le prêtre défroqué, s'occuperait de négocier les produits de la ferme avec l'extérieur pour les denrées que nous ne pouvions produire nous-mêmes, tels le sel et les ampoules électriques. En guise de consolation, on avait laissé à Tante Mame la gestion du métier à tisser de la Communauté, lequel ne serait pas opérationnel avant l'automne. Certains des ouvriers du textile montraient d'ailleurs quelque amertume à ce propos.

Toute Religion serait absente de notre vie, mais nous avions droit à une journée de repos par semaine et, puisque nous étions samedi, il fut décidé que le dimanche serait jour férié. « Cette coutume est malheureusement si ancrée en nous, de toute manière », commenta Desmond McLush, avec un ricanement de commisération.

Mrs. Johnson, en un tournemain, nous prépara un dîner somptueux, mais gâché par une panne d'électricité. Après un moment d'extrême confusion, des chandelles firent leur apparition un peu partout, sur quoi Natacha déclara qu'on se serait cru dans la cellule de Mère Bloor. Après dîner, de nombreuses bouteilles de gin apparurent également comme par enchantement. Tante Mame, célèbre dans les années vingt pour son gin maison, n'avait nullement perdu la main. Toute la colonie s'installa sur la terrasse, regardant les lucioles briller dans le noir, tandis que Soso jouait de la balalaïka. Macha dansa, et Tante Mame narra sa visite d'une usine de tracteurs, devant un auditoire captivé.

À onze heures, comme j'allais me coucher, je remarquai que Ito, Mr. et Mrs. Johnson et leurs enfants étaient encore dans la cuisine, et faisaient la vaisselle. Il m'apparut que, puisque nous étions censés travailler ensemble, je devrais descendre pour les aider, et nous passâmes une agréable demi-heure à tout essuyer et ranger.

La maison fut extrêmement bruyante, cette première nuit, et il m'apparut très singulier que notre communauté fût justement constituée des trente dormeurs les plus agités qu'on ait jamais connus. Toute la nuit, ce ne furent que portes ouvertes et refermées, échos de pas dans les couloirs, chuchotements et rires étouffés.

Le lendemain matin, à sept heures, un délicieux fumet de crêpes flottait jusqu'au troisième étage, et je me précipitai à la cuisine. Mr. et Mrs. Johnson étaient seuls, et préparaient des galettes sur l'énorme cuisinière à bois. Ils me laissèrent les aider, et nous nous amusâmes beaucoup à les faire sauter de plus en plus haut. Durant toute la matinée, les membres de la communauté se succédèrent tranquillement, et les enfants Johnson et moi restâmes coincés devant la cuisinière, faisant sauter des galettes et griller du bacon, tandis que les parents préparaient un gigantesque panier de piquenique.

À midi, Tante Mame s'éveilla, et Ito lui porta son petit déjeuner.

Le pique-nique se révéla un franc succès. Mrs. Johnson avait préparé quatre gros gâteaux, ainsi que le pain des sandwiches, et tout était délicieux. Nous nous étendîmes paresseusement sur l'herbe odorante, tandis que Boris, Soso et Natacha nous régalaient de discours du genre « Retroussons Nos Manches », « Ce Qui Est À Moi Est À Toi », et autres « Tous Pour Un Et Un Pour Tous ». Vers trois heures, on pressa Tante Mame de préparer encore un peu de gin. Bien qu'elle eût prévenu tout le monde qu'il n'était pas sage de le boire immédiatement, personne ne lui prêta attention. À l'heure du dîner, ils se roulaient toujours dans l'herbe, et Mr. et Mrs. Johnson, leurs enfants et moi rentrâmes aux cuisines pour préparer le repas. Cette nuit-là, la maison se fit encore plus bruyante, et quelqu'un fut très malade, dans la salle de bains du deuxième étage.

Le lendemain, presque tout le monde était hors d'état. Boris demeura alité, et Ralph avait, curieusement, un œil au beurre noir. Mais tous firent leur apparition pour le déjeuner, y compris Tante Mame, vêtue de son pyjama de coupe russe.

Faisant tinter son verre avec son couteau, Boris déclara que certaines circonstances imprévisibles avaient quelque peu retardé le début de l'Expérience, mais qu'à présent chacun allait se rendre aux champs, la houe sur l'épaule. Il y eut un moment d'angoisse quand un de nos employés en confection demanda ce que nous étions censés planter, et un autre quand une fille de Bryn Mawr, très digne, annonça qu'elle était désireuse de faire de son mieux, mais qu'il n'y avait absolument aucun instrument agraire dans la ferme.

Tout le monde se mit à parler en même temps, et il fut décidé de tenir une nouvelle Assemblée Générale, pendant que Mrs. Johnson faisait la vaisselle. En dépit des nobles idéaux qui avaient présidé à la fondation de la Ferme Communautaire de Mère Bloor, il apparut bientôt, de manière douloureusement évidente, que personne dans le groupe n'avait jamais travaillé la terre, même si le Dr Whipple avait lu force manuels d'agriculture. Cependant, Mr Johnson avait, quant à lui, quelque expérience en la matière, ayant cultivé aux États-Unis du coton, des arachides et du tabac ; mais il n'était pas du tout certain que ceux-ci pousseraient également en Russie. Le Dr Whipple, pressé de questions, se révéla incapable de nous dire ce qui, éventuellement, *poussait* en Géorgie.

Tout ceci donna lieu à pas mal de chamailleries. On échangea quelques noms d'oiseaux mais, au crépuscule, Mr. Johnson avait dressé une liste des instruments indispensables, et estimé leur prix en roubles. Il fut voté, à l'unanimité, de conduire Tante Mame à Psplat pour qu'elle télégraphie à sa banque.

Le lendemain, tandis que le Dr Whipple conduisait un débat sur « l'Évolution des Fermes Communautaires dans la Région de Volyn », Mr. Johnson, ses enfants et moi descendîmes en camion à Psplat, où nous passâmes une commande impressionnante au *Kolkhozny Plochad*. Mis à part quelques râteaux, houes et fourches immédiatement disponibles, la livraison prendrait six semaines. Quant à la facture, elle s'avérait également impressionnante, et il apparut que quelqu'un, Tante Mame, *par exemple*, allait devoir envoyer un nouveau télégramme à la National City Bank. Sur quoi nous nous rendîmes chez le grainetier, où nous fîmes une gigantesque provision de futures carottes, laitues, radis, choux et pommes de terre.

À notre retour, le déjeuner était terminé, et tout le monde lézardait au soleil, tandis que Mrs. Johnson et Ito récuraient le sol de la cuisine. Au cours d'une réunion informelle, ce soir-là, il fut décidé que les enfants Johnson et moi-même nous occuperions du potager.

« Tous les bras à l'ouvrage, aussi frêles soient-ils ! » s'exclama Tante Mame —, tandis que les autres continueraient de s'absorber dans leur réflexion hautement intellectuelle, jusqu'à l'arrivée du matériel.

Rien n'est plus éreintant que le désherbage. De plus, le sol regorgeait de gros cailloux, le soleil était torride et, en l'espace d'une semaine, je fus aussi noir que Carver et Aïda Ward Johnson. Leur père demeurait avec nous et faisait le plus lourd du travail. Une fois, Sid, l'anarchiste, vint nous voir. Après nous avoir contemplés un moment, il déclara que nous n'avions pas à faire tout cela seuls, et que nous devrions nous mettre en grève.

Entre-temps, les deux robustes marins et la fille de Bennington avaient découvert une grande mare alimentée par une source claire et bordée de sable, dans laquelle on pouvait se baigner, et les adultes passaient leur temps à nager nus, loisir très en vogue en Russie, à l'époque, tandis que nous ensemencions le potager. À part cela, la ferme demeurait paralysée, faute de matériel.

Chaque jour, Mrs. Johnson et Ito s'affairaient dans la cuisine de six heures du matin jusqu'à minuit sonné. Mr. Johnson et nous, les enfants, leur donnions un coup de main quand nous y pensions, mais ils demeuraient seul, la plupart du temps. Les repas étaient toujours aussi somptueux, mais finirent néanmoins par épuiser le garde-manger.

« Mister Markov », dit-elle à Boris (la règle voulait que nous nous appelions tous par nos prénoms, mais Mrs. Johnson et les siens ne purent jamais se faire à une telle intimité), « je n'ai plus d'œufs, plus de farine, plus de lait condensé, plus de café, et plus une boîte de conserve. Nous avons mangé tout ce que Mrs. Burnside a fait venir de New York et de Londres. »

On organisa donc une Assemblée Générale, qui donna lieu à force discours, querelles et déclarations de principe. Tante Mame finit par prendre la parole. « Mais il me semblait *clairement acquis* », dit-elle, « que nous devions subvenir à nos besoins alimentaires, sans dépendre du monde extérieur. » Le Dr Whipple vint à la rescousse, ôtant la pipe de sa bouche.

« L'histoire prouve... euh... de façon... comment dire... irréfutable que... euh... toute ferme communautaire qui... qui s'affaiblit... qui commence à dépenser de l'argent à... à l'extérieur est... enfin... condamnée à terme. » Sur quoi il mordit le tuyau de sa pipe d'un air farouche. On discuta ferme, dans une ambiance surchauffée, et un vote fut enfin organisé. L'Esprit d'Indépendance étant le maître mot, en ces premiers temps, le Groupe décida que, puisque nous n'avions pas d'argent, il serait néfaste d'acheter de la nourriture à l'extérieur.

« Très bien », déclara Mrs. Johnson, très calme, « c'est tout ce que je voulais savoir. »

Ce soir-là, le dîner se composa de pain rassis grillé ; de biscuits rassis ; de petits gâteaux à apéritif rassis, en forme de pique, cœur, trèfle, carreau ; de quelques lamelles de langue en boîte, et d'un peu de salade de fruits, également en boîte. Le lendemain, il n'y eut ni petit déjeuner ni déjeuner. Tante Mame dormit plus longtemps qu'à son habitude et, descendant l'escalier dans sa robe de chambre mandchoue, se trouva face à trente pionniers affamés et agressifs. Il n'y eut pas de dîner, mais Mr. Johnson nous emmena, nous les enfants, jusqu'à Psplat, et nous offrit une assiette de bortsch.

Le lendemain, après n'avoir pas pris de petit déjeuner, le groupe tint une assemblée improvisée, sans Tante Mame, au cours de laquelle il fut décidé, à une majorité écrasante, de la réveiller et de la contraindre à contacter de nouveau sa banque. Chacun a toujours reconnu à Tante Mame un naturel accommodant, quoiqu'un peu imprévisible, mais se faire réveiller brusquement le matin est une chose qu'elle n'a jamais tolérée. Je savais qu'elle devait fulminer, dans le camion qui la conduisait à Psplat, mais au moins le groupe put-il déjeuner ce jour-là.

S'étant laissé aller à autoriser Tante Mame à dépenser quelque argent à l'Extérieur, le Comité de Gestion, sous la présidence de Sid, décida qu'il serait opportun, sur un plan économique, de l'autoriser à acquérir aussi quelques éléments d'ordre pratique et productif, tels des poulets vivants et des vaches, pour maintenir la ferme à flot jusqu'à l'arrivée du matériel lourd, sans lequel nous ne pouvions nous mettre tous à la tâche. C'est ainsi que Tante Mame télégraphia de nouveau à sa banque, tandis que le brave Mr. Johnson sillonnait la Géorgie au volant du camion pour acheter des poules. Un matin, nous découvrîmes également quantité de poulets inédits, après que les deux marins et quelques jeunes membres de la Faction Intellectuelle des Universités de l'Est eussent décidé de faire une petite balade, la veille au soir. Mrs. Johnson déclara que c'était purement et simplement du vol, et que c'était un péché, sur quoi Boris lui répondit que la bonne conscience était une affectation bourgeoise, laquelle devait faire place à la raison, la raison pure, pour le bien de la Communauté.

Puis, Tante Mame et le Dr Whipple rentrèrent d'une promenade en forêt tirant derrière eux la vache la plus minable, la plus rachitique que j'eusse jamais vue. Tante Mame déclara l'avoir achetée à un adorable vieux paysan, et pour à peine l'équivalent de quatre cents dollars. L'enfer se déchaîna. Natacha lui demanda comment elle osait gaspiller ainsi l'argent commun, tandis que Soso évoquait les excentricités irresponsables d'une aristocrate dépravée. Il y eut une scène terrible, chacun s'élevant à grands cris contre la Pensée Matérialiste et Individuelle et les Actes de Despotisme Monarchique face à l'amour du Parti. Finalement, on organisa une réunion des plus houleuses, sans cesse perturbée par les chamailleries. Mr. Johnson, qui faisait autorité en matière de vie agraire, marmonna qu'à son avis cette vache était dans un sale état et ne valait pas *quatre* dollars. Le Dr Whipple ne cessait de parler de la Fin et des Moyens, assurant que ce qui était bon pour le Parti était bon pour nous. Tante Mame évoquait d'un ton plaintif les litres de bon lait frais, le fromage maison et les adorables petits veaux. Une rixe se déclencha, au cours de laquelle j'envoyai Desmond McLush au tapis. On reconduisit Tante Mame dans sa chambre, en larmes.

Le lendemain, la vache mourut. Tante Mame sanglota tendrement sur sa vieille carcasse décharnée, tandis que Natacha, un masque de mépris triomphant peint sur le visage, l'accusait de sentimentalisme bourgeois. On organisa derechef une réunion, au cours de laquelle Tante Mame fut publiquement réprimandée.

Sur quoi la Communauté se divisa en deux factions : nouvelle querelle. Vers les quatre heures, on décidait, d'un commun accord, de calmer un peu les esprits en allant tous faire un petit plongeon dans la mare, tandis que les jeunes retourneraient travailler au potager avec Mr. Johnson, Mrs. Johnson restant à la cuisine pour préparer le dîner.

Pour occuper les adultes, que le désœuvrement semblait rendre nerveux, le Dr Whipple organisa une série de Tables Rondes sur des thèmes comme : « Une Révolution sans Bain de Sang, est-ce une Contradiction dans les Termes ? » Mais ces causeries ne menèrent qu'à des querelles plus acharnées encore. Ralph et Tante Mame proposèrent un tournoi de bridge, mais Natacha déclara que les cartes représentaient le passe-temps le plus décadent d'un peuple pourri par un régime monarchique, et qu'elle n'autoriserait en aucun cas les femmes à jouer. Tante Mame pleura de nouveau.

Cette nuit-là, nous fûmes réveillés par un vacarme effrayant au premier étage, et nous bondîmes tous du lit pour voir ce qui arrivait. Une des institutrices hurlait des horreurs à Sid, et je remarquai que bon nombre des membres de la Communauté semblaient s'être trompés de chambre. J'étais intrigué, mais Tante Mame me dit que cette histoire ne me regardait en rien et de filer au lit. Sur quoi Ralph gravit l'escalier quatre à quatre, enveloppé dans une robe de chambre de batik, le visage luisant de cold-cream, et dit à Tante Mame que si j'étais effrayé, il se ferait un plaisir de passer la nuit avec moi. Tante Mame répondit d'une voix ferme qu'il ne manquerait plus que *ça*. La maisonnée finit par se rendormir.

Le lendemain matin, Tante Mame fit remarquer d'un ton bénin que la ferme était crasseuse, car en fait elle n'avait *jamais* été réellement nettoyée, et que c'était vraiment faire preuve d'une paresse criminelle. Natacha se jeta sur l'appât, telle une tigresse sur une côte de bœuf. Elle mordit Tante Mame.

Arrivés à ce stade, le Dr Whipple, Macha et quelques autres membres de la Faction Conservatrice décidèrent que c'était bien le désœuvrement qui était cause de nos problèmes, et qu'il fallait absolument y remédier. Les ouvriers en confection, avec quelque argent extorqué à Tante Mame, demandèrent à Mr. Johnson de les conduire à Psplat pour acheter des aiguilles et du tissu. L'après-midi même, on inaugurait un atelier de couture pour les femmes, sous la férule des professionnels. Réunis dans la Salle Commune, tous se mirent à couper et à coudre en devisant aimablement. Même

Mrs. Johnson prit un peu sur son temps pour se joindre aux autres. Tante Mame, qui n'avait jamais su par quel bout enfiler une aiguille, abandonna après avoir massacré tout un métrage de tissu, et divertit la compagnie en leur lisant à haute voix des extraits de *Das Kapital*. Tout respirait paix et harmonie, jusqu'au moment où Natacha, s'étant piqué le doigt, bondit soudain de la chaise, s'écriant : « Assez ! Je ne supporte plus cette voix horrible, cet accent mondain, la pourriture sociale qui s'en dégage ! » Tante Mame eut une *crise de nerfs** et demeura deux jours cloîtrée dans sa chambre, jusqu'à ce que Natacha lui ordonne d'en sortir pour la séance d'Exercices Corporels. Elle m'apparut affreusement triste et abattue. Mais elle devait retrouver un peu de sa pugnacité en observant que Natacha, selon le précepte du partage total, avait distribué aux femmes ses tenues de paysanne russe importées de Paris.

Nous atteignîmes enfin le point de rupture quand Natacha constata que Tante Mame avait été un peu molle avec le balai, en nettoyant le couloir du deuxième, et avait omis de faire son lit. Elle l'engueula de manière si terrifiante que Tante Mame sortit en trombe de la maison, me traînant par la main. « Viens, *douchka*, viens avec moi », gémit-elle, « tu es le seul à comprendre ta pauvre Tante Mame, dans ce trou infernal. »

Nous nous rendîmes dans les bois, où elle s'offrit une bonne vraie crise de larmes. « Oh, Patrick, je me demande parfois si j'ai eu raison. J'attendais tellement de tout cela, et... Quelle déception, quelle déception ! »

J'étais réellement désolé pour elle, non sans ressentir un certain paternalisme, je l'avoue. Il m'apparut que si je voulais jamais fuir la Géorgie et entrer à l'université, le moment était venu de frapper.

« Écoutez », dis-je, « pourquoi ne pas regarder les choses en face, et reconnaître que vous n'êtes simplement pas faite pour le communisme ? Allez les trouver, faites une confession publique et solennelle ; ils se feront une joie de vous signifier votre exclusion du Parti, et...

— Comment ça, le *communisme* ? » coupa Tante Mame, se raidissant brusquement. « Alors que je consacre tout mon temps et ma fortune à cette noble tentative de civilisation, *tu* viens souiller cette expérience en la qualifiant d'un terme immonde, celui qu'utilisent ces tyrans cupides de Wall Street pour parler des ouvriers !

— L'argent que vous engloutissez dans cette noble expérience ne vient-il pas de Wall Street, précisément ?

— Oh, Patrick, à quoi bon simplement *essayer* de parler avec toi ? À quoi bon, quand cet horrible collège a arraché de toi toute compassion envers ton frère humain, en la remplaçant par des rêves de capitalisme, de lutte de classes et de snobisme républicain... »

J'admets qu'en ce qui concerne St. Boniface elle n'avait pas tort. Ce collège proposait un cours de sciences sociales, mais tout ce qu'on pouvait y apprendre, c'était que Calvin Coolidge était la perfection incarnée et Herbert Hoover un amour. Les Républicains, disait le professeur, étaient tous des hommes de bien, sans exception. Quant aux Démocrates, c'étaient des gens vulgaires, dépourvus de toute éducation. Posant une question à propos de Franklin D. Roosevelt, j'appris que c'était un traître à sa classe, et écopai de dix blâmes pour mon insolence. Mais je n'avais pas plus intégré les préceptes de St. Boniface Academy que ceux de la Ferme Communautaire de Mère Bloor (je vous traduis ça en anglais).

« Très bien, dans ce cas », dis-je, « appelez ça une expérience de civilisation, ou une communauté d'amour libre, ou le Plan Morris, comme vous voudrez. Mais ayez au moins l'honnêteté, maintenant, de laisser tomber. Le rêve était magnifique, mais l'idée pourrie à la base. Ça ne marche pas. Vous haïssez ces gens, et ils vous haïssent. Alors, limitez les dégâts, et partez.

— Comment ça, une idée *pourrie*, espèce de petit monstre ! C'était mon idée, mon idée et celle du Dr Whipple, de fonder une ferme communautaire idéale, où des gens de toute origine et de toute couleur travailleraient la terre, main dans la main, pour créer...

— Mais que diable connaissez-*vous* du travail de la terre ? Vous n'avez seulement jamais mis les pieds dans une ferme. Vous ne sauriez même pas faire pousser du chiendent sous serre. Et quant au Dr Whipple...

— Le Dr Whipple est un des plus grands penseurs de notre temps. Il est diplômé de...

— Le Dr Whipple est la platitude faite homme, un sac à vent, un raseur pénible et prétentieux, comme je n'en ai jamais rencontré. Il est peut-être diplômé du Kremlin, mais il n'aurait pas assez de cervelle pour vider une botte pleine de pisse sans le mode d'emploi écrit sur le talon.

— Comment oses-tu, odieux petit...

— Et vous le savez comme moi. Depuis l'instant où vous êtes tombée sur lui, vous avez sans cesse dû lui moucher le nez et lui reboutonner sa braguette. C'est un vieux barbon à demi gâteux, et même si c'est lui, ou vous deux, qui êtes à l'origine de cet échec, il n'est rien, ici. Vous êtes deux idéalistes, avec la tête dans les étoiles, et vous vous êtes fait doubler par Boris et Soso, de vrais Rouges, eux, des gars de Moscou, et par cette petite dure à cuire de Natacha. Ce sont eux qui mènent la danse, à vos frais.

— Ah bien ?

— Oui, absolument. Et quant au reste de cette fière et joyeuse bande de camarades, regardez-les : quelques agitateurs et autres gibiers de potence, deux ou trois petits diant-diants mal dans leur peau, un décorateur folle à lier, et une brochette de ratés qui s'offrent de chouettes vacances à vos frais. Les seules personnes ici qui vaillent la corde pour les pendre, ce sont les Johnson, et ils travaillent comme des esclaves, ainsi que ce pauvre, ce brave Ito, dans votre merveilleuse société sans classe.

— Tais-toi, monstre ! » s'écria Tante Mame, aveuglée par les larmes. « Tais-toi ! Tais-toi ! Tais-toi ! C'est mon expérience, et ces gens sont mes amis !

— Ce sont vos geôliers, dis-je d'une voix coupante.

— Vraiment ? Eh bien, c'est ce que nous allons voir, jeune homme. Je suis parfaitement libre de faire ce que je veux, ici. C'est ma ferme, tout autant que celle des autres. Je peux aller et venir...

— Je vous parie dix roubles que non. Allez-y. Essayez, seulement. Demandez à Boris de vous prêter votre camion, ou le bus, pour aller passer une soirée à Tiflis. Allez-y, je vous regarde.

— Très bien, Monsieur Je-Sais-Tout », dit-elle, se dressant. « Tu peux me regarder, effectivement. »

Sur quoi elle se dirigea d'un pas décidé vers la mare, au bord de laquelle Boris se vautrait au soleil avec Soso et Macha. Habillé, Boris n'était certes pas un Apollon, mais le spectacle qu'il offrait nu, avec son dos et ses bras couverts de boutons purulents, avait de quoi faire vomir. Tante Mame hésita une seconde, puis réunit son courage et passa à l'attaque.

« C... camarade », fit-elle d'un ton enjoué, « je me d... demandais si je pourrais emprunter le c... camion, ou le bus, pour aller à Tiflis, pour...

— Certainement pas, laissa tomber Boris, se grattant le derrière.

— Mais je n... ne...

— Pourquoi pas, Borrrris ? » intervint Macha. « Tiflis... Le théâtre Rrrrustaveli. La...

— Silence », coupa Boris, froidement. « Non, camarade, vous ne partez pas d'ici. Et maintenant, rentrez à la maison. »

Tandis que nous traversions le champ, je sentais Tante Mame frémir de tous ses membres, de rage ou de peur. Mais quand nous arrivâmes à la ferme, ce fut la fin de tout.

Ralph nous attendait dans le hall, blême et tremblant.

« Oh, Mame, ma chérie, je vous ai cherchée partout », dit-il d'une voix balbutiante. « Il est arrivé une chose *épouvantable* !

— Quoi ? » Ce ne fut qu'un cri.

« Oh, Mame, mon pauvre ange. C'est cette Natacha...

— Quoi, Natacha ? demanda Tante Mame, tremblant de plus en plus fort, les lèvres blanches.

— Elle a... Elle a... Oh, je n'ose même pas le *dire* ! sanglotait Ralph.

— Dites-moi tout, Ralph. Dites-moi, vite. Qu'est-il arrivé ?

— Natacha a montré votre chambre à Boris, en disant que cet adorable décor tellement vieille Russie était décadent et totémique, que c'était une insulte à la morale de notre Expérience, les reliques morbides d'une civilisation corrompue. Et elle a... Oh, je ne *peux* pas !

— Mais si, vous pouvez ! » fit Tante Mame, l'agrippant par le bras. « Continuez. Qu'a-t-elle fait ?

— Oh, Mame chérie, j'ai *vraiment* essayé de l'arrêter. Je lui ai dit que ces objets étaient sans prix, et que votre chambre était la seule pièce de la maison un peu *amusante*, mais elle... Oh...

— Elle a fait quoi ? demanda Tante Mame d'une voix égale.

— Elle a jeté toutes vos jolies choses dans la fosse d'aisances ! Et après... » Déjà, Tante Mame était au deuxième étage. Aucun doute, sa chambre avait été nettoyée. Tout avait disparu, de ses élégantes blouses paysannes à ses bibelots et icônes russes. Il n'y avait plus que le lit-cage et sa malle, vide. Ajoutant l'insulte à l'injure, Natacha avait écrit, rageusement, sur tout un mur, avec le rouge à lèvres de Tante Mame : « Sale trotskiste. »

« La salope ! » fit celle-ci d'une voix où l'amour de son frère humain ne transparaissait plus. Elle parcourut lentement du regard la pièce sinistrée, son visage se convulsa soudain, et elle se jeta en travers du lit, sanglotant compulsivement.

Elle ne parut pas au dîner. Mrs. Johnson avait préparé un repas délicieux, mais c'est l'air un peu perdu et désolé qu'elle nous le servit et, quand je lui assurai que tout était exquis, elle ne sourit même pas.

Macha avait fini par s'apercevoir que c'était Mrs. Johnson et Ito qui avaient la charge de la cuisine, du service et de la vaisselle. « Mais ce n'est pas trrrès norrrmal, n'est-ce pas, 'tacha ? » dit-elle à Natacha, au cours du dîner. « Nous devrrrrions peut-êtrrrre tous nous y mettrrrre, camarrrrade ?

— Écoute, camarade », répondit Natacha d'un ton négligent, « certaines personnes sont *nées* pour être esclaves, et toute l'éducation du monde, ni les révolutions, n'y changeront rien. Comme on dit : “Tu peux faire sortir le domestique de la cuisine, mais tu ne pourras jamais faire sortir la cuisine du domestique.” Non, laisse-la faire, elle doit aimer ça. »

Mrs. Johnson était une des femmes les plus remarquables que j'eusse rencontrées, toutes couleurs confondues, et ces mots me faisaient mal. Mais après dîner, tandis que je me dirigeais discrètement vers la cuisine pour l'aider, je la trouvai effondrée sur la table, la tête dans les bras, pleurant bruyamment. Ses enfants la contemplaient, immobiles et silencieux, dans un coin de la pièce.

« Je me suis dit que vous auriez besoin d'un peu d'aide, pour la vaisselle », dis-je.

Elle se contenta de me jeter un regard atone.

« Mais, Mrs. Johnson », repris-je, désemparé, « nous faisons toujours la vaisselle ensemble. Et puis, je me suis dit que je trouverais quelque chose à porter à Tante Mame. Elle a passé la soirée à pleurer dans sa chambre. Natacha a jeté toutes ses affaires dans la fosse d'aisances.

— Très bien », dit Mrs. Johnson, la mine sinistre. « Je vais préparer un petit casse-croûte et nous irons le porter ensemble à ta tante. »

Nous gravîmes en silence l'escalier de service. Aucun bruit ne parvenait de la chambre de Tante Mame. Ouvrant la porte, je la trouvai assise sur son lit, comme statufiée, le regard absent. « Mrs. Burnside, Patrick et moi avons pensé que vous devriez tout de même prendre quelque chose », dit Mrs. Johnson après avoir refermé la porte.

Tante Mame parut s'éveiller quelque peu en voyant le fameux pain de maïs de Mrs. Johnson.

« Allons, Mrs. Burnside », reprit celle-ci, « il faut voir les choses en face, ça ne marche pas, cette ferme communautaire. Ce n'est pas du tout ce que je croyais. C'est vrai, on pensait vivre heureux, tous ensemble, ça avait l'air vraiment bien, au départ. Mais ce n'est pas du tout comme le Dr Whipple nous a dit. Ces gens-là, ils ne font rien, ils passent leur temps à traîner et à discuter, et profitent de votre argent et de ma cuisine, c'est tout. Booker ne se plaisait pas à la maison, c'est sûr, mais c'était encore mieux qu'ici. Ces gens vont vous sucer jusqu'au dernier centime, et vous virer. Et vous le savez *très bien*. Ils ne sont pas comme vous. Vous êtes peut-être un peu excentrique, Mrs. Burnside, mais c'est autre chose. Vous êtes une dame. » Elle fit une pause. « *Et moi aussi* », conclut-elle.

Tante Mame demeura silencieuse pendant un long, long moment. Puis, d'une voix parfaitement calme, elle déclara : « Vous avez raison, Mrs. Johnson. Je m'en rends parfaitement compte, à présent. Vous avez tout à fait raison.

— Mrs. Burnside », reprit Mrs. Johnson d'un ton pressant, « il faut filer d'ici, avant qu'il ne soit trop tard. Ce n'est plus possible. J'ai appris ce qui s'était passé, quand vous avez simplement voulu passer *une soirée* dehors. Nous sommes prisonniers. J'ai peur. »

Le visage bouffi de larmes de Tante Mame commençait de recouvrer un peu de son éclat d'antan. « Je *pense* avoir une idée, Mrs. Johnson, un plan qui peut marcher. » Elle me jeta un coup d'œil. « Patrick », fit-elle d'une voix soudain affairée, « Mrs. Johnson et moi souhaiterions discuter un peu, seule à seule. Si tu allais te coucher ? Et bien sûr, pas un mot à *quiconque*. »

Le lendemain matin, Mrs. Johnson s'affairait dans la cuisine, chantant à pleins poumons. Le petit déjeuner fut particulièrement délicieux, et Tante Mame descendit avant dix heures, faisant preuve d'une cordialité sans mélange envers chacun, et particulièrement envers Natacha. Puis elle balaya le couloir comme jamais il ne l'avait été auparavant, ainsi que les pièces du rez-de-chaussée, sans cesser de fredonner la *Berceuse russe*, avec une farouche gaieté, et aida enfin Mrs. Johnson à préparer le repas. Le déjeuner, ce jour-là, fut un véritable triomphe culinaire.

Au dessert, elle se leva et prit la parole, d'une voix enjouée, claire et sonore : « Camarades, je vous ai préparé une petite surprise. C'est aujourd'hui mon *anniversaire* ! » Quelques ovations s'élevèrent. « Bien sûr, il arrive toujours un moment dans la vie où une femme n'aime pas se souvenir qu'elle prend une année de plus, mais ici, avec vous, mes chers camarades, cela m'est *parfaitement* égal ! » J'aurais pourtant juré que Tante

Mame était née en novembre. « Et donc », reprit-elle, esquissant quelques attitudes empruntées à la Méthode de Stanislavski, « je vous offre une grande soirée, en mon honneur ! Nous allons prendre des cocktails, dîner, faire de la musique, danser, et boire autant de gin que nous le voudrons, enfin nous amuser tous ensemble, comme de vrais camarades ! » Elle se rassit, radieuse, sous les vivats.

Elle passa l'après-midi dans l'office, à préparer des litres et des litres de gin. Je l'avais déjà souvent vue faire, et son gin était à juste titre célèbre. Mais il m'apparut que, cette fois, elle y mettait encore infiniment plus de cœur. Elle en prépara des baignoires. Ceci, ajouté à la vodka et au vin du pays, nous promettait des festivités fort réussies. Me sentant quelque peu désœuvré, je sortis faire un tour dans le jardin, et trouvai Mr. Johnson qui bricolait sous le capot du vieux bus, dans l'allée, tandis que ses enfants l'observaient. Le moteur émit enfin un rugissement allègre et, plus tard dans la soirée, je vis Mr. Johnson siphonner l'essence du camion dans le réservoir du bus. Les gamins posaient mille questions, moi aussi, mais il se contenta de sourire d'un air mystérieux.

À cinq heures, Tante Mame prit un bon bain brûlant, et me dit de faire de même. Tandis que les autres nageaient, elle avait réussi à récupérer ses bijoux — sauf un bracelet de quartz rose que Natacha avait trouvé à son goût — et la majeure partie de ses luxueux vêtements. Je remarquai également qu'elle s'était de nouveau parfumée au *Nuit de Noël*, sans lésiner.

La cuisine était plus odorante encore. Apparemment, Mrs. Johnson avait sauvagement abattu des douzaines de poules qui prenaient à présent une teinte délicatement dorée, dans les énormes fours noirs. Dans un tintement de bracelets entrechoqués, Tante Mame puisa quinze litres de ses martinis très spéciaux. « Et n'oubliez pas », chuchota-t-elle à Mrs. Johnson, « prenez *tout votre temps* pour servir. Que tout le monde se *gorge* de cocktails, mais ne laissez *pas* Mr. Johnson s'en approcher ! Il va nous falloir garder l'esprit clair. »

Comme on annonçait que les rafraîchissements étaient prêts, la Communauté accourut. Tante Mame, particulièrement chaleureuse, veillait à ce que chacun eût toujours un verre plein à la main. « Encore un, Natacha, mais si... Allez, vous n'allez pas refuser un petit cocktail, camarade !... Oh, ce crépuscule, heure exquise ! Je pourrais rester une éternité ainsi, à boire des martinis en contemplant le ciel. » Étrangement, pourtant, Tante Mame ne buvait rien. « Allons, Sid, encore une goutte, pour me faire plaisir, et vous aussi, Ralph. » Le cocktail dura de cinq heures à neuf heures largement passées, et Tante Mame dut préparer à la hâte quatre autres litres de martini.

Le dîner annoncé, l'Anglaise et le Dr Whipple durent quasiment être portés à table, ce qui ne fit qu'ajouter à l'allégresse générale. Le repas était somptueux. Nous commençâmes par une salade de fruits frais macérés dans la vodka, suivie de poulets marinés au vin. En fait, il semblait y avoir de l'alcool partout, excepté dans le pain et le beurre. D'énormes cornes de bélier de vin d'Ateni, que Tante Mame avait trouvé on ne sait où, coulèrent à flots durant le repas. Le bouquet final fut un gigantesque saladier de fruits flambés, extraordinairement appétissant, et j'allais me servir copieusement quand Mrs. Johnson me saisit le poignet. « Ne touche pas à ça, mon grand », me chuchota-t-elle avec un regard sinistre.

Après le café-cognac, la Communauté parut s'affaisser quelque peu, mais Tante Mame dirigeait les festivités d'une poigne de fer. « Allons, camarades, on n'arrête pas le manège, l'anniversaire de Matouchka n'arrive qu'une fois par an ! Tout le monde dans la

Salle Commune ! Musique ! Que l'on danse, que l'on boive ! Matouchka, cela veut dire "petite mère", Patrick. »

Ce fut, de fait, une véritable bacchanale. Le bourbon également maison de Tante Mame s'avéra fatal à bon nombre d'invités. Desmond McLush s'effondra d'un seul coup, alors qu'il chantait *Tiptoe Through the Tulips* avec une des institutrices. Macha tourna de l'œil en pleine arabesque, tandis que Soso vomissait dans sa balalaïka. Mais ceux qui tenaient encore debout aidèrent joyeusement leurs infortunés camarades à se coucher, avant de redescendre pour continuer la fête.

Même Mrs. Johnson laissa la vaisselle sale sur la table pour venir voir le spectacle.

Tante Mame paraissait, cependant, la plus joyeuse de tous et, quand je me décidai enfin à monter dans ma chambre, Sid et les deux marins s'amusaient à la faire sauter en l'air dans un drap tendu.

Les échos de la soirée me tinrent longtemps éveillé. À chaque fois que j'allais sombrer, j'étais secoué par un rire suraigu, ou le choc sourd d'un corps qui tombait, quelque part dans la maison. Je finis néanmoins par sommeiller, mais il me sembla que je dormais depuis une minute à peine quand j'entendis gratter doucement à ma porte. « Patrick, Patrick chéri », fit la voix de Tante Mame, chuchotant, « réveille-toi. Habille-toi, et pas un bruit.

— M... mais, pourquoi ?

— Ne tourmente pas Tante Mame avec tes questions. Nous allons faire un tour. Dépêche-toi, et surtout, pas de bruit. »

Je passai ma chemise et mon short à la hâte, fourrai mes pieds dans des chaussures, au hasard. Tante Mame me prit par la main. « À présent, suis-moi », chuchota-t-elle. « Il ne faut déranger personne, n'est-ce pas ? »

Brave Tante Mame, me dis-je, toujours si soucieuse d'autrui.

Dans le couloir, je distinguai la silhouette massive de Mrs. Johnson. Elle portait son manteau, son chapeau, et tenait un sac de voyage à la main. Carver et Aïda étaient également là.

« Parée, Mrs. Johnson ? » chuchota Tante Mame. « Vous avez vos passeports ?

— Oui.

— Très bien, suivez-moi. Attention aux marches, et pas un bruit ! » Nous lui emboîtâmes le pas, sur la pointe des pieds, en file indienne. Juste avant le palier, la marche déclouée craqua de manière sinistre, et un grognement étouffé nous parvint de la chambre de Boris. Je tressaillis.

« Ne t'inquiète pas pour lui, pas *ce soir* », me dit Tante Mame d'une voix ferme. « Suis-moi, c'est tout. »

Nous atteignîmes le hall. Une chandelle coulait dans la Salle de Réunions, et je discernai nombre de corps épars, gisant dans des poses abandonnées. « Chhh », fit Tante Mame. « Et maintenant, à l'autobus, vite ! » Elle se rua en avant. Soudain, j'entendis un bruit horrible, un choc mou, et Tante Mame s'étala de tout son long.

Dans la pénombre, je distinguai la silhouette de Natacha, inerte, et celle de Tante Mame à côté, sur le sol.

« Qu'eehhhisss'pass, ca'arade ? fit Natacha d'une voix pâteuse, secouant la tête, l'air étourdi.

— Oh, c'est vous, camarade ! » fit Tante Mame dans un souffle. Elle eut un petit rire nerveux. « Tenez », ajouta-t-elle, saisissant un verre à demi plein, « je voulais juste trinquer encore avec vous. On ne va pas en rester là, tout de même ! conclut-elle avec un enjouement féroce.

— Debout, les damnés de la terre ! » coassa Natacha. Sur quoi elle vida le verre d'un trait et retomba avec un choc assourdi.

« Merci mon Dieu », soupira Tante Mame. Soudain, une expression que je connaissais bien apparut sur son visage. « Il me semble que c'est le moment ou jamais de récupérer un de mes symboles barbares d'une civilisation décadente. » Elle ôta prestement le bracelet de quartz rose du poignet de Natacha et le mit au sien. « Et maintenant, suivez-moi, vite. »

Les enfants Johnson et moi-même enjambâmes le corps de Natacha, mais un autre bruit répugnant me parvint tandis que Mrs. Johnson plantait royalement ses quatre-vingt-dix kilos sur celle-ci, les deux pieds bien posés sur son ventre, et demeurait ainsi quelques secondes avant de sortir à son tour.

Le moteur du vieux bus ronronnait doucement, et nous prîmes place sur les sièges pelés. « Tout le monde est prêt ? » s'enquit Tante Mame. « Oh, mon Dieu, mes hermines !

— Pas faire de souci », dit soudain Ito. Je n'avais pas remarqué sa présence. « Bagages tout prêts, là-haut. Et très bon pique-nique ce soir. »

À cet instant, la porte de la maison s'ouvrit brusquement. « Mame ! Mame ! Camarade ! Mais que... euh... que faites... Mame ! Attendez !

— Oh, mon Dieu ! C'est Euclid Whipple !

— Qu'il aille au diable, dis-je.

— Oui, qu'il aille au diable, ce ne sera que justice », déclara Tante Mame. « En route, Mr. Johnson.

— Mame ! Arrêtez ! » s'écria le Dr Whipple. « Et nos projets ! Notre ferme ! Nos rêves ! Camarades ! Boris ! Arrêtez-la ! »

Un coup de feu claqua.

« Oh, non », gémit Tante Mame, « ils vont nous rattraper, et Dieu seul *sait* ce qu'...

— Ils ne nous rattraperont pas, Mrs. Burnside », dit

Mr. Johnson avec un petit rire, lançant le bus sur la route. « Le réservoir du camion est vide. Je l'ai siphonné. S'ils veulent de l'essence, ils devront descendre jusqu'à Psplat, quinze kilomètres à pied. Et ils devront la *payer.* »

Nous roulâmes toute la nuit sur les dangereuses routes de montagne de Géorgie, filant droit vers la frontière turque. Au bout de quinze kilomètres, Tante Mame cessa de trembler. Quinze kilomètres de plus, et elle avait retrouvé sa verve d'antan. « Oh, camarades ! » s'exclama-t-elle d'une voix chantante, « n'avez-vous pas le sentiment d'être des Romanov fuyant la Révolution ? Je ne peux m'empêcher de songer à ces histoires palpitantes que nous racontait le comte Orlovsky, qui s'était échappé de Saint-Pétersbourg en wagon de marchandises ! »

Un bus trop vieux pour circuler dans Piccadilly n'est pas forcément le moyen de transport idéal pour traverser les montagnes du Caucase. La route empirait d'heure en heure, de plus en plus abrupte. Une fois, nous dûmes même descendre et suivre à pied le vieil engin que Mr. Johnson parvenait, avec moult délicatesse, à hisser sur une pente redoutable.

L'aube se levait, et nous étions toujours loin de la Turquie. L'essence commençait à baisser dans le réservoir. Nous cessâmes de parler pour nous concentrer sur la route qui se déroulait devant nous, et prier. En début d'après-midi, après être de nouveau descendus, mais cette fois pour pousser, nous arrivâmes enfin au sommet d'une colline. En bas, droit devant nous, la frontière. Une barrière de bois coupait la route, et des douaniers de l'Armée rouge faisaient les cent pas devant leur cabane, l'air assez peu sympathique.

« Grâce au ciel, nous avons réussi ! » s'écria Tante Mame. « Nous sommes citoyens américains, et nous avons nos passeports, donc ils ne peuvent pas nous arrêter. Allez, tout le monde à bord ! Prochain arrêt, la Turquie ! »

Elle ne croyait pas si bien dire. Nous remontâmes dans l'autobus, et Mr. Johnson démarra. « Songez aux délicieuses cigarettes que nous allons pouvoir fumer », déclara Tante Mame, tandis que le bus commençait de descendre la colline. « Les cigarettes turques sont réellement divines, encore meilleures que les Melachrino. Euh... Mr. Johnson, sommes-nous *obligés* de rouler si vite ? Mon Dieu, nous sommes presque...

— Je n'y peux rien. Les freins viennent de lâcher.

— Mon Dieu, protégez-nous ! » vagit Mrs. Johnson.

Nous dévalions maintenant la colline, de plus en plus vite, droit vers la frontière. Les soldats russes se déployèrent, comme à la parade, au milieu de la route. L'un d'eux se mit à gesticuler, criant très probablement : « Halte, ou je tire ! »

« Mais ne pouvez-vous pas arrêter cet engin de malheur, Mr. Johnson ? Enfin, ce n'est qu'une simple formalité. Ils vont juste... Hiiiiiiiii ! »

Dans un horrible craquement de bois pourri, le bus venait de défoncer la barrière. Il y eut un coup de feu, et une des vitres arrière explosa. Nous étions à présent tous couchés par terre, sauf Mr. Johnson, aplati sur le volant. Un deuxième coup de feu claqua. Nous roulions toujours.

Relevant la tête, j'eus à peine le temps d'apercevoir la barrière de la frontière turque, juste devant nous. Les soldats couraient en tous sens, affolés. Un nouveau craquement déchirant, et nous étions en Turquie. Des coups de feu résonnèrent derechef, tandis que le bus s'arrêtait enfin.

Tante Mame se dirigea vers l'arrière de l'autobus et en descendit, avec la délicate et souveraine élégance de l'impératrice de Russie. Et croyez-moi, elle donnait l'impression de se rendre au bal de la cour, plus que chez Fortnum & Mason. « Bonjour, mon cher », dit-elle au douanier turc qui l'attendait, l'air furieux. « *Je* suis Mrs. Beauregard Jackson Pickett Burnside. *Voici* mon passeport, et *voici* mes camarades. Enfin, mes *amis*, veux-je dire. »

CHAPITRE VIII.

Tante Mame dans la Poudrière du Proche-Orient.

« Mais je ne comprends pas », dit Pegeen, « comment une femme telle que ta tante a pu passer si près de l'Allemagne nazie sans se mettre dans une situation épouvantable.

— Très simplement. Grâce à sa finesse. À sa diplomatie. À son tact. Appelle ça comme tu voudras. Mon Dieu, tu aurais dû la voir au cœur du Proche-Orient.

— Le Proche-Orient ?

— Oui.

— Dis-moi, je t'en conjure, ce que ce “joyau à plusieurs facettes” avait décidé d'étudier, au Proche-Orient.

— Les relations inter-raciales.

— Eh bien, venant déjà d'en entendre plus que je ne l'aurais souhaité — c'était cette horreur de Mrs. Rawlings, plus bas dans la rue, qui voulait que nous signions encore une pétition pour le classement en zone protégée —, j'aime autant ne rien savoir de ta tante assise sur ce baril de poudre.

— Bien », dis-je.

Tante Mame se découvrit d'emblée une affinité avec le Proche-Orient. Ayant vécu comme une pauvresse au Tyrol, elle était heureuse de débarquer dans une région où l'on pouvait vivre comme une princesse pour trois fois rien.

Poursuivant son auguste périple, elle descendit donc le Danube, s'arrêtant au passage à Budapest pour se refaire une beauté, prospecta un peu la côte dalmate, puis s'embarqua pour l'Égypte, visitant rapidement les îles grecques qui se trouvaient sur son chemin.

La Rolls nous attendait à Alexandrie et, dans la voiture qui filait bon train sur la longue piste qui, traversant le désert, mène d'Alexandrie au Caire, Tante Mame était de nouveau tout à fait elle-même.

« Ah, mon petit amour, l'Égypte... » fit-elle, me tapotant la main. « Si moderne, si chic, et cependant tout empreinte encore de ce mystère indéfinissable qui plane ici depuis les Ptolémées. » Elle alluma une *Fuad Premier Doré**, cigarettes atrocement fortes et puant le crottin de chameau, mais non dénuées d'une certaine élégance si vos poumons sont à la hauteur. « Et tellement cosmopolite, mon chéri ! Dans quel autre pays pourras-tu rencontrer à la même table des Anglais, des Français, des Grecs, des Italiens, des Turcs et des Égyptiens ?

— À Washington, D.C. », suggérai-je. « Cela ne vous ennuie pas, si je baisse un peu la glace ?

— Bien sûr, cette chère Alex — Alexandrie, mon petit amour — est très agréable, dans un style tout à fait européen, mais à présent, nous voilà partis vers le cœur même de l'Égypte — *Le Caire** ! Et ne t'inquiète pas, Patrick, je connais parfaitement le pays et ses coutumes. Ton oncle Beau et moi y avons séjourné, durant notre lune de miel. Nous allons nous *fondre* dans la population, personne ne pourra même imaginer que nous sommes des étrangers, des *touristes*. Nous descendrons au Shepheard's ; j'ai des cartes de membre du Ghezira Sporting Club et du Turf Club. Le restaurant des Ambassadeurs est divin et, *grâce au ciel*, il y a là-bas une boutique Elizabeth Arden. Nous allons tout simplement partager la vie des vrais Égyptiens. Pas si vite, Ito », dit-elle dans le cornet acoustique.

Tante Mame se fondit dans la population jusqu'à porter de lourds cernes de khôl autour des yeux. Elle acheta également quantité de bijoux exotiques — le plus exotique de tous étant un large bracelet d'or qu'elle remonta jusqu'au-dessus du coude, et qu'il fallut faire scier chez Tiffany, quelques années plus tard. Mais à part ses expéditions chez Elizabeth Arden, ses soirées dans des restaurants et des clubs semblables à tous les restaurants et clubs de toutes les grandes villes du monde, elle passait l'essentiel de son temps à la terrasse du Shepheard's, à boire force Suffering Bastards (un cocktail mortel qui vous laissait au réveil une gueule de bois redoutable — si vous vous réveilliez), s'éventer, se plaindre de la chaleur, et se reprocher en gémissant d'avoir encore abusé sottement, la veille, à telle ou telle soirée.

Cependant, au lendemain d'une réception anglo-américaine particulièrement agitée, à la Cité Jardin, elle décida qu'elle s'était assez amusée comme cela, et qu'il était vraiment temps de se Fondre dans la Population. « En route pour les pyramides, mon petit amour », déclara-t-elle, vidant d'un trait son troisième Suffering Bastard et faisant signe au serveur de lui en apporter un autre. « Si nous voulons connaître cette terre, il faut commencer par ses racines les plus profondes. Tous ces siècles passés, toutes ces dynasties... *Merci** », dit-elle au garçon, prenant délicatement son verre sur le plateau.

« Très bien », dis-je, « je vais demander à l'interprète de nous trouver un guide. À quelle heure voulez-vous...

— Un guide ? » répéta Tante Mame, comme si c'était un mot swahili. « Nous ne voyageons *pas* en classe touriste. Je suis déjà venue ici, et je suis parfaitement capable de te montrer les monuments de l'Égypte ancienne sans un petit crouillat en train de me souffler dans le cou. Dis à Ito d'avancer la voiture, pendant que je monte me changer. *Addition, s'il vous plaît* !*

— Okay, Madame », répondit le barman.

Une demi-heure plus tard, Tante Mame émergeait du Shepheard's, vêtue de ce que je devinai être la tenue idéale pour le désert : veste de lin blanc de style « explorateur », jupe-culotte, bottes, et casque colonial drapé d'environ trente mètres de mousseline de soie mandarine. L'effet obtenu, à mi-chemin d'Osa Johnson et d'Agnes Ayres, était renversant. « Allons, viens, Patrick », dit-elle avec un bref claquement de cravache contre sa botte. Elle monta dans la Rolls, toutes voiles dehors, et nous nous mîmes en route.

Les affaires ne marchaient pas très fort du côté des pyramides, et nous fûmes aussitôt assiégés par les guides et les interprètes, dont l'un m'offrit successivement, outre la visite des sépultures, un tapis persan, une bague de diamant, des photos pornographiques, du haschisch, sa petite sœur et, en désespoir de cause, lui-même.

« *Yallah !* » s'écria Tante Mame, prouvant ainsi son éblouissante maîtrise de l'arabe. « Ouste ! Filez ! Nous y allons seuls. » Sur quoi elle sélectionna deux chameaux — une femelle blanche prénommée Fatima, pour elle, et pour moi une espèce de vieille rosse mangée aux mites et affligée d'une haleine épouvantable. Celle-là s'appelait Badia.

« Dites-moi », demandai-je tout en escaladant péniblement Badia, « êtes-vous déjà montée sur ces trucs-là ?

— Des dizaines de fois, mon petit amour », me répondit-elle, se perchant élégamment sur la bosse de Fatima. « Au départ, tu auras peut-être un léger mal de mer, mais aucun animal n'est plus facile à monter, et ils sont doux comme des agneaux. » Puis, se tournant vers Ito, elle ajouta : « Tu nous suivras avec le pique-nique. » Sur quoi elle donna un petit coup de cravache à Fatima, et nous nous éloignâmes, roulant et tanguant, sur la piste sablonneuse et désertique, Ito ricanant dans la voiture, derrière nous.

« N'est-ce pas divin, mon chéri ! » s'exclama Tante Mame par-dessus son épaule. « J'ai tout à fait l'impression d'être Cléopâtre. Et je ne vois pas de nom plus approprié pour ce merveilleux animal que "vaisseau du désert".

— Non, moi non plus », répondis-je, le cœur au bord des lèvres. « J'aurais dû prendre de la Dramamine.

— C'est absurde, mon petit amour. À Rome...

— J'aimerais *assez* être à Rome, en effet.

— Oh, ne sois donc pas si rabat-joie, Patrick. Ne trouves-tu pas que le désert est splendide ?

— Pas particulièrement, répondis-je, me demandant sérieusement si j'allais vomir.

— Nous allons continuer jusqu'à ce que nous trouvions une délicieuse oasis, et nous déjeunerons. Ito nous suit-il toujours ? »

Je me retournai et adressai un sourire blême à Ito. Celui-ci riait si fort qu'il avait peine à conduire. Il voulut me faire un signe. Erreur fatale. Son coude heurta malencontreusement le klaxon, qui émit un son bref, brutal et discordant. Les deux chameaux s'arrêtèrent net, puis bondirent, d'un seul coup. Je fus projeté en arrière et Ito écrasa le frein juste avant de m'aplatir. Le temps que je me relève, je vis Tante Mame et Fatima franchir le sommet d'une dune, au loin. « Stop ! » hurlait Tante Mame. « *Hom'd el Allah !* » — ce qui, je crois, signifie « Fils d'Allah », et doit être l'équivalent musulman de « Nom de Dieu ! ». Fatima, de toute évidence outrée, redoubla de vitesse, et disparut.

« Suis-la ! » criai-je à Ito, bondissant à ses côtés. Terrifié, il écrasa l'accélérateur. La lourde limousine noire fit une embardée, dérapa et quitta la piste. Au bout de quinze mètres environ, la Rolls était ensablée. Gagné par l'esprit d'indépendance dont faisait preuve Fatima, mon chameau fila droit dans la direction opposée.

Donc, nous étions là, seuls, perdus dans le désert, dans le sable jusqu'au marchepied. Le temps que je grimpe sur le toit de la voiture pour tenter d'apercevoir Tante Mame et Fatima, les voiles orange flottant au vent n'étaient plus qu'une imperceptible tache mouvante et colorée à l'horizon.

Pendant quarante-huit heures, une centaine de guides, la patrouille du désert et un petit avion les recherchèrent. On découvrit Tante Mame, deux jours plus tard, à mi-chemin de Memphis, et souffrant d'insolation. Quant à Fatima, on ne devait jamais la revoir.

Pendant une semaine, Tante Mame languit à l'hôpital, planant — ce sont ses propres termes — entre la vie et la mort. Son médecin, pour sa part, déclara qu'elle était en parfaite santé, et qu'elle avait en outre acquis un bronzage superbe. Tout ce qu'il lui fallait, c'était quelques semaines de repos dans un climat salubre. Joignant le geste à la parole, il alla jusqu'à lui prêter sa villa dans les montagnes du Liban.

Mis à part son nez qui pelait toujours, Tante Mame offrait l'image même de l'élégante déréliction, tandis que la Rolls filait vers la Syrie, longeant les côtes de Palestine. À Tel-Aviv, elle trouva la force d'avaler deux crêpes au fromage et une bière glacée. Sur quoi elle ne cessa de gémir — et rota une fois — jusqu'au Liban. En passant à Tyr, elle jeta un regard épuisé par la fenêtre et soupira : « Voilà, nos fastes d'antan sont morts avec Ninive et Tyr » (Kipling, je crois), avant de retomber sur les coussins. Tyr n'offrait guère d'intérêt. Sidon se révélant plus stimulant, Tante Mame s'autorisa une cigarette, pour voir. À Beyrouth, elle réclama sa trousse à maquillage, et quelques bijoux très sobres.

Le temps que Ito se perde trois fois dans Beyrouth, avant de se diriger enfin vers le pied des collines, Tante Mame avait recouvré son énergie. « Ah, l'air de la montagne... » fit-elle, prenant une grande et salubre gorgée à sa flasque de cognac. « Les cèdres du Liban ! Comment s'appelle cet endroit où le médecin m'envoie, mon chéri ?

— La ville s'appelle Shufti. Elle est située au sommet des collines, non loin de Sofar.

— Ah, la vie simple, dans une petite maison de pisé ! Le pain et le fromage partagés avec les chevriers... Aimerais-tu que je t'offre un burnous, mon chéri ?

— Je crains que ce ne soit un peu plus sophistiqué, Tante Mame. Le médecin a parlé d'un lieu de villégiature, avec un country-club et un grand hôtel. »

Shufti était la prochaine halte dans les montagnes ; quant à la villa du médecin, elle se révéla être une adorable copie du Petit Trianon, juste en face du club. Derrière s'étendait un charmant jardin clos de murs. La villa située à droite était une énorme construction dans le goût mauresque, et celle de gauche, plus petite, plus fidèle à l'architecture traditionnelle du Liban, était vaguement décrépite. Un panneau, devant la maison mauresque, annonçait, en lettres gothiques : « Villa Mont d'Or », tandis qu'une simple plaque de cuivre, sur la barrière de l'autre villa, nous apprenait qu'elle appartenait à « Mr. and Mrs. Humphrey R. Cantwell ». Tandis que j'aidais Tante Mame à descendre de voiture, je remarquai des regards qui nous épiaient, derrière les stores des deux maisons.

Le lendemain, Tante Mame, confortablement installée sur une chaise longue, et s'avérant enfin capable de prendre quelque nourriture — un gin-fizz très léger —, je partis explorer Shufti. L'unique rue, assez sordide, dans le style arabe, proposait deux cafés, une ou deux blanchisseries, un bazar, et un cinéma Roxy où passait *Forty-Second Street*, avec Dick Powell et Ruby Keeler, et en première partie un épisode de *Tarzan*. Mais, ah, la *banlieue** de Shufti ! Charmant village des montagnes, entre Beyrouth et Damas, celui-ci avait drainé nombre de riches Libanais, Syriens, Égyptiens et Turcs, mais aussi des familles de dignitaires français et une poignée de Grecs, Américains et Anglais fortunés, dont les maisons de vacances évoquaient le Royal Pavilion de Brighton. Shufti, avec son opulence, son architecture des Mille et Une Nuits, son stock illimité de domestiques quasiment gratuits, était le genre d'endroit qui vous donnait envie — à première vue — de vous y poser pour l'éternité, dans une béatitude végétative. Mais au *deuxième* coup d'œil, et après quelques après-midi passés à l'European Union Club, vous commenciez à vous rendre compte que c'était le suicide assuré, au bout d'une semaine d'ennui intolérable au milieu d'une société futile et sotte, mortellement provinciale.

L'European Union Club illustrait parfaitement l'obsession maniaque qu'avaient les coloniaux français et anglais de recréer un petit coin de pays natal dans ces terres lointaines, et le fiasco qui s'ensuivait. Ancienne résidence estivale d'un riche marchand de Damas, le club était un vaste pavillon aéré, frais, à l'ornementation délicate, situé dans la partie la plus magnifique des montagnes du Liban. Mais il n'avait guère fallu de temps aux Européens pour le défigurer, en lui donnant les pires aspects de Liverpool et de Toulouse. Certaines pièces évoquaient une publicité pour le Chivas Regal. Le chintz y régnait en maître, agrémenté de têtières et d'abominables lampes françaises en forme de fleurs. Le fumoir valait le coup d'œil, avec ses lambris peints, ses têtes d'animaux couvertes de poussière — animaux massacrés par les membres du club les plus sportifs. Dans la salle à manger, la France avait pris un net avantage. Les tables étaient parées de pots de cure-dents, de salières douteuses, de ronds de serviette et de funèbres bouquets de fleurs en perles, dans un pays où les corolles les plus exotiques s'épanouissent comme mauvaise herbe. Les murs étaient tapissés de velours moutarde, et les rideaux les plus rêches qu'on ait jamais vus — brocart sur soie, soie sur dentelle sale, dentelle sale sur macramé — anéantissaient définitivement toute lumière et toute idée du somptueux jardin qui prospérait juste derrière. La nourriture était anglaise. La Grande-Bretagne avait également pris possession de la salle de billard, avec sa bûche électrique rougeoyant sourdement dans une fausse cheminée, ses reproductions représentant Tottenham Court Road, et ses inévitables gravures de chasse (bien que les Français eussent saboté cette dernière offensive en les accrochant trop haut). Et dans le bar, notre bonne vieille Amérique s'était imposée, sous la forme d'un juke-box hideux, qui gargouillait et changeait de couleur, et d'un distributeur de cigarettes.

Le hall d'entrée était demeuré presque intact, mis à part un panneau de feutrine verte hérissé d'annonces. La plupart des avis destinés aux membres étaient rédigés en français et en anglais, mais nombre de messages plus personnels montraient assez clairement les deux factions qui divisaient le club. On pouvait lire, par exemple :

Quiconque trouverait une broche de grenat serait assez aimable pour la faire parvenir à lady Belcher. Grande valeur sentimentale.

Thé dansant, le samedi 19, à 17 heures.

Achmed Malouf et son orchestre « swing »
du Kit-Kat Club (Beyrouth).
50 piastres.*

Certains de nos jeunes membres ont utilisé
la Salle de Bridge comme lieu de rassemblement,
oubliant que certains d'entre nous tentaient *de jouer au bridge ; ils ont parlé à voix haute, ri et gloussé, etc.*
Ces débordements doivent cesser immédiatement.
Mrs. Humphrey Cantwell.

En bas, quelque francophone irrespectueux avait ajouté « *Merde** » au crayon.

Tombola, chaque mercredi — 20 heures.
Tombola, chaque mercredi — 20 heures.*

Les membres désireux de former une troupe théâtrale
pour présenter des pièces de Noël Coward
sont priés de contacter Mme Mont d'Or
— le matin après *dix heures.*
Sari Mont d'Or.

L'écriture était si sophistiquée que j'eus peine à déchiffrer ce dernier message.

Toute personne désireuse de nous accompagner,
Mr. Cantwell et moi-même,
pour la visite des ruines de Palmyre,
vendredi en quinze,
sera la bienvenue,
en échange d'une participation aux frais d'essence.
Mrs. Humphrey Cantwell.

Une autre main irrévérencieuse avait ajouté : « *Et toi, tu ressembles aux ruines d'Herculanum.* »

Tournoi de Tennis junior — Doubles mixtes.
Seymour Mont d'Or, capitaine messieurs.

Lucia Cantwell, capitaine dames.
Prière de signer ici.

Certains membres du club sont apparus à la piscine
dans des tenues indécentes.
Il convient de rappeler que l'European Union Club
est une association familiale.
Mrs. Humphrey Cantwell.

Cette fois, le graffiti qui suivait la signature de Mrs. Cantwell avait été soigneusement gratté.

Les membres désireux d'apprendre
les dernières *danses sud-américaines peuvent*
prendre contact avec Mme Mont d'Or,
le matin, après *dix heures.*
Sari Mont d'Or.

C'était encore l'écriture maniérée et tordue de Mme Mont d'Or — boucles chichiteuses, énormes cercles en guise de point sur les i, t balafrés en diagonale. Le papier était vert pâle, et chaque annonce ornée d'un énorme écusson.

Au vu du panneau d'affichage, il était clair que *mesdames** Cantwell et Mont d'Or faisaient la pluie et le beau temps au club.

Un domestique coiffé d'un fez me conduisit jusqu'aux vestiaires des messieurs, où un autre domestique m'aida à me déshabiller et à passer mon caleçon de bain. J'aurais pu le faire moi-même, mais le club semblait compter plus de serviteurs que de membres. Tandis que je me demandais si mon short était assez ample pour supporter l'inspection de Mrs. Cantwell, un jeune homme apparut, sortant des douches, fredonnant *I Get a Kick out of You* d'une mélodieuse voix de baryton, sur quoi *deux* domestiques commencèrent de l'essuyer. Puis il m'aperçut et me tendit la main. « Salut », fit-il avec un pur accent américain. « Je m'appelle Seymour, mais tout le monde m'appelle Sammy.

— Bonjour. Moi, c'est...

— Je sais. Nous sommes voisins. Ne vous en faites pas, dès que quelqu'un de nouveau débarque à Shufti, toute la ville est aussitôt au courant. »

Il était hâlé, bien bâti, et devait avoir une vingtaine d'années.

Bavardant aimablement de tout et de rien, nous traversâmes le jardin exubérant jusqu'à la grande piscine circulaire de mosaïque. Nous étions seuls, à part quelques douzaines de domestiques en chemise de nuit blanche et fez rouge. Cinquante tentes vides claquaient mollement dans la brise languide de la montagne. La piscine, alimentée par une source, était fraîche et claire. Sammy — ou Seymour — plongea le premier, fendant la surface de l'eau d'une longue brasse élégante. Mais il en sortit plus vite encore, comme nous rejoignait une jolie fille blonde vêtue d'un maillot de nylon blanc.

« Je vous présente Lucia Cantwell », dit-il, presque d'un ton de propriétaire, la caressant du regard. Mon Dieu, je ne pouvais le blâmer. Elle était superbe. Américaine, elle aussi, et âgée de dix-huit ans environ.

« Je suis vraiment ravie de vous rencontrer », me dit Lucia d'une voix douce. « Nous habitons juste à côté de chez vous. Mère a passé des heures à la fenêtre pour guetter votre arrivée. Je pense qu'elle va rendre visite à votre tante cet après-midi même. Et bien sûr, elle tient à vous avoir tous les deux à ses Jeudis. »

Tout en répondant « Ce Sera Avec Plaisir », ou quelque autre inanité sociale, je remarquai que Lucia avait machinalement posé la main sur la large poitrine de Sammy, en un geste tout à fait inconscient qui, pour moi du moins, recelait un trésor de signification. Le regard qu'il lui lança suggérait sans ambiguïté qu'il aurait préféré être sous l'eau, avec elle, plutôt que sur la terre ferme, à bavarder niaisement avec moi. Lucia dut s'en rendre compte. « Allez ! » s'écria-t-elle, « le dernier dans l'eau est président du club ! »

Sur quoi nous folâtrâmes comme des dauphins pendant je ne sais combien de temps, tandis que les gens commençaient d'affluer autour de la piscine — même si personne ne paraissait vouloir se mouiller. Ils se contentaient de demeurer assis devant leur tente, claquant des mains de temps à autre pour qu'un domestique leur apporte un citron pressé ou un panaché. À Shufti, rester assis était quasiment un métier.

Mais, à l'instant où Sammy grimpait au plongeoir pour nous montrer son saut-de-carpe, une femme sinistre se leva et se dirigea d'un pas ferme vers la piscine. « Lucia ! Looouuu-sshhhaaaa ! Mère voudrait te parler, ma chérie.

— Oh ! » fit Lucia, rougissant légèrement. « Là, nous n'y coupons pas. J'aimerais bien que vous m'accompagniez, Patrick. S'il vous plaît. »

« Et maintenant, voici le célèbre... » cria Sammy, en haut du plongeoir. Mais les paroles moururent sur ses lèvres quand il vit Lucia s'éloigner vers la tente des Cantwell.

« Mère », commença Lucia, me poussant entre les griffes du vieux dragon, « je vous présente notre nouveau voisin, Patrick Dennis.

— Encccchhhantée », dit Mrs. Cantwell, très « Madame la Présidente ». Elle eut un sourire de requin. « J'ai fait porter nos cartes à votre tante, ce matin même. » Nouvel étalage de crocs. « C'est une Burnside de Géorgie, n'est-ce pas ? Très vieille famille. »

Mrs. Cantwell — elle se prénommait Lucy, bien qu'on ne l'imaginât guère posséder une chose aussi intime qu'un prénom — était une matrone américaine d'âge incertain, grande et sèche, dotée d'un postérieur saillant, et affublée, non sans orgueil, d'une robe d'été ringarde à imprimé de fleurs, qui hurlait littéralement Lane Bryant, d'un panama légèrement avachi et de souliers blancs à lacets d'infirmière.

« Assssseyez-vous, je vous en prie. » De nouveau, le sourire cannibale. « Lucia, ma chérie, veux-tu courir au foyer pour chercher l'écharpe de Mère. » J'eus l'intuition fulgurante que ladite écharpe serait en batik. « Quel charmant costume de bain ! », me dit Mrs. Cantwell. « Et si décent. Contrairement à ceux que portent Certaines Personnes », ajouta-t-elle avec un coup d'œil éloquent sur le caleçon de Sammy, un peu plus court que le mien. « J'espère que vous donnerez le Bon Exemple à... hum... Certaines Gens qui n'ont pas eu les... hum... mêmes Avantages que Nous. »

Je ne voyais pas trop où elle voulait en venir, mais décidai instantanément de raccourcir tous mes maillots de bain d'au moins cinq centimètres. Je songeais même à m'incruster un gros strass dans le nombril quand je m'aperçus que Mrs. Cantwell me fixait d'un regard d'acier. « Puisque vous êtes nouveau au club, je pense qu'il est de mon devoir de vous prévenir contre... hum... Certaines Personnes à Éviter. Par exemple, je n'ai pu m'empêcher de remarquer que vous frayiez avec... disons... un de nos Membres les plus Indésirables. Or, vous m'avez l'air d'être un jeune homme fort intelligent et très bien éduqué, et, n'est-ce pas, “Un homme averti...” »

Je n'avais pas la moindre idée de ce dont la vieille bique voulait parler, les seules personnes que j'eusse rencontrées jusqu'alors étant Sammy et sa propre fille.

« Bien sûr, ma Lucia est Très Démocratique. Notre Statut ici l'exige, vous comprenez bien. Mais mieux vaut ne pas trop se mêler au Mauvais Milieu. Et quand je vous ai vu être si Bons Amis, avec... » De nouveau, le regard oblique en direction de la piscine.

« Je suis navré, mais je ne connais même pas son nom, dis-je.

— Je pensais bien que vous ne vous seriez jamais permis une telle Intimité... » Puis elle baissa le ton. « Il s'appelle Seymour Mont d'Or.

— Ah oui ? fis-je d'une voix absente.

— Parlez-vous français ?

— Assez bien.

— Alors, vous n'avez qu'à traduire, jeune homme.

— Mont d'Or. La montagne d'or, oui, fis-je, absolument perplexe.

— Et allemand ? » Elle fit une pause théâtrale. « *Goldberg* », chuinta-t-elle d'une voix abominable.

Ma mâchoire se décrocha.

« Je savais que vous seriez horrifié », reprit-elle avec un atroce sourire en V. J'étais horrifié, certes. « Et à présent, n'en parlons plus, n'est-ce pas ? Voici Lucia avec mon écharpe. » L'écharpe était en batik.

Sur quoi Mrs. Cantwell commença de prendre ses renseignements. À sa manière vipérine, avec mille détours, elle parvint à découvrir où vivait Tante Mame, quel était son nom de jeune fille, de quel milieu elle était issue, quelle école j'avais fréquentée, dans quelle université j'allais entrer, le nom de mes amis en Amérique, et *leur* milieu social. Rétrospectivement, je pense que Mrs. Cantwell n'était ni très habile ni très subtile dans ses questions, mais jamais encore je n'avais été confronté à cette manière de faire. À mi-chemin de l'interrogatoire, me rendant cependant compte de ce qui se passait, je fus pris de l'envie irrépressible de faire ce que Tante Mame aurait fait en pareil cas — lui raconter une tonne de mensonges extravagants qui l'auraient pour toujours laissée sans voix : « Le nom de jeune fille de Tante Mame est en fait Bourbon, je suis le fils morganatique de François-Joseph, nous vivons au Taj Mahal, et je ne suis autorisé à jouer qu'avec des princes du sang et l'eunuque de ma tante. » Ou bien, autre version : « Ma tante dirige une maison close à Paduka, mon père était l'indic d'Al Capone, et mon grand-père revendait des marchandises volées dans l'arrière-boutique de sa charcuterie casher de Jersey City. » Hélas, j'étais trop honnête, et il était trop tard. À mon grand dam, je me vis étiqueté comme gentil garçon, et garçon *gentil*.

Rassurée quant à notre statut de Gens Bien, Mrs. Cantwell se lança alors dans un interminable monologue, lequel m'offrit un aperçu exhaustif sur son *curriculum vitae*, sa généalogie, ses relations aux États-Unis, et ses amis dans le monde entier. « Je suis née Lathrop, de Lowell... mon père, l'évêque de... lorsque Mr. Cantwell était à Harvard... si difficile ici, en Orient, pour les Débuts de Lucia... mes cousins les Morris Redfield... mon frère Sturgis, célèbre pour son amour des animaux... les Dames de Plymouth Rock... les Descendants du *Mayflower*... Mr. Cantwell est tellement passionné par l'archéologie... il faut vraiment faire attention à ses fréquentations, ici... ma robe de débutante, une création de Worth... Mais Mr. Cantwell *préfère* diriger son école de garçons — pas pour l'argent, bien sûr, c'est un passe-temps, pour lui... les adorables, adorables opales de ma grand-mère... » Lucia, l'air gêné, jetait de temps à autre un regard vers la piscine, où Sammy Mont d'Or pataugeait, l'air déprimé, en compagnie de deux Françaises parfaitement quelconques. J'étais gêné pour Lucia, et furieux de m'être fait harponner par cette gorgone.

Je fus également frappé par son farouche sens de la propriété. Il n'était question que de « Mes jeudis, Mon panorama, Ma montagne, les gens de Mon monde, Ma petite couturière indigène (donc, ce n'était *pas* Lane Bryant, finalement), Ma société de bienfaisance, Ma pharmacie, Mon excellent petit médecin français ». Il semblait que toute chose commune dût être sublimée par la grâce de l'acquisition, de la clientèle ou de la proximité de Mrs. Cantwell. Tandis qu'elle continuait de pérorer, ponctuant chaque trait d'esprit d'un sourire suffisant autant que mécanique, d'un geste minaudier, d'un petit rire entendu ou d'une *moue**, je m'aperçus que Lucia regardait de plus en plus souvent dans la direction de Seymour Mont d'Or, avec une tristesse croissante. Je me demandai vaguement s'ils couchaient ensemble, avant de décider que Mrs. Cantwell ne laisserait jamais sa malheureuse fille échapper à sa surveillance plus de quelques secondes, le temps d'une brève poignée de main.

« Bien sûr, Mr. Cantwell n'accepte que très peu d'élèves, et triés sur le volet. » Mrs. Cantwell s'était lancée dans un discours fastidieux sur l'école que son mari gérait à Beyrouth — école devant laquelle, à l'en croire, Eton et Harrow faisaient figure de Centre pour Jeunes Délinquants du père Flanagan. « Il prend quelques enfants de dignitaires français, mais *non* catholiques, et en aucun cas... »

Comme sur un signal de trompettes silencieuses, toutes les têtes se tournèrent soudain vers l'entrée de la piscine, et je vis apparaître, en chair et en os, la Reine de Saba. Grande et mince, un port superbe, mesurant environ deux mètres quinze en comptant les sandales de corde à semelle compensée et le turban de soie écarlate. Elle avait agrémenté son maillot de damas argenté de divers bijoux de rubis qui tous, de manière assez effrayante, paraissaient vrais. « Hou ! hou ! » fit-elle avec un grand geste destiné à la piscine en général. « *Ça va, chérie ! Bonjour, mon capitaine* ! Bonjour, lady Belcher ! Seymour, chéri**, apporte un coussin à *maman**. Merci, mon amour ! »

« Mais qui...

— Eh bien, *voici* Mrs... hum... Mont d'Or », dit Mrs. Cantwell, me jetant un regard lourd de sens.

J'observai Mrs. Mont d'Or s'installer confortablement sur un coussin, claquer des mains pour commander *un petit café noir**, et ouvrir un numéro de *Vogue* — édition de Paris —, ses rubis et diamants scintillant au soleil de façon menaçante.

« L'invasion levantine, fit Mrs. Cantwell, les lèvres pincées.

— Mère, je vous en prie... commença Lucia.

— Viens, Lucia », déclara Mrs. Cantwell, se dressant avec hauteur. « Je suggère que nous emmenions ce jeune homme à la maison, pour le thé.

— Je... Je ne peux pas, merci infiniment », dis-je, prêt à tout pour échapper à cette épouvantable vieille toupie. « Ma tante ne se sent pas très bien. Je lui ai promis de rentrer tôt, et je suis déjà en retard. Je vous prie de m'excuser. »

Lorsque j'arrivai à la maison, Tante Mame venait tout juste d'achever sa petite sieste. Sur le plateau, dans l'entrée, je vis quantité de cartes de visite, et deux grandes enveloppes vert pâle ornées d'un écusson. Les cartes étaient celles de « Mrs. Humphrey Cantwell », « Miss Lucia Cantwell », « Mr. Humphrey Cantwell », et « Mr. Humphrey Cantwell » de nouveau, cette dernière pour moi, je suppose.

« Tenez, Tante Mame », dis-je, les lui tendant. « Vous avez reçu des cartes de visite.

— Des cartes ? Grands dieux, mais c'est un flush royal. On se croirait à Buffalo dans les années quatre-vingt-dix. Je suis surprise qu'elle n'ait pas corné ses cartes ou quelque chose comme ça. Qui est cette bonne femme, au juste ? »

Je commençai de le lui dire, mais déjà elle ouvrait une des grandes enveloppes vertes que je savais être celles de Mrs. Mont d'Or. « Oh, mes enfants », fit-elle, lisant à voix haute : « *Monsieur et Madame H. Jules Mont d'Or vous prient d'assister à dîner ce soir à huit heures. Le smoking*. »

— *Le smoking** ? » répétai-je. « Qu'est-ce que ça veut dire, on va s'asseoir en rond et faire tourner un joint ?

— Non, mon petit amour », répondit Tante Mame en riant, « c'est une de ces affectations pseudo-anglaises des Français. Cela veut dire qu'il faut s'habiller pour dîner, tout simplement. Mais pfffuuu, mon chéri, il va falloir raconter des fadaises en français, toute la soirée. Et je ne suis pas certaine d'être encore assez vaillante pour cela.

— Non, je ne pense pas que ce soit le cas. Ils sont américains. J'ai rencontré le fils, aujourd'hui. Garçon très sympathique.

— Eh bien, allons-y, nous verrons bien. Je pense pouvoir supporter deux ou trois cocktails et un vrai repas. » Puis, se tournant vers Ito, elle ajouta : « Tu vas courir chez les voisins pour leur porter un mot. Voyons... "*Madame Burnside*"... comment diable dit-on... "est heureuse d'accepter" ? »

À huit heures pile, j'étais en tenue de soirée et attendais Tante Mame. Celle-ci apparut vêtue d'une robe de dîner de coton, sans le moindre bijou, hormis son alliance et le bracelet coincé au-dessus de son coude. « Bien, allons-y, mon petit amour.

— Pensez-vous être assez... enfin, assez *habillée*, Tante Mame ? Vous n'aviez pas l'intention de porter quelques bijoux ?

— Ne sois pas ridicule, Patrick. Tu ne connais rien à la *haute couture**. Nous sommes dans une petite ville de villégiature, toute simple, perdue dans les montagnes, et je ne tiens pas à paraître décalée. Je suis certaine que ces Mount Kiscos, ou je ne sais quoi, sont des gens très modestes et très charmants, qui vont nous recevoir en toute simplicité, à la fortune du...

— Très bien, très bien. Allons-y. »

Je ne sais pas exactement quel effet Mrs. Mont d'Or avait recherché, mais l'intérieur de son palais mauresque évoquait exactement le hall de l'hôtel Alhambra, de la chaîne Lœw. Nous fûmes introduits par deux immenses domestiques berbères, que je m'attendais presque à voir se dévêtir et, seulement ceints d'un pagne de chiffons, frapper un immense gong pour annoncer notre arrivée. Tante Mame ouvrit de grands yeux devant la hideuse somptuosité du hall, mais ils faillirent lui jaillir de la tête quand elle découvrit Mrs. Mont d'Or, couverte de lamé or et de diamants. En un geste aveugle, instinctif, Tante Mame porta la main à son énorme émeraude brute, se souvenant trop tard qu'elle l'avait laissée à la maison, dans son coffret.

Avec un maximum d'*enchantée** et d'*après vous**, nous pénétrâmes dans le grand *salon** qui, lui, ressemblait au sérail de quelque sultan, mis à part d'énormes bois de cerf présentés dans une vitrine Chippendale. Là, parmi les orchidées et les domestiques, se tenaient Sammy, H. Jules Mont d'Or, et une véritable Mlle de Chimay, vraie jeune fille française, charmante quoiqu'un peu terne et qui, ainsi que Mrs. Mont d'Or le confia à Tante Mame, ferait une belle-fille tout à fait convenable — « *bien élevée** » et pourvue d'une « *dot** ».

Je dois dire que H. Jules paraissait un étrange compagnon, pour Mrs. Mont d'Or. C'était un petit homme rondouillard et affable, au crâne chauve et rose, aux grands yeux humides empreints de tristesse. Il ne parlait guère et, quand il lui arrivait de dire quelque chose, il semblait toujours se demander si ses propos n'allaient pas déplaire à son épouse. Il avait revêtu un spencer de lamé or, pour aller avec la robe de sa femme, je suppose. Seymour-Sammy, lui, arborait une veste de soirée bleu layette qui faisait admirablement ressortir son bronzage, mais lui causait un embarras pénible à voir. Il était clair que Mrs. Mont d'Or savait, mieux que ses hommes, ce que ceux-ci devaient porter.

Après le champagne (français) et le caviar (russe), nous nous mîmes en route vers la salle à manger — une véritable expédition —, laquelle avait à peu près les dimensions de Madison Square Garden, et paraissait se tordre de douleur sous un accablement de mosaïques, colonnes torses et dentelles de stuc. Un serviteur indigène se dressait derrière chaque chaise. Au cours du dîner, la conversation fut menée en anglais, car Mlle de Chimay le parlait couramment — et heureusement pour chacun, surtout pour Mrs. Mont d'Or, qui bavarda sans fin, parlant des vêtements qu'elle faisait venir de Paris par avion, de ses bijoux, du chef qu'elle avait volé au restaurant Larue, de son portrait par Marie Laurencin, de la Citroën blanche (« *pour le sport** ») qu'elle faisait carrosser spécialement, et de la nouvelle décoration de sa résidence d'hiver, à Damas — en un mot, d'elle-même. Je la trouvais presque aussi fatigante que Mrs. Cantwell, à sa manière tapageuse, mais elle finit par emmener les dames dans ce qu'elle appelait « *l'impératrice Salon** », me laissant, épuisé, avec Seymour et H. Jules.

Une impressionnante parade de domestiques apporta les liqueurs, ainsi qu'un flacon de tonic au céleri du Dr Brown, pour H. Jules. Pour la première fois de la soirée, H. Jules Mont d'Or articula une phrase complète, puis une autre : « Excusez-moi, si je ne bois pas d'alcool avec vous, les garçons. Je me fais envoyer ça de New York.

— Pas de problème, papa », dit Seymour, « si tu aimes ça, vas-y.

— À votre santé, dis-je, tendant mon verre de cognac dans la direction de H. Jules.

— New York », répéta celui-ci, me fixant d'un regard sombre, liquide. « Dites-moi, à quoi ressemble New York ?

— New York ? Mon Dieu, c'est tout un programme... La population s'élève à...

— Non, non, mon garçon. Je sais tout ça. Je suis né à New York. J'ai même failli venir au monde sur Ellis Island. Mais cela fait dix ans que je n'y suis plus retourné. » Il baissa les yeux sur son tonic au céleri, avec un sourire pensif et triste. « Oui, c'était le bon temps, on avait un petit appartement sur Mosholu Parkway. Évidemment, quand les affaires ont commencé à marcher, Sadie a voulu s'installer à Central Park West. Et même là-bas, c'était sympathique — on avait une jolie vue, on n'était pas loin du métro, et à deux pas du lycée Columbia, pour le petit... Oui, un pays merveilleux... Vous connaissez Pollack's, dans Delancey Street ? À chaque fois que je bois un verre de tonic au céleri, je pense au pastrami de Pollack's. Parfois, je rêve d'immenses plats de pastrami bien chaud. Et les bains du Luxor — tous les vendredis, je prenais un bain russe. J'allais jusqu'à cinq seaux d'eau glacée ! Non, New York est une ville sensationnelle. Dans quel autre endroit peut-on partir de rien — bien sûr, Sadie vient d'un milieu cultivé, elle a un frère médecin et un frère avocat —, et devenir un homme riche ?

— Mais, Mr. Mont d'Or », m'enquis-je, « comment avez-vous fait pour vous retrouver dans, euh, dans la Ligue arabe ?

— C'est à cause de la soie. À la maison, j'étais dans les déguisements. Et puis, le frère de Sadie — l'avocat — a déniché cette fabrique de soierie, à Damas. Excellente qualité, main-d'œuvre bon marché, pas de syndicat... Et voilà. Sadie se plaît, ici. Tous les ans, nous allons à Paris, à Milan, en Italie... enfin, tous les endroits qu'elle aime. Mais jamais chez nous. Et maintenant, je m'occupe un peu de laine, de parfums, de fil d'or, de garnitures diverses, et un petit peu de pétrole. Je n'ai pas à me plaindre, mais quand je pense à New York, et à un grand plat de pastrami bien chaud...

— Yooouuuuhooouuu ! » fit la voix stridente de Mrs. Mont d'Or. « *J'attends* !* »

« Jamais, jamais de ma vie ! » s'exclama Tante Mame quand nous fûmes rentrés à la maison. « Jamais je n'aurais pensé qu'il pouvait exister des gens comme Sari Mont d'Or !

— Cela prouve simplement le mal que peut faire un abonnement chez Berlitz.

— Oh, Patrick, je suis si malheureuse pour son pauvre mari, un homme si gentil... Il me fait penser à mon ostéopathe. Quant à leur fils, c'est un amour. Mais de toutes les femmes les plus creuses, les plus prétentieuses, les plus avides de pouvoir que j'aie jamais connues...

— Attendez demain.

— Que se passe-t-il demain, mon chéri ?

— Demain, c'est le Jeudi de Mrs. Cantwell. »

La Maison Cantwell se révéla pire encore, si possible, que la Villa Mont d'Or. Tandis que Mrs. Mont d'Or se vautrait dans l'ostentation orientale, Mrs. Cantwell avait farouchement ignoré l'architecture locale pour faire de sa maison une honnête demeure de Lowell, Massachusetts. L'entreprise était désespérée. Les causeuses rembourrées de crin et les chaises Chippendale se dissimulaient honteusement parmi les mosaïques et les portes cintrées, des rideaux de ruché garnissaient les fenêtres en trou de serrure, et les murs étaient généreusement parsemés de broderies sur canevas, de marines et de sinistres portraits d'ancêtres qui tous semblaient avoir de sérieux problèmes intestinaux. Sur une petite table en croûte de pâté était posé d'une main négligente, quoique bien en évidence, un Bottin Mondain de Boston — datant de plusieurs années —, lequel s'ouvrait brusquement à la page où figuraient les Cantwell, comme mû par un mécanisme secret. Non sans amusement, je vis Tante Mame reposer calmement le registre à l'envers, sur quoi Mrs. Cantwell le retourna instantanément.

Vexée d'avoir été habillée trop simplement la veille au soir, chez les Mont d'Or, Tante Mame s'était creusé la cervelle pour trouver la Bonne Nuance, ce qui donnait : long fourreau noir, immense capeline noire, longs gants noirs, et toutes ses perles. Une fois encore, elle était À Côté. Face aux amis mal fagotés de Mrs. Cantwell — vêtue d'une tenue de pongée rehaussée par les « adorables, adorables opales de grand-mère », et visiblement désapprobatrice —, on aurait cru voir débarquer, à l'heure du thé, Mata-Hari. Quant aux opales, elles pâlirent encore, par comparaison.

Donc, le cercle de Mrs. Cantwell — cercle dont elle était de toute évidence le *Führer* absolu — se composait d'Anglais et d'Américains particulièrement ternes, d'âge, de classe et de revenu également moyens. Il y avait un vieux pasteur à demi gâteux, un archéologue en retraite, deux ingénieurs américains avec leurs femmes enceintes, une veuve de l'île de Wight, un grêle jeune homme de Philadelphie, qui enseignait l'anglais à l'Université américaine de Beyrouth, une vieille fille dentue qui s'évertuait à convertir les derniers musulmans au calvinisme, un jeune New-Yorkais coincé, affligé d'une pomme de terre chaude dans la bouche et d'un nom du genre Chauncey Lawrence Whitney Brooks, ou Lawrence Chauncey Brooks Whitney, ou Whitney Brooks Chauncey Lawrence — enfin, une de ces extravagantes successions de patronymes que l'on ne parvient jamais à énoncer dans le bon ordre, encore que tout le monde s'en fiche. Il était quelque chose comme troisième assistant stagiaire au sous-secrétariat de l'ambassade américaine à Damas, et fournissait à Mrs. Cantwell prétexte à répéter qu'elle fréquentait les « milieux diplomatiques ». Quoi qu'il en fût, elle le jetait pratiquement de force dans les bras de cette pauvre Lucia.

Tout l'après-midi, des gens aussi banals que quelconques ne cessèrent d'affluer et de partir. Leur seul point commun semblait être la langue anglaise, et le fait qu'ils étaient assez perdus pour supporter la tyrannie de Mrs. Cantwell en échange d'une tasse de Lipton's et d'un peu de compagnie. Et Dieu sait quelle hôtesse despotique elle se révélait ! Aussi médiocre son cercle fût-il, Mrs. Cantwell attribuait à chacun de ses invités un charisme de pacotille qui ne laissait pas d'embarrasser tout le monde. « Je sais que vous mourez d'envie de connaître Mrs. Mayberry », lançait-elle d'une voix de stentor, poussant une malheureuse inconnue dans un groupe d'étrangers. « Elle réalise d'admirables compositions de fleurs séchées. Ce que l'on appelle avoir la main verte ! » « Miss Trout, qui nous vient de Shaker Heights, et possède une merveilleuse voix de soprano. Vous obtiendrez d'elle qu'elle nous chante quelque chose, j'en suis sûre ! » « Mrs. Hewlett, dont la mère était une Hoare... » À chaque nouvelle présentation, la brève notice biographique, le croquis succinct, se faisaient plus dithyrambiques, car tout ce que possédait Mrs. Cantwell — et ses hôtes faisaient naturellement partie de ses biens — se devait d'être exceptionnel, ne fût-ce que par raccroc.

Je notai aussi que, une fois déracinés et déposés dans un endroit où l'on pouvait jouir d'une grande maison, d'une kyrielle de domestiques et de trois solides repas quotidiens pour moins de cent dollars par mois, nombre de mes compatriotes se donnaient des airs qu'ils n'auraient jamais osé afficher à Glendale, Forest Hill ou Oak Park. Oublieux de leurs appartements minuscules, de leurs pavillons de banlieue, ces fonctionnaires expatriés et représentants de commerce prenaient des poses languides, se montrant mondains et bavards, paternalistes avec les autochtones. Eux qui n'avaient jamais eu ne serait-ce qu'une simple femme de ménage, devenaient mordants, acérés, quand ils évoquaient les caprices de leur cuisinière, de leur nurse, de leur jardinier. Mrs. Cantwell ne cessait d'évoquer le « cercle cosmopolite » de ses amis. Qui ne l'étaient guère. Il s'agissait au contraire d'indécrottables provinciaux, malades de peur à l'idée que l'on découvre leur véritable origine, ce qui prouvait sans discussion possible que l'on peut aussi bien être un plouc au Proche-Orient que dans le Midwest. Aucun des Mont d'Or n'avait été invité.

En sachant assez sur Tante Mame pour être intriguée, mais pas assez pour être inquiète, Mrs. Cantwell sentit bien, à l'évidence, qu'elle avait devant elle une lionne. Elle ignorait cependant que cette lionne était *également* une tigresse.

« Chère Mrs. Burnside », fit-elle d'une voix enjouée, avec son sourire de requin, « permettez-moi de vous présenter quelques Amis à Moi. Vous savez que mes Jeudis sont bien connus au Liban, *et* en Syrie.

— *Bien connus*, ma chère ? » fit Tante Mame, avec un sourire de barracuda. « Ils sont *légendaires*, voulez-vous dire — et ce jusqu'en Jordanie.

— M... mon D... Dieu, je... je suppose, en effet. Humphrey, venez donc, je vais vous présenter à cette charmante Mrs. Burnside. Looouuu-ssshhhaaa ! Lucia, ma chère ! Mère te réclame ! »

Mr. Humphrey Cantwell — le Mr. Chips du Proche-Orient — se dirigea vers nous avec la bonne humeur de commande d'un directeur de camp de vacances. Son côté « Donnez-moi-un-garçon-et-j'en-ferai-un-homme » me rappelait mes professeurs de St. Boniface Academy. C'était ce genre de type qui dirige une école privée de deuxième zone non par amour de la jeunesse ou de la pédagogie, mais parce qu'il n'est bon qu'à transmettre à autrui son absence d'éducation. Des termes comme « Excellente Famille », « Vrai Gentleman » et « Véritable Aristocrate » constituaient les pierres de touche de sa conversation. Je l'imaginais dans la salle de réunion, faisant étalage de ses relations poussiéreuses, de son snobisme infatué, de son arbre généalogique rabougri, en guise de qualités humaines, d'intelligence et de force de caractère, accablant des élèves trop éloignés de meilleurs lieux de savoir pour pouvoir faire autre chose que souffrir en silence. Humphrey Cantwell était un vieil imposteur bouffi de suffisance. Mais comparé à son épouse, c'était le Prince Charmant. Je ne pouvais m'empêcher de me demander comment, et pourquoi, une fille aussi adorable que Lucia leur était advenue.

« Et à présent, allez vite rejoindre les gens de Votre Âge », me dit Mrs. Cantwell, comme si elle réglait la circulation à l'entrée de Holland Tunnel. « Mais ne rendez pas Chauncey jaloux. C'est un des prétendants les plus assidus de Lucia. (Sa mère était une Lawrence.) Vous savez bien, ces jeunes diplomates... »

Tante Mame leva les yeux au ciel et reposa sa tasse de thé. Elle semblait prête à lancer un cocktail Molotov pour obtenir un verre.

Lucia parut presque soulagée lorsque j'interrompis son tête-à-tête avec Brooks Whitney Lawrence Chauncey — dans le désordre. « En fait », disait-il avec un accent new-yorkais qui lui descendait jusqu'à l'estomac, « je suis le seul vrai Blanc, à l'ambassade. Les autres ne sont qu'une bande de *New Dealers* ». Puis, me regardant comme si je venais juste de ramper de derrière le radiateur : « Oh, bonjour. Alors, vous avez réussi à me voler Lucia, ce soir, pour le bal du club ?

— Pardon ? fis-je d'une voix atone.

— Mais oui ! » intervint Lucia avec une joie imbécile et un regard désespéré. « Cela fait des *siècles* que Patrick m'a invitée ! *N'est-ce pas*, Patrick ?

— Je croyais qu'il était arrivé hier ? s'enquit la Perle du Parti Républicain.

— Je lui avais fait parvenir l'invitation par chameau-express.

— Oh, vraiment ! » Sur quoi il s'éloigna, fort contrarié, décidé à infliger ses faveurs à quelque autre malheureuse.

« Écoutez, Lucia », dis-je, « je serais ravi de vous emmener au bal, bien sûr, mais évitez de me prendre de court, comme cela. Je ne savais *même pas* qu'il y avait un bal ce soir.

— Oh ! vous n'êtes pas obligé de m'emmener, mais j'aimerais que vous fassiez *semblant* de m'accompagner. C'est-à-dire... Oh, je vous en prie, venez dans le jardin, je vais *essayer* de vous expliquer. »

Nous sortîmes donc dans le jardin qui, malgré les efforts de Mrs. Cantwell pour en faire l'orgueil du Club des Horticulteurs Amateurs du Massachusetts, épanouissait obstinément ses luxuriantes corolles exotiques.

« Bien, quelle est cette histoire ? demandai-je, quand nous eûmes refermé la porte.

— Eh bien, voilà, je suis amoureuse de Sammy Mont d'Or. Nous ne nous voyons que l'été, et chaque été, je l'aime un peu plus. Cela a commencé quand j'avais douze ans, et je ne veux sortir avec aucun autre garçon.

— Dans ce cas, pourquoi Sammy ne vous emmènet-il pas au bal ? Il m'a donné l'impression de vous aimer beaucoup, lui aussi.

— Oh, mais il *m'aime*, Patrick. Il m'écrit de merveilleux poèmes, des lettres d'amour. Mais sa mère, cette horrible femme, ne veut pas que nous nous fréquentions, parce que nous ne sommes pas assez riches. Et même si nous étions aussi riches et aussi vulgaires qu'elle, ma mère ne voudrait pas que nous nous voyions, parce que les Mont d'Or sont juifs, et que Mère est affreusement snob.

— Oui, je... je pense que toutes deux sont plutôt dures, chacune dans son genre », dis-je sans trop me commettre. Les gens peuvent dire des horreurs sur leur propre famille, ville ou pays, mais se retournent généralement contre vous comme des vipères si vous émettez le moindre commentaire dans ce sens.

« Vous n'avez pas besoin d'être poli », dit Lucia. « Mère est plus que dure. Sammy Mont d'Or — il a d'ailleurs l'intention de reprendre son nom de Goldberg dès ses vingt et un ans, c'est-à-dire la semaine prochaine — est le garçon le plus gentil, le plus intelligent, le plus beau du monde, mais Mère en mourrait, si elle apprenait que je suis amoureuse de lui.

— Qu'est-ce que cela aurait de si terrible ? » fis-je.

Lucia continua de tempêter, sans même entendre. « Mère ne sera heureuse que quand elle m'aura jetée dans les bras d'un imbécile comme ce Chauncey qui a un arbre généalogique avec lequel elle pourra barber tout le monde à ses réceptions idiotes. Un type dans le genre de papa — mais en plus riche. Et je préfère me tuer plutôt que d'épouser un homme comme...

— D'accord, d'accord », coupai-je, un peu effrayé par sa violence. « Je vous ai dit que je serais ravi de vous emmener au bal. Que puis-je faire de plus ?

— Vous êtes gentil, Patrick. Si vous vouliez bien vous mettre en tenue de soirée et passer me prendre vers neuf heures, et... » Elle rougit, comme il se devait. « ... et me laisser voir Sammy dans votre jardin, comme je l'ai toujours fait quand la maison de votre tante était inoccupée...

— Vous voulez peut-être entrer, et prendre une des chambres d'amis, suggérai-je.

— Oh non ! Sammy est beaucoup trop délicat pour cela. Je souhaiterais presque qu'il le soit moins, d'ailleurs.

— C'est pourtant une des façons les plus rapides de se marier — et même en dehors de son milieu, si vous voyez ce que je veux dire.

— Looouuussshhhaaa ! » vagit Mrs. Cantwell, à la porte. « Mère te réclame !

— Bien », fis-je d'une voix sonore, avec un large sourire, « à ce soir, Lucia ! Nous allons littéralement trouer la piste de danse. Hé, hé, hé !

— Oh, le bal ? » minauda Mrs. Cantwell. « Comme c'est charmant ! »

« Nom d'un chien, jamais vu ça ! » s'exclama Tante Mame quand, étant enfin parvenus à nous arracher des griffes de Mrs. Cantwell, nous eûmes regagné notre maison. « Qu'est-ce qui nous attend encore, à ton avis ? Hier, la Côte d'Azur casher, aujourd'hui, la Ligue Longfellow des Dames de Lowell ! » rageait-elle, gravissant l'escalier d'un pas féroce. « As-tu *jamais* vu un tel rassemblement de bovins ? Hier, je n'étais, disons, pas assez *habillée* pour la Maharani de Miami, et je me suis dit qu'il fallait absolument que je porte quelque chose d'un peu dynamique, tout cela pour tomber au milieu de ces rampants... C'est tout simplement... Dis-moi, au fait, je n'ai pas vu les Mont d'Or, parmi les joyeux drilles de la mère Cantwell.

— Il y avait peu de chances », dis-je. « Ce sont les Montaigu et les Capulet du coin. » Sur quoi, repensant aux amants de Vérone, je filai prévenir Seymour Mont d'Or du rendez-vous clandestin que j'avais arrangé pour lui dans le jardin de Tante Mame, le soir même.

Je passais mon habit de soirée quand la tête de Tante Mame apparut dans l'embrasure de la porte. « As-tu l'intention d'aller *quelque part*, mon petit amour ? Ou bien la coutume exige-t-elle de dîner chez soi en smoking, dans ce trou à rats ?

— J'ai... J'ai promis à Lucia Cantwell de l'emmener au bal, dis-je avec une parfaite innocence.

— Oh ! C'est une très bonne idée. Elle est charmante, cette jeune fille, malgré son vieux dragon de mère. Eh bien, amusez-vous. Pour *ma* part, je me contenterai d'un plateau-repas, dans ma chambre, après quoi je vais me plonger dans les derniers livres de la bibliothèque du country-club. Que des nouveautés ! Je ne sais pas si je vais commencer par *Ces dames au chapeau vert* ou *Trois hommes dans un bateau*. Essaie de rentrer à une heure raisonnable, mon chéri. »

L'heure de mon retour ne pouvait être plus raisonnable. Vingt minutes plus tard, mes chaussures de smoking à la main, je gravissais l'escalier sur la pointe des pieds, après avoir conduit Lucia et son amoureux dans la pergola, derrière la maison. Je me félicitais d'avoir mené l'affaire avec doigté et finesse quand la lumière s'alluma brusquement : Tante Mame, en peignoir, se dressait devant moi, pointant un revolver à crosse incrustée de perles dans la direction approximative de mon entrejambe. « Les mains en l'air ou je... Patrick !

— Baissez ça », dis-je, « vous pourriez blesser quelqu'un.

— Mais pourquoi rentres-tu si tôt ?

— Oh... Lucia ne se sentait pas bien. Elle est au lit, elle a de la fièvre, et...

— Patrick », coupa Tante Mame d'une voix sereine, « tu mens comme un arracheur de dents. Je brossais justement les *miennes* quand je t'ai vu sortir de chez les Cantwell, avec Lucia. Elle portait une robe d'organdi blanc avec un châle de dentelle — très joli. Je me demande d'où cette fille tient son goût. Et *maintenant*, dis-moi la vérité. »

Je n'avais guère le choix. J'avouai.

« Ah, Patrick ! » s'exclama-t-elle quand j'en eus terminé, « mon amour, mon grand idiot. Combien de fois t'aurai-je dit de ne *jamais* te mêler des affaires d'autrui ? Où crois-tu que j'en serais, *moi*, si je n'avais résolu de ne jamais interférer dans la vie des autres ?

— Je pense que vous seriez mariée avec Basil FitzHugh, entre autres choses que vous n'êtes pas. Écoutez, ce sont des jeunes gens adorables. Retournez à votre lecture et laissez-les flirter gentiment dans votre jardin. Ils ne font de mal à personne.

— Voilà qui est tout à la fois grossier et insolent, Patrick. Ils sont tous deux beaucoup trop jeunes et, ayant moi-même connu les difficultés et les déboires que l'on affronte dans l'éducation des enfants, j'estime de mon devoir de...

— Oh, laissez tomber, Mrs. Siddons, fis-je avec colère.

— ... de mon devoir de prévenir leurs mères respectives... *En revanche*, cela signifie que je devrais parler à Mrs. Cantwell *et* à Mrs. Mont d'Or, et je ne m'en sens pas vraiment la force. Quoi qu'il en soit, je ne peux *pas* cautionner ce qu'ils font dans mon jardin — quoi qu'ils y fassent. Je te prie d'aller les chercher immédiatement, Patrick.

— Non.

— Parfait. Tu ne me laisses pas le choix. Je le

ferai. » Déjà, elle dévalait l'escalier, faisant claquer ses talons. « File dans ta chambre !

— Et *ça*, ce n'est pas interférer ! » lançai-je.

La lune était si claire que je vis nettement Tante Mame traverser la pelouse en direction de la pergola, et compris qu'elle avait dû me voir aussi distinctement, un instant plus tôt. Puis je la vis faire sortir les amoureux surpris et les conduire vers la maison. Il m'apparut que, pour une femme à l'esprit aussi large, qui poussait sans cesse les gens à l'extrême limite du péché, Tante Mame se comportait de manière très bizarre, ce soir-là. J'attendis encore quelques minutes. Rien n'arrivait. Une heure s'écoula ainsi. Une autre. Je finis par aller me coucher. Il était deux heures passées quand je fus brusquement réveillé. Tante Mame me secouait. « Qu'est-ce que c'est, à présent, Mrs. Grundy ? fis-je.

— Lève-toi, Patrick. Debout ! Passe ton habit de soirée et reconduis Lucia chez elle, le bal est terminé. Je ne t'ai pas élevé comme je l'ai fait pour que tu sortes avec une jeune fille sans la raccompagner. Si tu mens, il faut que tu ailles jusqu'au bout de ton mensonge. "Ô, quelle terrible toile nous tissons / La première fois que nous mentons." C'est du Shakespeare, et c'est vrai !

— C'est du Scott, et c'est nul. Et ce que vous faites aussi, Madame Je-Me-Mêle-de-Tout.

— Assez, Patrick. Habille-toi immédiatement et reconduis Lucia auprès des siens. »

Je m'attendais à devoir affronter une situation pénible, à trouver une Lucia effondrée, en larmes, suicidaire. Tout au contraire, elle était absolument radieuse — et légèrement ivre —, tandis que je la ramenais chez elle. « Oh, Patrick », me dit-elle, les yeux étincelants, « votre tante est la femme la plus extraordinaire que j'aie jamais rencontrée. Vraiment incroyable.

— Incroyable, oui », marmonnai-je, la mine sombre, en poussant le portillon des Cantwell.

« T'es-tu amusée, Lucia ? » fit la voix de harpie. « Prie donc ce jeune homme d'entrer, qu'il prenne un verre d'orangeade avec nous.

— Bonne nuit », dis-je, filant comme un dératé.

Toutes les lumières brillaient à l'étage, et Tante Mame m'attendait dans le couloir. « Ah, Patrick, il est temps de bavarder un peu, tous les deux.

— Pour moi, il est temps de retourner au lit. Le jour est presque levé.

— Viens, mon petit amour », dit-elle, m'attrapant par la manche et me traînant dans sa chambre. « Tu sais, on donnait une pièce très curieuse à Broadway, il y a des années. Cela s'appelait *Abie's Irish Rose*. Très mauvaise, évidemment, mais elle a tenu l'affiche pendant des milliers de représentations.

— Eh bien, je n'en ai pas vu une seule, grâce au ciel. Et maintenant, bonne nuit.

— Assieds-toi, nom d'un chien ! C'est *toi* qui es à l'origine de tout cela, mais c'est *moi* qui vais devoir achever la besogne.

— Si seulement vous vouliez bien vous taire un peu, et... *Achever quoi ?*

— Eh bien, je parle de Sammy et Lucia, mon chéri. De quoi d'autre, enfin ? Ces deux jeunes gens sont tellement charmants, intelligents, séduisants — je ne sais d'ailleurs pas comment ils peuvent être tout cela, avec des mères aussi épouvantables. Et, oh Patrick, ils sont *si* amoureux l'un de l'autre. Si amoureux, si jeunes, si désarmés, sans personne pour les guider vers le but ultime de leur vie — le mariage.

— *Le mariage ?* Mais grands dieux, Tante Mame, qu'allez-vous...

— Ah, c'est *toi* qui as commencé, mon petit amour, en favorisant l'aventure romantique de ces deux...

— Je n'ai *rien* fait. J'ai simplement emmené Lucia sous votre vieille tonnelle pleine de moustiques pour qu'elle puisse voir son petit ami. Et maintenant, c'est *vous* qui allez les border et tenir la chandelle. Et vous me recommandez de ne jamais me mêler de la vie des autres.

— Il est des moments, Patrick, où le cœur dicte sa loi, et où il faut s'incliner.

— Votre cœur ne dicte rien du tout. En revanche, vous vous ennuyez à mourir. Du moins, *c'était* le cas jusqu'à ce que vous trouviez deux jeunes existences avec lesquelles vous amuser un peu. Et maintenant, vous allez mettre la ville à feu et à sang en... »

Bien qu'elle tentât bravement de le réprimer, Tante Mame ne put dissimuler un petit sourire à vous rendre fou. « Shufti n'est sans doute *pas* la ville la plus palpitante que je connaisse. Mais cela peut changer. En outre, *je* pense que Sammy et Lucia méritent de...

— Et moi, *je* pense que vous mériteriez d'être noyée dans une baignoire d'insecticide. Je ne lèverai pas le petit doigt pour...

— Très bien, mon petit amour, je devrai donc mener ce projet à bien sans toi. Tu peux disposer, à présent.

— Bonne *nuit* ! » fis-je en rugissant, claquant la porte derrière moi.

Le lendemain, je dormis tard, et m'éveillai juste à temps pour voir une personne, que, le regard encore embrumé, je pris tout d'abord pour Tante Mame, traverser le jardin à grands pas vers la maison des Cantwell. Bien sûr, je réalisai aussitôt qu'il ne pouvait s'agir de ma tante, car l'inconnue était affublée d'une espèce de robe-sac informe, qui semblait avoir été coupée dans un dessus-de-lit en chintz. Elle portait également un châle à rayures drapé sur un bras, un panier de fleurs à demi fanées accroché à l'autre, et ses pieds sortaient à chaque pas de ce qui m'apparut bien être mes vieilles chaussures de sport. Dans un éclair de lucidité aveuglante, je me ruai sur la penderie. Mes chaussures de sport avaient disparu. Disparu, également, mon dessus-de-lit.

Écumant de rage, je me lavai et me rasai, passai les premiers vêtements qui me tombaient sous la main. « Je ne rentre pas déjeuner ! » criai-je à l'adresse d'Ito. « Je mange au club. Tout, plutôt que de rester dans cette maison de fous. » Ito gloussait sans pouvoir s'arrêter.

Je déjeunai donc de manière abominable au club, puis descendis aux vestiaires pour passer mon maillot de bain. Quelques bonnes brasses me rafraîchiraient un peu. La première personne que je rencontrai fut Seymour Mont d'Or, qui se débattait fébrilement avec ses boutons de chemise.

« Vous allez faire un petit plongeon ? m'enquis-je, trop gêné pour oser le regarder en face.

— Non, j'en *sors* ! Mon vieux, laissez-moi vous dire une chose : votre tante est une femme fantastique. Il n'y en a pas deux comme elle.

— Heureusement. Écoutez-moi, Sammy ; il ne faut *pas* lui faire confiance. Il ne... » Déjà, il était sorti, la chemise à demi boutonnée.

Je passai mon caleçon de bain le plus court, le remontant bien sur les cuisses et roulant la ceinture ; si Tante Mame tentait de jouer les sociétés de gardiennage auprès de Mrs. Cantwell, je serais au moins une offense à sa vue.

Quand je sortis sur le bord de la piscine, le soleil était aveuglant. Posant une main en visière sur mon front, je plissai les yeux vers la cabine des Cantwell. Vide. Et soudain, j'entendis s'élever, vibrante, une voix reconnaissable entre toutes : « *Hélas ! Mais Sari, ma chère**, si vous trouvez un peu indécents les maillots de bain de

Schiaparelli, vous devriez essayer ceux de Pamplemousse.

— Pamplemousse, Mame, *chérie** ? répéta Mrs. Mont d'Or, fascinée.

— *Mais oui, bébé**, il a *un atelier divin rue Blondel**. Bien sûr, il ne travaille pas pour n'importe qui, *naturellement**, mais ma grande amie la duchesse de Pont-l'Évêque — *née** Patty du Clam — m'a présentée à lui. Il a appelé cette petite *création** Banana Bandanna. »

Me retournant, je ne pus réprimer un haut-le-corps. Tante Mame avait pris une longue écharpe jaune, qui m'appartenait, et l'avait divisée en trois, comme la Gaule. Une partie était drapée autour de ses reins — à peine. La deuxième lui faisait le soutien-gorge le plus improbable qui fût. Quant au dernier morceau — de loin le plus long —, elle s'en était confectionné un turban encore plus vertigineux que celui de Mrs. Mont d'Or. Pour faire bonne mesure, elle s'était constellée d'or, d'ambre, de topazes et de diamants. Mrs. Mont d'Or, avec son maillot violet et ses aigues-marines, paraissait tout à coup très conventionnelle. Conventionnelle, mais acharnée.

« Continuez, je vous prie, Mame *chérie**. On se sent si, hum, si démodé, si *fin de siècle**, ici, et pas du tout *au courant** des...

— Youhou ! Patrick, *mon petit trésor, j'attends** ! s'écria Tante Mame, m'apercevant.

— Eh bien, vous pouvez toujours *attendre** jusqu'à ce que *l'enfer** soit pris par les glaces, si vous imaginez que je vais me montrer avec vous dans une tenue aussi... »

Elle enchaîna prestement. « *Zut ! Sari, regardez le pauvre petit**, avec cette espèce de combinaison qu'il porte. *Drôle, hein** ? Comme j'aimerais lui voir porter quelque chose de *chic et moderne**. Une... je ne sais pas, comment dit-on déjà... un *cache de sexe**, voilà. »

Fou de rage, je tirai sur mon caleçon pour dissimuler autant de chair que possible. « J'ai un message pour vous, Tante Mame, dis-je d'un ton aimable.

— De qui, *mon petit trésor** ?

— C'est très urgent, et très personnel. » Sur quoi elle accourut, et je craignis fort pour son costume de bain improvisé.

« De quoi ai-je l'air ? s'enquit-elle.

— De la folle de Chaillot, version Brooklyn. De quoi *croyez-vous* avoir l'air ? Si Mrs. Cantwell vous voyait dans cet accoutrement, elle vous ferait arrêter, et elle n'aurait pas tort. C'est la tenue la plus dégoûtante que...

— Oh, ne t'inquiète pas pour cette vieille rabat-joie. Je l'ai expédiée à Beyrouth avec la Rolls, pour acheter des jumelles et un livre sur les oiseaux. Et puisque tu n'étais pas là pour me rendre ce service, j'ai été *obligée* d'envoyer Sammy faire une course de la plus extrême importance. La course, entre nous, s'appelle Lucia, et ils doivent être dans les bras l'un de l'autre, en ce moment même. Pendant ce temps, je passe un délicieux après-midi à évoquer pour Maman Mont d'Or les toutes dernières futilités de la mode. Je raconte n'importe quoi, évidemment, et elle gobe tout. Crois-tu que je devrais me lancer dans le stylisme, créer une collection pour la plage ? conclut-elle, prenant une pose de mannequin au bord de la piscine.

— Pas si vous ne voulez pas voir votre tête affichée dans les commissariats du monde entier.

— Bien, je vois que tu m'encourages de bon cœur. Et quel est ce message si important ?

— Le voilà », dis-je, remarquant du coin de l'œil que Mrs. Mont d'Or s'acharnait sur son tube de rouge à lèvres, essayant de reproduire la bouche d'Oubangui que Tante Mame s'était dessinée. « Et c'est : À l'eau ! » Sur quoi je donnai une légère poussée à Tante Mame, et me vis aussitôt récompensé par un superbe éclaboussement. Puis je me dirigeai vers les vestiaires d'un pas énergique.

« Patrick ! » s'écria Tante Mame. « Patrick, pour l'amour de Dieu, lance-moi une serviette ! » Me retournant, je vis les trois morceaux de son costume de bain flotter, indépendants les uns des autres, et indépendants de Tante Mame, vers l'autre extrémité de la piscine.

Le lendemain, celle-ci se réveillait avec les oiseaux — littéralement. Vers l'aube, tiré du sommeil par force « hou hou ! » et « coucou ! », je la vis qui rejoignait Mrs. Cantwell d'un pas allègre, dans des vêtements que je suis seul à pouvoir décrire — puisque tous m'appartenaient —, chargée de jumelles, de sandwiches, et d'un guide sur nos amis à plumes. L'élément de base de sa tenue était mon vieux pull à col roulé, qui lui descendait à peu près à mi-cuisses. Au-dessous, une vilaine jupe plissée qui se révéla être le haut du baldaquin de mon lit. Elle portait également mes plus belles chaussettes anglaises, qui montaient aux genoux, mes chaussures de marche — à languette — et mon feutre, enfoncé jusque sur ses yeux, que dissimulaient mes lunettes de soleil.

« Vous êtes absolument splendide, Mrs. Burnside — puis-je me *permettre* de vous appeler Mame ? » brailla Mrs. Cantwell. « Et à présent, en route pour observer nos amours d'oiseaux !

— Que cela va être amusant, Lucy ! » renchérit Tante Mame.

Tandis qu'elles gravissaient la colline à grandes enjambées, je vis Lucia sortir en trombe de chez elle et Sammy sortir en trombe de chez lui, pour venir s'enlacer dans le jardin de Tante Mame.

« Oh, mes pauvres pieds », gémit celle-ci en rentrant, à midi, après un « au revoir » particulièrement mondain à Mrs. Cantwell. Épuisée, elle se traîna jusqu'à sa chambre et, d'un coup de pied, se débarrassa de mes chaussures, les jetant sur la moquette — ainsi que pas mal de sable. « J'étais littéralement en eau, sous ton satané pull. Je... »

C'est alors que, du jardin, s'éleva le cri de cacatoès de Mrs. Mont d'Or. « Mame ! Mame, *chérie** ! *Bonjour* !* Je vous enlève. Nous allons prendre le *petit déjeuner** à Aley ! Je vais vous présenter à mes amis.

— Oh, mon Dieu », gémit Tante Mame. Elle arracha mon chapeau, ébouriffa ses cheveux, et se pencha par la fenêtre. « *Magnifique**, Sari, *chérie** ! J'arrive tout de suite.

— Qu'allez-vous mettre, cette fois ? Du ruban adhésif ? fis-je.

— Je vais trouver quelque chose. Même si c'est affreux, je peux toujours lui expliquer que c'est la mode de l'année prochaine. »

Affreux, ce l'était. Elle ôta mes vêtements, ne gardant que le pull à col roulé, dont elle retroussa les manches au-dessus du coude, passa tous ses bracelets, toutes ses perles, se peignit sa bouche d'Oubangui, et chaussa une paire de sandales à talons hauts.

« Je suis comment ?

— Quelles jolies rotules ! », dis-je. « Hé, ne tirez pas comme ça sur mon pull, il est bien assez dé... » Déjà, elle avait disparu. En bas, j'entendis Mrs. Mont d'Or et ses deux amies trop habillées pousser des gémissements d'extase. « Comme c'est *chic** ! C'est divin ! *Très jolie* !* Où avez-vous trouvé ça, chez Chanel ? *Combien* ?* »

Le soir même, Tante Mame, plus morte que vive, recevait les Cantwell et Lucia à dîner. Le menu était très Nouvelle-Angleterre, tous les plats étant bouillis. Elle-même évoquait quelque peu Marie Dressler, dans un élégant linceul bleu pâle — ma plus belle robe de chambre —, parée d'un simple collier de perles de corail. Pas une ombre de maquillage. Elle avait de nouveau fait appel au pull à col roulé, cette fois réduit en lambeaux et poignardé de deux brochettes à barbecue (de temps à autre, Tante Mame faisait mine de tricoter).

On servit du jus de raisin, et la conversation de Tante Mame se révéla à peu près aussi enivrante. « Ah, quand j'étais jeune fille, au couvent, nos chères sœurs — épiscopaliennes, bien sûr, ma chère Lucy », ajouta-t-elle précipitamment, apaisant tout noir soupçon de papisme — « étaient si intransigeantes, quant à la qualité de nos travaux d'aiguille. Aïe ! » Ses lèvres esquissèrent un mot très bref et nullement empreint de foi. « Pour mes débuts, je portais une berthe de dentelle absolument adorable. Père en serait mort, si mes... hum... ma poitrine — veuillez m'excuser, Mr. Cantwell — n'avait pas été dissimulée. » Pendant le tapioca, elle se lança dans un long discours sur le thème « Les Vieilles familles sont les Meilleures familles ». D'où il ressortait, d'ailleurs, que la nôtre était littéralement *antique*. Le décaféiné arriva.

Mrs. Cantwell ronronnait de satisfaction quand Tante Mame déclara : « À présent, Patrick, Lucia et toi êtes autorisés à aller au cinéma. Ils passent *Les Quatre Filles du Dr March*. Lucy, n'est-ce pas charmant, quoique *un tantinet* audacieux ? Et nous, les anciens, allons demeurer tranquillement ici à évoquer les jours heureux — nos premiers bals, les voitures à chevaux et les jupes entravées.

— Quel dommage que votre charmant neveu ait quelques mois de moins que ma Lucia ! entendis-je Mrs. Cantwell déclarer, comme nous partions.

— Mais c'est absurde, ma chère Lucy », répondit

Tante Mame. « L'âge ne compte pas, dans un mariage. D'ailleurs, Mrs. Mont d'Or m'a bien dit que vous aviez des *années* de plus que Humphrey. Ne rentrez pas trop tard, les enfants. Ne vous inquiétez pas, Lucy ; le Roxy est à deux pas. »

À peine étions-nous dehors que Sammy se matérialisait. Mrs. Mont d'Or savait qu'il devait se rendre au cinéma avec moi — une soirée entre garçons.

« Vraiment, merci, mon vieux », me dit-il. « Passez nous prendre après le ciné. » Sur quoi ils filèrent vers le jardin.

Et *moi*, je vis *Les Quatre Filles du Dr March* — sous-titré en arabe.

Rentrant prévenir les amoureux que le film était *enfin* terminé, je trouvai la maison de Tante Mame et celle des Cantwell plongées dans l'obscurité. En revanche, la demeure des Mont d'Or n'était qu'un brasier de lumières. Aucune trace de Tante Mame, mais, comme j'allais me mettre au lit, elle apparut soudain, incarnation même de Sadie Thomson, dans un lambeau de satin rouge fendu jusqu'à la cuisse. Tenue assez étrange mais qui, au moins, ne m'appartenait pas.

« Grands dieux ! » m'écriai-je, « qu'avez-vous encore inventé ? Vous avez emmené les Cantwell faire la tournée des bordels ?

— Oh, non, mon chéri. Cela fait des heures qu'ils sont partis. J'ai demandé à Ito de mettre quelques somnifères dans leur déca, et à neuf heures, ils commençaient de piquer du nez. Alors j'ai passé quelque chose de léger — *et* mes diamants —, avant de filer rejoindre Sari et sa bande de joyeux noceurs.

— Comment était-ce ?

— Mortel. Quantité de coloniaux français de seconde zone, des Belges aussi, des Grecs, quelques riches Libanais, les éternels Anglais professionnels, d'une niaiserie sans fond, et une poignée de tantes internationales. Tous riches, évidemment, et *presque* tous dotés d'une fille à marier !

— Ce devait être affreusement gai.

— Oui, en effet. Gai *et* affreux. Ils se donnent tellement de mal, vois-tu. Ils se retrouvent confinés ici, à des milliers de kilomètres de nulle part, entre eux, et contraints de se jouer la comédie les uns aux autres, ce qu'ils passent leur temps à faire. C'est quasiment de l'inceste. Et ces *affectations* ! Certains d'entre eux ne sont pas retournés chez eux depuis dix ans, mais préféreraient mourir que de l'admettre. Ils ne parlent que de restaurants, de boîtes de nuit, de couturiers et d'écrivains oubliés depuis des siècles. Ils hurlent de rire à l'histoire drôle la plus éculée. Ah, ils ne sont pas difficiles à berner, tu sais. Et leur gaieté est tellement *désespérée* ! En fait, ils sont aussi barbants que les amis de Lucy, mais en plus bruyants et plus tapageurs.

— Mais c'est le genre Ghetto de Luxe, quelque chose comme ça ?

— Non, Patrick, pas du tout. Et c'est ce que je trouve le plus triste, chez Sari. Si simplement elle reconnaissait n'être qu'une maîtresse de maison du Bronx dont l'époux a fait fortune grâce à un bon filon, et oubliait ces imbécillités du *grand monde**, elle ne serait pas si antipathique. Mais non, elle veut absolument être la Pompadour de ce trou minable. Il faut qu'elle fasse de l'épate, qu'elle glisse sans arrêt des expressions tirées des magazines de mode français, jusqu'à changer le nom de son brave homme de mari — en fait, il s'appelle Hyman Julius Goldberg, et il m'a demandé de l'appeler Julius — et à forcer ce pauvre Sammy à mener la vie *qu'elle* considère bonne pour lui. Elle n'a rien de la mère juive possessive et aimante. Elle est aussi dure que ses diamants, et au moins aussi froide.

— Mais si elle ne veut pas qu'il épouse Lucia, c'est peut-être par conviction religieuse, et...

— Pas une seconde, mon chéri. C'est uniquement une question d'argent, et de snobisme. Si elle était de ces mères qui ne veulent pas que leurs enfants se marient en dehors de leur foi, ce serait tout à fait compréhensible. Mais ce n'est pas le cas. Si Sammy épousait une Juive, elle en *mourrait*. En fait, elle est plus antisémite que Mrs. Cantwell, à sa façon. Sans doute parce qu'elle essaie tellement de nier ce qu'elle est. Enfin, je ne sais pas exactement ce qu'elle a en tête, mais il y a *une* chose que je sais...

— Et qui est ?

— Qu'elle m'*adore*. Elle me voit comme l'incarnation même du luxe et de la sophistication, tout comme Mrs. Cantwell croit que je préside les associations caritatives les plus aristocratiques. Toutes deux me font une confiance aveugle.

— Vous faire confiance ? *Moi*, même au premier coup d'œil...

— Mais qui se soucie de *toi* ? Ce sont elles qui comptent. Et elles viennent quasiment me manger dans la main.

— Faites bien attention qu'elles ne vous mordent pas. »

Au cours des jours suivants, partagé entre révolte et fascination, j'observai Tante Mame achever de circonvenir les deux reines rivales de Shufti, s'occupant de l'une et éloignant l'autre, pendant que leurs enfants se contaient fleurette. Attifée comme pour une comédie de Mack Sennett, elle pataugea dans la piscine du club avec Mrs. Cantwell, tandis que Mrs. Mont d'Or, à Beyrouth, se faisait faire une robe-tube à col roulé. Vêtue de mon pantalon de survêtement, d'une chemise de soirée plissée, portant une cravate et toutes ses émeraudes, elle fit sensation auprès de Mrs. Mont d'Or et de ses amis, au cours d'un pique-nique à base d'absinthe et de hamburgers crus. En vareuse flottante et terne — mon haut de pyjama —, elle bouleversa son salon, bientôt théâtre d'une cacophonie infernale, que je reconnus enfin comme des cantiques braillés par la bande à Cantwell. Elle parvint à convaincre celle de Sari qu'un short et un T-shirt, délicatement garnis de velours et cloutés de saphirs, étaient la tenue *de rigueur** pour un déjeuner. Ma garde-robe se vidait à la vitesse grand V, mais Tante Mame faisait un tabac dans les deux factions adverses. Que je rencontre Mrs. Cantwell ou Mrs. Mont d'Or, ce n'étaient que louanges et dithyrambes.

« C'est tellement agréable d'avoir une vraie *dame*, dans cette petite ville », s'ébaudissait Mrs. Cantwell. « J'ignorais tout à fait que cette chère Mrs. Burnside descendait en droite ligne de George *et* Martha Washington. »

La mère de Sammy se montrait plus extatique encore, et tout aussi pénible, glapissant « *Oh ! là, là ! Quel chic ! La divine tante* * *!* Toute la classe du Vieux Continent ! » — en fourreau de toile de jute et diadème étincelant.

Tante Mame commençait d'être épuisée par ces changements de rôle permanents, ce tourbillon de mondanités qui la tenait sur la brèche vingt-quatre heures sur vingt-quatre. En tout cas, elle était la coqueluche de Shufti, nul doute à ce sujet. Après une semaine de plein temps avec Mrs. Cantwell et Mrs. Mont d'Or, elle apparut dans ma chambre, un matin, habillée comme vous et moi. « Bonjour, mon petit amour. Sais-tu quel jour nous sommes, par hasard ?

— Nous sommes vendredi.

— Nous sommes vendredi, évidemment, mais il y a autre chose. C'est aussi l'anniversaire de Sammy Mont d'Or. Il a vingt et un ans aujourd'hui.

— Comme c'est charmant ! Et que comptez-vous lui offrir ? Un de vos brillants conseils ?

— Non, mon chéri. Je lui offre *trois* choses : une soirée, la voiture, et Ito.

— La voiture ? *Ito ?* Que ferait un garçon de vingt et un ans avec une Rolls-Royce, et pour qui prenez-vous Ito, pour un esclave ?

— Ce sont des cadeaux temporaires, Patrick. Je les lui prête, si tu préfères. Quant à la soirée, elle promet d'être si importante que je vais la donner au club, et...

— Et qui invitez-vous exactement, à cette noce crapuleuse ?

— Oh, tout le monde... Les Mont d'Or et leurs amis, les Cantwell et *leurs* amis...

— Attendez, vous préparez une soirée, ou bien une guerre civile ?

— Eh bien, Patrick », répondit Tante Mame en rougissant, « je compte en fait donner *trois* soirées. Pour les Mont d'Or, ce sera un anniversaire-surprise en l'honneur de Sammy. Pour les Cantwell, les débuts de Lucia. Et pour *nous*, mon petit amour, c'est une soirée d'adieu.

— Nous partons ?

— Oui, mon chéri, je crois qu'il est temps de changer d'air. Je te suggère donc de consacrer ta journée à préparer tes bagages. Dieu sait quand nous...

— Cela devrait me prendre environ deux minutes. Grâce à vous, je n'ai presque plus *rien* à mettre dans ma valise.

— Pauvre amour. Si tu veux m'emprunter quelque vêtement, surtout n'hésite...

— Chic alors. Merci. »

À la suite de complications imprévisibles, il me fallut *trois* minutes pour préparer ma valise. Après quoi, j'avais la journée, le club et la ville tout à moi. Le country-club était désert, à part l'habituelle armée de domestiques qui accrochaient les lanternes chinoises et les projecteurs colorés sans lesquels les soirées de gala de l'Union Club n'auraient pas été ce qu'elles étaient, et ciraient la piste de danse. Sinon, toute la haute société de Shufti demeurait chez elle, se préparant pour la grande réception de Tante Mame. Partout en ville, on ne voyait que serviteurs. Les Packard et Hispano-Suiza du clan Cosmopolite entretenaient en permanence une brume de poussière dans la grand-rue, avec leurs allers-retours frénétiques chez les couturiers les plus chics de Beyrouth, tandis que la boutique *Dix Mille Articles**, dans le village, voyait son stock de poudre de riz et d'eau de toilette *Quelques Fleurs** dévalisé par les Traditionalistes soudain enragés de frivolité.

Rentrant, seul, à la maison, je vis même Mrs. Cantwell qui cueillait un bouquet pour son corsage, dans le jardin. « Bonjour », dis-je. « Lucia n'est pas là ?

— Ah, cher Patrick », répondit-elle avec son méchant sourire de requin, « plus loin des yeux, plus près du cœur, n'est-ce pas ? Hahaha ! Eh bien, vous ne verrez pas Looouuu-ssshhhaaa aujourd'hui. Votre chère tante l'a envoyée à Beyrouth, avec sa voiture, pour qu'elle s'occupe de ces choses si importantes, pour une débutante — manucure, coiffeur, vous voyez —, et pour trouver une ravissante robe blanche avec une berthe de dentelle. Et cette chère Mame s'est arrangée pour qu'elle ne rentre pas avant que la soirée ne soit commencée. Ce sera une vraie surprise, pour elle ! » La vieille toupie commençait à suggérer lourdement que Tante Mame pourrait organiser une saison new-yorkaise pour Lucia. Je pris congé.

Au crépuscule, Achmed Malouf *et son Orchestre « swing » du Kit-Kat Club** débarquaient en autobus et annonçaient que la soirée allait bientôt commencer. Habillé de pied en cap, la valise bouclée, j'attendais en me demandant quelle tenue Tante Mame avait bien pu s'inventer pour satisfaire les deux factions de l'European Union Club. En fait, elle était fort élégante, et de nouveau semblable à elle-même. « Viens, Patrick », dit-elle. « Il faut que nous arrivions les premiers, pour éviter, autant que possible, que les invités se mélangent. J'ai pensé qu'on pourrait mettre les tordus dans le fumoir et les ploucs au bar. »

À partir de ce moment, j'eus le sentiment d'être devenu portier au Radio City Music Hall, dirigeant le contingent Cantwell vers la droite, et la bande des Mont d'Or vers la gauche. Je ne connaissais pas tous les invités, mais il était facile, d'un simple coup d'œil à leurs vêtements, de deviner qui appartenait à quelle faction. D'ordinaire ternes à mourir, les amis de Mrs. Cantwell avaient fait leur possible pour éviter toute excentricité, afin d'être en harmonie avec le conservatisme absolu de Mrs. Burnside. Presque toutes les femmes s'étaient fait un devoir de porter une berthe de dentelle, et je vis même passer une ou deux vieilles pèlerines de fourrure jaunie. En revanche, chez les Mont d'Or, c'était à qui surpasserait l'autre en audace. Il y avait des robes-bustier quasiment sans bustier, et force initiatives téméraires — et désastreuses — à base de sangles et de baleines. Cela dit, personne ne pouvait rivaliser une seconde avec la mère de l'invité d'honneur. Mrs. Mont d'Or arriva empaquetée dans un carcan de pierres du Rhin si moulant qu'elle pouvait à peine respirer, sans parler bien sûr de s'asseoir.

« Où est Sammy — je veux dire Seymour ? m'enquis-je.

— Ah, cette *chère** Mame ! Toujours aussi habile ! *Diabolique* !* Elle l'a envoyé à Beyrouth avec sa voiture, ce matin, pour je ne sais quelle course absurde qui le retiendra là-bas jusqu'à ce que la soirée ait débuté. Ah, *la belle** Mame ! *Une ange* !* Je ne sais pas quel pouvoir magique elle peut bien avoir sur Seymour », continua-t-elle, s'éloignant vers le fumoir dans un éblouissement de strass. « Moi, je n'obtiens jamais rien de lui. »

Les Cantwell furent les derniers à arriver. Mrs. Cantwell était un rêve, tout en violine, avec une berthe, un boa, et les adorables, adorables opales. « Chère Mame, nous pardonnerez-vous jamais d'être si en retard ? Nous avons attendu Looouuu-ssshhhaaa pendant des heures — n'est-ce pas, Humphrey ? —, et elle n'est toujours pas rentrée ! J'ai donné des ordres pour qu'elle nous rejoigne directement. Bonsoir, mon cher garçon. Vous allez certainement ouvrir le bal avec notre Débutante ?

— Bonsoir, Mrs. Cantwell. Tout le monde est au salon.

— Très bien, je passe une seconde au vestiaire pour déposer mon boa. »

Il était trop tard pour l'arrêter.

Soudain, un des maîtres d'hôtel tendit à Tante Mame une petite liasse de télégrammes — trois en tout. Elle en ouvrit un, le lut, et glissa les deux autres dans son décolleté.

Deux secondes plus tard, Mrs. Cantwell émergeait des vestiaires, les yeux exorbités. « Mame, il doit y avoir une erreur. Je suis entrée pour ôter mon boa, et la première personne que j'aie vue était cette épouvantable Mrs. Mont d'Or.

— Et avez-vous remarqué sa tenue, Lucy ? Vous *devriez* essayer ce genre de chose, répondit Tante Mame d'une voix sereine.

— Mais enfin, Mame, que fait-elle ici, au premier grand bal de ma Lucia ?

— Eh bien, j'ai dû l'inviter, je suppose.

— Mame, je sais bien que vous êtes nouvelle venue dans notre petite communauté, mais Mrs. Mont d'Or

— ce n'est d'ailleurs pas du tout son nom — ne fait pas partie des Gens que l'on Fréquente.

— Je pense que vous aurez bientôt l'occasion de la fréquenter assidûment, Lucy. Ce qui vous fera certainement le plus grand bien, à toutes deux. Et maintenant, si vous passiez au salon, pour demander à nos invités de se réunir dans la salle de bal, pour la grande surprise.

— Eh bien ! » s'exclama Mrs. Cantwell, s'éloignant d'un pas vif, secouant vigoureusement sa traîne.

« *Zut, Mame ! Quelle horreur ! Dieu me protège* ! Euh, euh... *Dans le vestiaire*...* glapit Mrs. Mont d'Or, se ruant vers Tante Mame.

— C'est bon, Sadie, c'est bon, je parle anglais comme si c'était ma langue maternelle. Et sans doute mieux que vous, en outre. Que se passe-t-il ?

— Eh bien, j'étais dans le vestiaire, et qui vois-je tout à coup ? Cette *abominable* Mrs. Cantwell, et si... si *mal fagotée*...* Une vraie femme de ménage. Vraiment, je ne la supporte pas, elle et ses amis, avec leurs airs supérieurs, et leur *totale* absence de classe.

— Remettez-vous », dit Tante Mame d'une voix calme. « Ce ne sont que des goys, après tout. Et elle n'a guère d'autre raison de se sentir supérieure à quiconque. De plus, je trouve qu'elle s'habille de façon tout à fait raisonnable, pour son âge. Lequel ne doit pas être très éloigné du vôtre.

— Mais enfin, Mame ! Elle est infréquentable. Nous n'avons rien de commun.

— Pour l'instant, mais je pense que cela devrait changer. Et maintenant, si vous alliez demander à vos amis de se réunir dans la salle de bal ? L'heure de la grande surprise est arrivée. Oh, Sadie, une dernière chose : essayez d'être un peu plus gentille envers ce pauvre Julius.

— Jhhhhules ?

— Oui, ma chère, Julius. C'est un amour et, pour

quelque mystérieuse raison, il vous aime encore. À votre place, je ne le maltraiterais pas. Vous n'auriez pas toutes ces fourrures et tous ces diamants, sans Hyman Julius Goldberg. »

Les échos qui parvenaient de la salle de bal se faisaient menaçants. Un murmure grondant, plus que des éclats de voix ou des coups, mais néanmoins... enfin, j'ai du mal à trouver les mots, mais disons que j'avais déjà assisté à des soirées plus harmonieuses.

« Bien, maintenant que vous avez apporté la concorde et l'intelligence du cœur à l'European Union Club, quelle est votre grande surprise, et quand l'annoncez-vous ? m'enquis-je.

— Elle sera annoncée dès que *nous* aurons filé d'ici, mon petit amour. Oh, garçon ! Pourriez-vous remettre *ce* télégramme à Mrs. Cantwell, et *celui-ci* à Mrs. Mont d'Or, je vous prie ? Merci.

— Mais que diable avez-vous mijoté ? grondai-je.

— Lis ça », dit-elle, me tendant le troisième télégramme.

NOUS SOMMES MARIÉS CE MATIN À L'ÉGLISE RÉFORMÉE. MERCI, ET TOUS NOS BAISERS.

LUCIA ET SAMUEL GOLDBERG.

« Doux Jésus ! fis-je.

— Non. Nous sommes amis des deux familles, Patrick, ne l'oublie pas. Viens, à présent. Je pense que nous avons largement abusé de l'hospitalité de Shufti, ils pourraient se lasser de nous. » Comme nous sortions, je perçus un cri strident venant de la salle de bal, puis un autre.

Tandis que nous descendions la route, une demiheure plus tard, Tante Mame s'extasiait sur le triomphe de l'Amour et de Mrs. Burnside, qui à eux deux pouvaient soulever des montagnes. « Et songe, mon chéri, qu'en cet instant ces jeunes gens passent leur nuit de noces, grâce à quelques menus sacrifices de ma part. J'espère que ces valises ne sont pas trop lourdes. J'ai fait envoyer les choses les plus encombrantes, mais...

— Non, pas le moins du monde. J'*adore* traverser la montagne en escarpins de smoking, avec trois valises à la main.

— Ne t'inquiète pas, mon petit amour, ce ne sera pas long. Ito nous attend avec la voiture, maintenant que Sammy et Lucia sont enfin réunis.

— Pourquoi ne pas l'avoir dit ? Nous n'avons qu'à nous asseoir et l'attendre.

— Oh, non, Patrick. Il nous attend à l'hôtel Normandie, à Beyrouth.

— À Beyrouth ? Mais grands dieux, Tante Mame, c'est à *trente* kilomètres d'ici !

— Sans doute. Mais ne t'affole pas. La route descend tout le temps. »

CHAPITRE IX.

TANTE MAME ET LE LONG VOYAGE DE RETOUR.

« Et donc, après que ta tante a résolu tous les problèmes du Proche-Orient, qu'avez-vous fait ?

— Eh bien, nous sommes rentrés à la maison.

— Comment ?

— De différentes manières.

— Non, je te demande par où êtes-vous passés.

— Eh bien, nous étions déjà si loin que Tante Mame s'est dit que nous n'avions qu'à continuer. Faire le tour du monde, vois-tu, au lieu de revenir sur nos pas. Donc, nous avons traversé l'Extrême-Orient, pour débarquer à San Francisco.

— Oh, je vois ça d'ici — les seigneurs de la guerre, les fumeries d'opium, les jonques sur le Yang Tsé-kiang, enfin, *Terry et les Pirates*, quoi.

— Absolument pas », dis-je d'un air pincé. « Nous avons fait un voyage on ne peut plus tranquille, et dans lequel la religion a tenu un rôle important.

— Dans ce cas, j'aime autant que tu ne m'en parles pas. »

Je ne pus retenir un soupir de soulagement.

« Il ne manquait plus que ça ! » rageait Tante Mame, pénétrant en trombe dans sa chambre d'hôtel. « Pas un seul bateau pour New York avant le milieu de la semaine prochaine. Nous voilà bloqués pour onze jours à Port-Saïd, ce trou. Une éternité...

— La ville n'est pas terrible, n'est-ce pas ? » fis-je, jetant un regard sur la rue. « Port-Saïd, cela a toujours eu pour moi un côté mystérieux, romantique, un peu effrayant. Une des Sept Villes du Péché, vous voyez ?

— Eh bien, il faut tomber dans un bled pareil pour s'apercevoir à quel point le péché peut être mortellement ennuyeux.

— Oui, sans doute. Mais je trouve cet endroit un peu intrigant, tout de même. Prenez cette diseuse de bonne aventure, au café, hier soir, qui me disait que j'allais bientôt rencontrer une femme très belle, qui aurait une grande importance dans ma vie.

— Oh, Patrick, enfant, innocent que tu es... Mais ces pseudo-voyantes racontent cela à tout le monde. J'espère que tu n'es pas sot au point de te laisser berner par une quelconque Hongroise de pacotille, avec des anneaux de rideau aux oreilles, et parfumée au *Djer Kiss*.

— Mais elle a dit aussi que vous alliez rencontrer un aventurier romantique.

— Merci, j'en ai déjà rencontré plus que ma part. Bien, j'ai ces merveilleuses éditions Tauchnitz, et je crois que je vais ne plus bouger, et me replonger un peu dans Proust. D'ailleurs, onze jours dans ce trou, et j'aurai largement le temps d'épuiser tout Gibbon — et tout Shakespeare, par la même occasion. Et toi, qu'as-tu l'intention de faire, mon chéri ?

— Oh, je ne sais pas. Traîner un peu dans le bazar, sans doute. Vous ne m'accompagnez pas ?

— Non, merci. Il est hors de question pour moi de mettre les pieds dans ce *souk* puant. Mais fais-moi signe en rentrant, nous prendrons le thé en bas. »

Comme l'avait dit Tante Mame, le bazar n'était guère attrayant. Outre une vague odeur de fosse d'aisances, il ne proposait rien dont on puisse raisonnablement avoir envie. Rassasié de tapis de prière pelucheux et de crachoirs en cuivre repoussé, j'allais rentrer à l'hôtel quand mon regard s'arrêta soudain sur une ravissante jeune fille qui examinait des soies. Elle avait posé son sac à main sur le comptoir, et tenait devant elle un métrage de tissu couleur de pierre de lune, essayant de vérifier l'effet dans le miroir piqué. Je m'apprêtais à lui dire qu'avec ses cheveux dorés elle était plus belle encore que Madeleine Carroll, quand je m'aperçus qu'un gamin venait de lui prendre son sac sur la pile de soieries et s'enfuyait, tête baissée, droit dans ma direction.

« Hé ! » m'écriai-je.

La jeune fille se retourna, juste à temps pour me voir faire mon numéro. « Mon numéro », en l'occurrence, fut un superbe plaquage au sol, comme celui que j'avais exécuté au cours du match annuel St. Boniface-Hotchkiss. C'était la première et dernière fois que l'on m'autorisait à quitter le banc de touche, et ma performance nous avait évité de nous faire battre 55 à 0 — Hotchkiss n'avait gagné que par 49 à 0. Le gamin s'effondra de tout son long. Je saisis le sac d'une main, le gosse de l'autre. « Madame », dis-je d'une voix suave, « votre sac. *Et* le petit salaud qui vous l'a volé.

— Oh, oh, merci », dit-elle. De près, elle était encore plus jolie, avec sa peau d'une transparence d'albâtre et ses yeux semblables à deux violettes. « Tout ce que je possède était...

— Et à présent, si vous voulez bien m'accompagner, nous allons livrer ce voleur à la police.

— À la police ? Oh, non, je vous en prie ! Je ne *peux* pas. Je ne sais pas ce qu'en dirait papa.

— Il dirait certainement que c'était la seule chose à...

— Non ! Jamais de la vie ! Mon père est un homme de Dieu. Jamais il ne remettrait ce pauvre pécheur entre les mains de la loi. Ni moi. Je vous en prie, laissez-le partir, et... et oubliez cet incident malheureux, voulez-vous ? » Elle plongea son immense regard bleu dans le mien, suppliante, et ses cils sombres frémirent de manière exquise.

Le voleur à la tire se débattait si violemment que, de toute manière, il parviendrait sans doute à se libérer. « Très bien », dis-je d'une voix imperceptiblement plus grave qu'à l'habitude. « À une seule condition.

— Oh, *tout* ce que vous voudrez, fit-elle d'un ton chantant, avec son ravissant accent anglais.

— Autorisez-moi à vous raccompagner chez vous, pour plus de sûreté.

— Oh, mais avec plaisir. Je vous en suis extrêmement reconnaissante. »

Sur quoi je laissai filer le gamin, qui me décocha un coup de pied au tibia avant de disparaître dans la foule. « Espèce de sale petit... » commençai-je, me reprenant promptement. « Pauvre âme fourvoyée, ignorante de la Foi. Eh bien, allons-y », dis-je, lui offrant mon bras.

À ma plus grande joie, la jeune fille et son père étaient également descendus dans l'hôtel où Tante Mame et moi allions devoir demeurer onze jours cloîtrés. « C'est absolument épatant », dis-je d'une voix légèrement plus grave encore, plus britannique. « Prenons le thé ensemble, je vous en prie.

— Oh, merci infiniment, ce serait avec plaisir. Mais papa — enfin, mon père — est tellement à cheval sur les principes... Il ne comprendrait simplement pas que je puisse prendre le thé avec un jeune homme auquel je n'ai pas été officiellement présentée.

— C'est vrai, nous ne nous sommes pas présentés.

Eh bien, laissez-moi commencer. Patrick Dennis, de New York. Je voyage avec ma tante veuve, Mrs. Beauregard Burnside. » Oh, étais-je homme du monde ! « Nous effectuons un voyage culturel, avant que je ne rejoigne l'université, pour finir mes études d'archéologie.

— Oh, vous êtes à l'université ?

— Mon Dieu, j'en ai presque terminé. » Ce qui n'était sans doute pas faux. Au rythme auquel nous rentrions, je serais sans doute trop vieux pour entrer dans n'importe quelle école. « Je suis en dernière année, bien sûr. Vous savez, j'ai presque vingt et un ans. Je vous en prie, asseyez-vous, je vais commander du thé. Demandez à votre père de se joindre à nous, si vous le souhaitez. » Sur quoi je claquai des mains comme un pacha pour appeler le serveur.

Elle s'assit donc, les chevilles croisées, l'air à la fois réservé et provocant, si vous voyez ce que je veux dire. « Très bien, mais je ne pourrai pas rester longtemps. Je m'appelle Rosemary Shumway. Mon père est pasteur missionnaire, pauvre, mais riche de sa foi, et nous rentrons en Chine, à la petite mission — oh, je suis certaine que vous n'en avez jamais entendu parler — où papa remplit humblement sa tâche au service de Notre-Seigneur.

— Ce doit être une existence bien fascinante, chère Miss Shumway. Je parierais que vous parlez couramment plusieurs dialectes chinois.

— Hélas non. Mon pauvre papa est demeuré seul ces dernières années, sans même mon réconfort, pendant que j'étais à l'école, en Angleterre. Je n'ai que dix-huit ans, voyez-vous.

— Oh, comme... comme j'aimerais avoir de nouveau dix-huit ans ! fis-je d'une voix attendrie, vaguement protectrice.

— Au cours de ces années où nous avons été

séparés, mon désir le plus cher a toujours été d'être à ses côtés, pour répandre la parole de Dieu chez les malheureux incroyants. Et à présent, avec cette guerre tragique entre la Chine et le Japon, je suis heureuse d'être enfin près de lui pour le soutenir et l'aider.

— Eh bien, tout cela est magnifique », dis-je. Son existence ne me semblait guère fascinante. « Et je suis absolument ravi que vous soyez descendus dans cet hôtel. Ma tante et moi devons attendre une dizaine de jours avant de pouvoir rentrer à New York. Mais cela ne me paraîtra plus aussi long, à présent. Port-Saïd n'est certes pas Paris, mais il y a un orchestre dans l'hôtel, et... Enfin, nous pourrions passer quelques soirées très...

— Oh, je crains que ce ne soit impossible », dit Rosemary, ses longs cils balayant ses pommettes. « Papa et moi n'avons pas les moyens de demeurer dans un hôtel de luxe. Nous partons demain à l'aube, sur un bateau grec, sitôt le chargement de papa à bord.

— Son chargement ?

— Oh, oui », fit Rosemary, le visage baigné d'une lumière béatifique. « Papa a toujours voulu, plus que tout, avoir assez de bibles en chinois pour ses ouailles, et un grand orgue. Et il les a enfin obtenus ! Je suis si heureuse pour lui ! Donc, nous embarquons à l'aube à bord du *Lesbos*, pour Dieu sait quelle aventure extraordinaire — deux Soldats de Dieu, prêts à répandre Sa parole.

— Oh, c'est trop dommage... Enfin, pour moi. Il faut que je rentre aux États-Unis, mais l'idée de devoir attendre dans cette...

— Mais le *Lesbos* va aux États-Unis. Il accoste à San Francisco. Il effectue d'ailleurs une traversée très intéressante, en passant par le canal de Suez, puis la mer Rouge, jusqu'à Aden — j'aimerais tellement, tellement voir la mer Rouge...

— Vous vous attendez à la voir s'ouvrir ?

— ... et ensuite Bombay, je crois, puis Ceylan, Singapour, Saigon, Shanghai...

— *Shanghai ?* Mais c'est la guerre, là-bas, vous ne l'ignorez pas ? D'après ce que j'ai vu dans les journaux, Shanghai n'est plus que ruines.

— Alors, aussi près de Shanghai que possible, pour les bibles et l'orgue de papa. Et ensuite...

— Rosemary ! » fit une voix d'homme. « Rosemary, ma chérie, papa te cherche partout ! » Levant les yeux, je vis le révérend Shumway, dans sa tenue sacerdotale, version pays chauds. Mais, grâce à Dieu, Rosemary ne ressemblait nullement à son père. Le révérend Shumway était un homme d'âge et de taille moyens, au teint fleuri, chauve comme un œuf, et luisant de sueur. Il avait un visage lunaire, des yeux en groseille à maquereau, une sorte d'appendice long et sinueux en guise de nez, et une petite bonde de lavabo à la place de la bouche. « Rosemary, ma chérie, tu sais bien que papa n'aime pas que tu parles à...

— Oh, papa, je t'en prie », fit Rosemary, bondissant légèrement sur sa chaise, comme une petite fille. « Ce jeune homme est américain, et s'appelle Mr. Dennis. Il est descendu dans cet hôtel, et sans ses réflexes et sa galanterie, j'aurais tout perdu — argent, traveller's cheques, passeport. Mr. Dennis, je vous présente mon père, le révérend Shumway. Je lui ai parlé de ta *mission* en *Chine*, papa.

— Enchanté, monsieur », dis-je, serrant sa main froide et humide. « Souhaitez-vous vous joindre à nous ?

— Avec joie », dit-il, prenant une chaise. « Quel sort terrible ce serait, pour un pauvre serviteur de Notre-Seigneur, de se retrouver démuni de tout dans cette ville sans foi ni loi ! Comme il est dit dans la Bible, "Qui vole ma bourse vole la poussière"... Mais la perte de cette... hhhrrrmmm... “poussière” serait un coup terrible, pour ma fille et pour moi. Hhhrrrmm. Avec du citron, s’il vous plaît, pas de lait. Veux-tu bien me passer une serviette, ma chérie ?

— Imagine-toi, papa, que Mr. Dennis et son adorable vieille tante vont devoir demeurer presque quinze jours dans cet endroit abominable, en attendant un bateau pour les États-Unis. N’est-ce pas effrayant ?

— Scandaleux. Ces petits *gâteaux** ont l’air monstrueusement bons, Rosemary. Veux-tu bien m’en passer un, ma chérie ?

— D’après ce que m’a dit Rosemary — votre fille, veux-je dire —, votre voyage me paraît des plus intéressants. Je ne suis jamais allé en Extrême-Orient. Mais je suis sûr qu’il doit être impossible de s’y rendre à présent, à cause de cette guerre. Donc, je pense que ma tante et moi n’avons pas le choix...

— N’y aurait-il pas une possibilité sur notre... commença Rosemary.

— Comme il est étrange que tu me poses cette question, ma fille adorée », dit le révérend Shumway, s’essuyant les lèvres. « Comme il est dit dans la Bible, “Les voies de Dieu sont impénétrables”. J’ai appris, aujourd’hui même, que le Dr Partridge et son épouse — un couple admirable, qui travaille au service de Notre-Seigneur — ont dû annuler leur voyage au dernier moment. Un décès dans la famille », ajouta-t-il du ton que l’on emploie généralement pour évoquer les avortements clandestins. « Il se trouve donc qu’il y a deux couchettes libres, sur notre navire. Un de ces éclairs, s’il te plaît, ma chérie.

— Ce serait fantastique ! Mais nous aurions besoin de trois places, en fait.

— De trois places ?

— La troisième est pour Ito. C’est le... c’est un chauffeur japonais que ma tante a christianisé, révérend

Shumway. Notre voiture est déjà en route pour l'Amérique, mais je ne pense pas que Tante Mame aimerait savoir Ito seul dans une ville pareille... Elle ne voudrait pas l'abandonner ici, où l'influence de l'islam est si prégnante.

— Un Japonais ? répéta le révérend Shumway, plissant le front et les lèvres.

— Eh bien, oui », repris-je précipitamment, « mais totalement américanisé — et christianisé. Ma tante est une femme extrêmement pieuse. Et en fait, Ito n'est pas réellement japonais. Il est né en Californie. Mon Dieu, Ito est, je pense, ce que l'on peut appeler un neutre.

— Splendide ! Splendide, mon cher garçon ! Et c'est, une fois encore, la main de Dieu qui apparaît. J'avais complètement oublié que le fils des Partridge, John Wesley, a dû lui aussi annuler sa traversée, à cause de cette tragédie imprévisible. Et donc, il y a effectivement de la place pour vous trois, sur le bateau. Mais je dois vous prévenir que ce n'est pas un paquebot de luxe. C'est un petit transporteur de marchandises, tout simple — oh, impeccable, bien sûr —, commandé par un homme très bien, un Athénien que j'ai eu le bonheur de sauver de l'orthodoxie grecque.

— Oh, ma tante a des goûts très simples. Je peux monter lui en parler, et vous donner la réponse tout de suite. Et, mon Dieu, je me demandais, monsieur, si vous verriez une objection à ce que j'invite votre fille à dîner, ce soir.

— Oh, Mr. Dennis, je n'ose pas, fit Rosemary, rougissant à ravir.

— Mais je n'y vois nulle objection, jeune homme. En fait, j'ai quelques engagements de dernière minute, et c'est d'un cœur plus léger que je parlerai au nom de Notre-Seigneur, si je sais que ma fille est en de bonnes mains. Nous ne bougeons pas, en attendant votre réponse. Oh, et pourriez-vous au passage faire signe au serveur de nous apporter encore du thé, et peut-être quelques sandwiches, et aussi un plateau de ces délicieux *petits fours** ? »

Je déboulai dans nos chambres, appelant Tante Mame.

« Qui est cette jeune dame avec qui je t'ai vu ? » s'enquit-elle. « J'allais descendre prendre le thé quand je vous ai aperçus, entre les palmiers en pot. Jolie, en tout cas. Je me demande *bien* ce qu'elle utilise, pour ses cheveux. Enfin, je suis allée au bar. Et quand je suis revenue, grands dieux, mais tu étais avec toute la Ligue d'Epworth. Qu'est-ce qui t'arrive, Patrick ?

— Elle s'appelle Rosemary Shumway », dis-je d'un ton compassé. « Son père et elle sont missionnaires en Chine. Ils sont anglais, et elle vient d'avoir dix-huit ans.

— Patrick ! Si cette fille a *dix-huit* ans, moi, j'en ai douze. Bref, où dînons-nous ? Certainement pas dans ce bouge où sévit la diseuse de bonne aventure.

— Eh bien, Tante Mame, je me suis, euh, plus ou moins engagé, pour le dîner — pensant, évidemment, que vous préféreriez rester ici, avec Proust.

— Je vois, fit-elle, me lançant un coup d'œil ironique.

— Mais je suis monté pour vous dire quelque chose, Tante Mame. Le révérend Shumway et Rosemary embarquent demain sur un bateau grec très agréable — une espèce de yacht, en fait. Et ils disent qu'ils peuvent nous avoir trois places à bord. De plus, le voyage me paraît très intéressant — pédagogique, même. Le bateau passe par toute sorte d'endroits passionnants, comme Aden, Colombo, Bombay, la Chine et... Enfin, nous avons déjà avancé si loin dans le continent, pourquoi ne pas continuer tout droit ? Nous débarquerions à San Francisco, et je ne connais pas non plus la Californie. Ce serait beaucoup plus rapide que d'attendre que le *Rex* fasse escale ici, et...

— Mais Patrick, je dispose de *tout* le temps, moi ; c'est *toi* qui m'as toujours semblé pressé de rentrer à l'université. Cette Rosalie n'a pas...

— Rosemary, Tante Mame. Rosemary Shumway. Oh, Tante Mame, elle est adorable. Si belle, si bien élevée, la spiritualité même. Et son père est un homme de Dieu, il irradie la foi. Rendez-vous compte qu'ils nous font l'amitié de s'occuper de nous, de nous procurer la chance de faire cette croisière si culturelle, et...

— Très bien, très bien », soupira Tante Mame. « Je ne sais peut-être pas reconnaître au premier coup d'œil la spiritualité et les hommes qui irradient la foi, mais je reconnais très bien le désir quand je le vois à l'œuvre. Tu l'auras, ta croisière amoureuse. En outre, je ne déteste pas les pays chauds et l'agitation politique. Tu peux descendre et dire à ta Rosalind que nous partons avec eux. Un yacht grec, cela me tente assez. Combien coûtent les billets, et à quelle heure embarquons-nous ? »

Ce soir-là, Rosemary et moi dînâmes à l'hôtel. Lui ayant dit que j'avais vingt et un ans, que j'avais quasiment quitté l'université, et que j'étais un homme du monde accompli, je ne lésinai pas — cravate blanche, habit de soirée, champagne frappé, etc. Rosemary était ravissante, toute en tulle anglais, et, bien qu'elle parût tout d'abord choquée que j'eusse commandé du champagne, elle parvint néanmoins à en boire une quantité raisonnable, allant jusqu'à suggérer — Dieu la bénisse — une seconde bouteille. Nous dansâmes aux accords langoureux des toutes dernières chansons importées d'Amérique, telles *Too Much Mustard* et *Dardanella*. Rosemary se montra tout d'abord très réservée, et quelque peu sur son quant-à-soi, mais je pus enfin la tenir contre moi sur la piste de danse, et même esquisser un petit joue à joue.

Deux heures sonnaient quand je la raccompagnai à sa chambre. « Je ne savais pas que sortir avec un homme pouvait être une chose aussi plaisante », m'avoua-t-elle, le regard embrumé. « J'ai mené une existence si recluse, vous savez. » Sur quoi elle me serra la main avec passion, et je compris qu'elle était prête pour un baiser.

« Ah, mais attendez que nous soyons en mer », dis-je. « Vous verrez, les escales, les restaurants intimes et élégants, et... Oh, Rosemary, jamais je n'ai rencontré de jeune fille aussi belle que vous. » Sur quoi je l'enlaçai — sans grande adresse. La porte s'ouvrit soudain sur le révérend Shumway, en chemise de nuit de flanelle douteuse.

« Rosemary, mon enfant », dit-il, « il est terriblement tard. Il faut rentrer, maintenant. Bonne nuit, mon cher garçon. À demain, sur le pont ! » Fin de l'étreinte passionnée.

J'avais à peine eu le temps de troquer ma tenue de soirée contre des vêtements plus adéquats quand j'entendis sonner le réveil de voyage de Tante Mame. Elle se leva d'humeur massacrante. « Bon Dieu ! Il fait noir comme dans un chapeau ! Ito ! » Elle continua de pester et de rager dans le taxi miteux qui nous conduisait au port, et je craignais sa réaction en voyant que le *Lesbos* ne larguait pas les amarres à l'embarcadère le plus chic, pour autant que Port-Saïd pût avoir un embarcadère chic. Mais il faisait si sombre que personne ne pouvait rien distinguer. Dans l'aube d'un gris taupe, la silhouette du *Lesbos* se dessinait vaguement ; il semblait effectivement assez petit pour être un yacht, mais l'intérieur, brillamment éclairé, ne paraissait pas offrir tous les raffinements — cuivres rutilants, lambris d'acajou — généralement associés à ce mot. L'escalier des cabines, assez à pic, était crasseux et bruyant, les marches étrangement couvertes de flaques boueuses. On entendait des sifflements et des claquements de machinerie, entrecoupés de jurons sonores, en grec supposai-je.

Un petit steward sec et nerveux — il portait un pull-over marron et effiloché, non une veste immaculée, mais *j'imagine* que c'était un steward — s'avança vers nous d'un pas résolu, et émit un ricanement déplaisant, jetant un regard sur nos bagages. Tante Mame n'a jamais été du genre à voyager les mains dans les poches.

« *Ποῦ στὸ διὰολο νομ ἴξεις θὰ τὰ βάλω*, dit-il.

— Bonsoir ! » fit Tante Mame, avec un sourire aussi radieux que forcé. « Mais peut-être devrais-je dire “bonjour” ?

— *Τὸ Χριστό σου*, répondit le steward.

— Bien sûr, je n'ai nullement besoin de tous ces bagages pour la traversée », dit Tante Mame. « Nous avons tout rangé de manière très pratique. J'ai mis mes vêtements de sport et quelques petites robes de dîner toutes simples dans ces sacs en alligator. Quant aux autres bagages, et à la malle, ils peuvent aller dans la soute, sans aucun problème. Comprenez-vous ? fit-elle, lui adressant un sourire ensorcelant, gaspillage pur et simple.

— *'Ορίστε.*

— Euh... Non, il ne comprend peut-être pas. *Parlez-vous français* ?*

— *'Ορίστε.*

— Bon... *Sprechen Sie deutsch ?*

— *'Ορίστε.*

— *¿ Habla usted español ?*

— *'Ορίστε* », répéta le steward, ajoutant entre ses dents quelque chose comme « *'Η βρωμο-*

'Αμεμιανίζα ! », avant de cracher par terre. Sur ces fortes paroles, il appela un copain, un marin de Samos, grand, la mine morose. « *'Ε, ε'σύ βοήθα με !* »

Celui-ci prit six ou sept des valises de Tante Mame, ajoutant « suivez-moi » en anglais.

Compte tenu des dimensions modestes du *Lesbos*, le trajet m'apparut étonnamment long pour atteindre nos cabines — lesquelles méritaient, littéralement, cette appellation, évoquant effectivement des sortes de cabines téléphoniques flottantes. Il me sembla que nous pénétrions jusqu'au tréfonds du vieux rafiot. Le sol était détrempé d'eau de cale, et planait une odeur omniprésente de vieille lavette à vaisselle. Je me dis que le révérend Shumway avait dû emporter assez de bibles pour tous les Chinois, car le bateau était si enfoncé dans l'eau que c'eût été pure folie que d'ouvrir un hublot.

« *'Εδῶ'*, déclara le steward, nous désignant trois cabines minuscules, situées juste au-dessus de l'hélice.

— *'Εδῶ, θὰ πε σουνε στὴ θὰλασσα !* renchérit le marin dans un rugissement de rire, exhibant un superbe rangée de dents en or.

— Uniquement les sacs en alligator, dans ma cabine, je vous prie », dit Tante Mame. Puis, avec quelques gestes expressifs : « *Seulement les portemanteaux** — je veux dire *le bagage d'alligateur**... Comment diable dit-on “alligator”, mon chéri ?... *Seulement le bagage crocodile dans ma cabine**. Oh, non ! » Le steward et son collègue, ne comprenant rien, empilèrent tous ses bagages à l'intéricur.

La cabine de Tante Mame était une cambuse crasseuse d'environ deux mètres sur deux mètres dix, garnie d'un grabat, d'une commode avec cuvette et broc, d'une chaise à dossier droit, d'un gilet de sauvetage avec une notice exhaustive en grec, expliquant quoi faire en cas de naufrage, et de dix-huit sacs, valises et malles.

« *Dov' è la stanza di bagno ?* tenta-t-elle en italien.

— *Σκάσε* », répondit le steward, claquant la porte sur la suite du cours de langues vivantes.

La cabine d'Ito et la mienne étaient encore plus petites que celle de Tante Mame, mais nous n'avions pas tant de choses à y loger. Le steward avait à peine tourné les talons que Tante Mame frappait à ma porte d'un poing énergique. « Un *yacht* grec, hein ? Ce rafiot est si vieux que je suis sûre que c'est celui dont parle Homère.

— Oh, il n'est pas si terrible, fis-je, sans conviction.

— Pas si terrible ? Il est absolument... » Un coup de sifflet strident retentit, et les machines, juste au-dessous de nous, se mirent en route avec une vibration qui fit tressauter les meubles.

« Dites, Tante Mame ! Montons sur le pont, pour voir le port s'éloigner.

— Écoutez-moi bien, jeune homme, vous allez où *moi* je vais, c'est-à-dire au lit, pour dormir encore quelques heures. Tu n'as pas dix-huit ans, et je ne te laisserai pas te ruiner la san...

— Pas si fort, je vous en prie. Rosemary croit que j'ai vingt et un ans, et que je suis en dernière année d'université. Vous ne direz rien, n'est-ce pas ?

— Ooooh ? » fit Tante Mame. « Mon Dieu, peu m'importe l'âge que tu prétends avoir. File au lit. Tout ce que je sais, c'est que *je* ne suis pas assez âgée pour en supporter davantage pour l'instant. Tu auras tout le temps de la voir demain. Et en fait, Patrick, cette épave flottante n'est pas si terrible, mon chéri. Enfin, si c'est ce que tu désirais. Disons que c'est *autre chose*. » Sur quoi elle m'embrassa et rejoignit sa cellule. Je m'étendis une seconde sur ma couchette. Quand je rouvris les yeux, il était midi.

Je m'éveillai dans une mare de sueur. L'air stagnait dans ma petite cabine, lourd, immobile. Souhaitant paraître à mon avantage devant Rosemary, je passai une robe de chambre et descendis à tâtons l'escalier sombre et puant, à la recherche d'une salle de bains. Les panneaux étant rédigés en grec, je dus essayer toutes les portes. Les trois premières étaient verrouillées. La quatrième s'ouvrit sur un homme qui ronflait sur sa couchette. Un rat s'échappa par la cinquième. La sixième, qui portait la mention « *μπάνιο* », se révéla être celle de la salle de bains — pièce étouffante et nauséabonde, proposant un WC immonde, deux lavabos ourlés de crasse, et une grande et antique baignoire, également parée d'un liséré duveteux et d'un bouchon de cheveux et de poils obstruant la bonde.

À peine rafraîchi, je m'habillai et me dirigeai vers le pont ouvert. Je n'avais vu le *Lesbos* qu'en pleine nuit, et l'obscurité lui allait bien. Le bateau que le père de Rosemary m'avait décrit comme « tout simple », mais « impeccable », était infect, au-delà de toute expression — la rouille craquait sous les pieds, la peinture s'écaillait par plaques. L'unique cheminée crachait de gros flocons de suie directement sur l'équipage et les passagers, les auvents de toile étant depuis longtemps réduits à l'état de lambeaux. À propos d'équipage et de passagers, je dois dire qu'ils étaient pratiquement inexistants. Si j'avais pu m'étonner que trois places se libèrent soudain, comme par enchantement, ce n'était plus le cas. Quant à l'équipage, il se composait d'une poignée de Turcs taciturnes, l'air abruti, probablement embarqués de force, et largement suffisants pour le peu de travail qu'ils avaient à faire.

À présent, nous traversions lentement le canal de Suez. Il faisait une chaleur infernale sur le pont. Pas un souffle d'air. Je découvris une pièce assez grande, quoique sordide, que je devinai être le salon. Contournant un fouillis de meubles de rotin dignes d'une salle des ventes de province, je m'assis pour attendre l'apparition divine de Rosemary. Au plafond douteux, un ventilateur tournait mollement, l'air déprimé. Il y avait quelques magazines grecs et écornés, intitulés *Η Σοκράτικη Φιλοσοφία* et *τῆζ θειâζ*, et quelques numéros de *The Modern Priscilla*, visiblement abandonnés là vers 1907 pour le délassement et la distraction des passagers, et qui n'avaient rien d'attirant. J'attendais, en sueur, la faim au ventre, la gorge sèche.

Presque une heure s'écoula ainsi. Pas de Rosemary. Personne. À une heure, Tante Mame arrivait d'un pas léger.

« Oh, Patrick, te voilà, mon petit amour ! As-tu réussi à fermer l'œil ? Moi, je n'ai jamais été aussi secouée depuis le jour où Vera a acheté cette ceinture amaigrissante.

— Il n'est pas sensationnel, mon yacht grec, hein ? fis-je, la mine sombre.

— Oh, ne t'inquiète pas pour cela, mon chéri. Aucun sacrifice ne sera trop grand pour ta romance en mer. Ah, je n'oublierai jamais la première fois où mon père *m'a* emmenée à l'étranger. Nous avons voyagé sur le *Lusitania*, c'était absolument divin. J'avais trois étudiants de Rhodes, la chorale de Yale, les jeunes officiers et Wally Reid à mes pieds. Bien sûr, je n'étais pas la *seule* jeune fille à bord, mais les autres, mon Dieu, c'étaient trois mochetés échappées d'une espèce d'école religieuse absolument grotesque de... mince, je ne me souviens plus du tout — Migraine, dans le Missouri, un machin comme ça. Quoi qu'il en soit, j'étais — Oh, quelle folie, quand j'y repense ! — en train de flirter gentiment dans un canot de sauvetage avec un superbe jeune...

— Hum, excusez-moi, Tante Mame, mais j'aimerais bien mettre une petite chose au point avec vous, avant que vous ne rencontriez Rosemary et le révérend Shumway. Euh... Ils ne sont pas comme nous — enfin, comme *vous*. Ce sont des missionnaires, des gens très stricts. Et si vous pouviez éviter de trop parler d'alcool, faire un peu attention à vos expressions...

— Oh, mon chéri, mais tu *plaisantes* ! Pour ce qui est de l'alcool, j'ai déjà écumé ce bateau pour trouver un bar, et il n'y en a *pas*. Quant à mes expressions, mon chéri, je te promets que même si je fous les deux pieds dans la... Grands dieux, Patrick ! *Serait-ce* cette Miss Shumway dont tu m'as tant parlé ? Mais elle est ravissante ! »

Je levai les yeux. Devant nous se tenait Rosemary, incarnation virginale de la vertu britannique. Je fis les présentations et observai Tante Mame et Rosemary qui se jaugeaient comme seules deux femmes savent le faire. Sans trop savoir pourquoi, elles me faisaient penser à deux boxeurs, chacun dans un coin du ring.

« *Eh bien !* » s'exclama Tante Mame après un silence relativement long, « ce voyage *promet* d'être fort distrayant — une longue, longue croisière sur ce petit bateau si délicieusement simple. Nous allons *vraiment* pouvoir apprendre à nous connaître les uns les autres, n'est-ce pas ? Dites-moi, ma chèèèah' Rosamond, Patrick me dit que vous étiez en pension, en Angleterre. Laquelle ? Je veux tout, tout savoir ! »

Rosemary semblait encore plus réservée face à Tante Mame qu'elle ne l'avait été envers moi, toute en regards baissés et chuchotements inaudibles. Pour la première fois, je souhaitai que son vieux barbon de père fût là pour entretenir la conversation.

Je n'eus pas longtemps à attendre. Précédé d'un « Hhhrrrmmm » sonore, le révérend Shumway apparut, le visage rose et luisant comme une glace à la fraise. De nouveau je fis les présentations, avec une suavité toute mondaine.

« Ah, chère Madame », dit le révérend Shumway, sa petite bouche en entonnoir froncée en un sourire acide,

« j'étais si impatient de faire la connaissance de la, hhhrrrmm, tante de ce superbe jeune homme.

— Merci, mon révérend », dit Tante Mame, visiblement sur le point de s'agenouiller pour embrasser son anneau. Je ne pus m'empêcher de remarquer que ses narines frémissaient. « L'étude comparée des diverses religions a toujours été pour moi un sujet fascinant, et je suis certaine que nous pourrons avoir tous deux des conversations passionnantes, sur ce charmant petit yacht. »

Le révérend Shumway, comme pris de court, recula d'un pas, soudain saisi d'une farouche quinte de toux. Rosemary semblait quelque peu hagarde, ses mains pâles tripotant nerveusement son corsage. Ayant vu Joan Crawford dans *Rain*, je me demandai si le révérend n'avait pas discerné en Tante Mame une réincarnation de Sadie Thomson. Mais un coup d'œil discret dans sa direction me rassura pleinement. Elle portait une sage robe bleu marine passepoilée de blanc, des souliers décents, et un seul rang de perles. Si Tante Mame n'évoquait pas exactement une grenouille de bénitier, elle avait néanmoins un certain *chic** épiscopalien, auquel même la plus masochiste des sectes n'aurait rien pu trouver à redire.

« Oui, révérend Shumway », reprit-elle, sans se laisser troubler, « la lecture des Saintes Écritures m'a toujours profondément intéressée. Non seulement elles subliment la pensée, en cette triste époque de romans réalistes, mais de plus...

— Hhhrrrmmm ! fit le révérend Shumway.

— Le déjeuner a l'air d'être un peu en retard, intervins-je, avec un regard suppliant vers Tante Mame.

— Oh, ce qui me rappelle que le capitaine nous a invités à sa table, déclara le révérend Shumway.

— N'est-ce pas charmant à lui ? » fit Tante Mame. « Comme je le dis toujours, peu importe qu'un bateau soit minable — modeste, veux-je dire —, tant que la nourriture et la compagnie sont de qualité. Et je peux vous assurer que la vraie cuisine grecque est un pur péché — sans vouloir vous offenser, mon révérend.

— Hhhrrrmmm, mais pas du tout.

— Madame Adam, ma grande amie grecque, est un véritable cordon-bleu. Ah, son caviar... Divin... Elle utilise des œufs de brochet et... »

Tante Mame se vit interrompue par une espèce de petit singe mal rasé, vêtu d'un spencer maculé de taches, qui passait la tête à la porte. « *Φαή* », dit-il. Puis il fit un vague geste en direction de la salle à manger.

Si nous nous trouvions à la table du capitaine, c'est qu'il n'y en avait pas d'autre. La nappe était couverte de taches de vin, de croûtes de ketchup, de sauce desséchée et d'auréoles d'huile d'olive rance. Au centre, trônait un élégant plateau de sel, poivre, huile, vinaigre, ketchup et cure-dents, qui s'entrechoquaient bruyamment, à cause des vibrations du moteur. Un vase d'œillets artificiels poussiéreux et une grande photo retouchée de Pola Negri complétaient le *décor** du mess des officiers.

Le capitaine était gras et velu. Il portait un maillot de corps, un pantalon dont il avait dégrafé les deux ou trois premiers boutons pour soulager sa bedaine, des mules de feutre et — apparaissant timidement sous la broussaille des poils, sur la poitrine et les bras — des tatouages représentant des dames légèrement vêtues. Toutes ses dents étaient d'un or étincelant, et il parvenait à manger, parler, fumer et boire sans ôter son cure-dent.

Seuls le second, le chef des machines et le second maître avaient l'honneur de prendre place à la table du capitaine — c'étaient d'ailleurs les seuls officiers à bord. Ils firent une apparition éclair, l'air maussade, mangeant sans dire un mot, sauf pour se quereller bruyamment en grec, sur quoi le capitaine, frappant violemment du poing sur la table, ordonna « *Σκάοτε, κερατάδες* ». À part cela, c'est Tante Mame qui mena l'essentiel de la conversation.

« Ooooh ! Tout cela n'est-il pas fascinant ! » s'exclama-t-elle sitôt assise. Mais son visage changea quand le steward lui tendit le menu. « Mais c'est la pierre de Rosette ! » fit-elle. Ceux qui lisaient le grec ne sachant — ou ne voulant — pas parler anglais, Tante Mame déclara : « *Ça*, ça m'a l'air très bon. » Suivant son ongle rouge et pointu, je lus : *καπαμά*.

« Je vais en prendre aussi », dis-je.

Le numéro 15 se révéla être un ragoût filandreux, auquel je ne touchai pas.

Je ne sais quelles merveilles culinaires préparait sa vieille amie Madame Adam mais, ce jour-là, rien de simplement mangeable ne nous fut proposé à bord du *Lesbos*. Le mess était suffocant, et empestait le graillon refroidi. Les mouches se posaient partout, avant de s'éloigner à tire-d'aile, l'air outré. Même *elles* n'appréciaient pas le menu.

« C'est curieux », déclara Tante Mame, « je n'ai pas très faim, aujourd'hui. J'ai toujours trouvé la cuisine grecque délicieuse, mais ceci...

— Ah, ne vous inquiétez pas, chère Madame », répondit le révérend Shumway d'une voix apaisante. « Je pense que les cuisines ne sont pas encore tout à fait prêtes. Après tout, c'est notre premier repas en mer. Hhhrrrmmm !

— Oui, sans doute. Mon Dieu, je pense que je vais quand même goûter un peu ce charmant petit vin — *si* personne n'y voit d'objection.

— Chère Madame, ma fille et moi ne partageons ni le pain ni le vin. Mais je vous en prie...

— Oh, allons, révérend Shumway. Comme il est dit

dans la Bible : “Bois de bon cœur ton vin, car déjà Dieu a agréé tes œuvres” — Ecclésiaste, 7. »

Sur quoi Tante Mame se servit. Pour ma part, je refusai prudemment. « Beurk ! » fit-elle, reposant précipitamment son verre. « Ce n'est pas du vin, c'est du *vinaigre* ! Et maintenant, révérend Shumway, si vous nous parliez un peu de ce travail passionnant que vous effectuez à la mission.

— Mon Dieu, chère Madame, euh, hhhrrrmmm... Je ne sais trop par où commencer. » Son front ruisselait de sueur.

« Eh bien, par le commencement. La traversée va être longue, et vous aurez le temps de tout m'expliquer. En outre, je souhaite rafraîchir un peu mon latin, et quelle meilleure occasion aurais-je d'apprendre le grec — surtout avec un mentor comme vous, qui devez maîtriser parfaitement les langues classiques. Dites-moi, dans quel séminaire avez-vous commencé d'épanouir votre foi ?

— Euh... Hhhrrrmmm, je... » Comme le révérend Shumway allait se lancer dans l'évocation de ses souvenirs liturgiques, les moteurs du *Lesbos* s'arrêtèrent brusquement, dans un grincement à fendre l'âme. « Ah ! » fit-il, se dirigeant vers un hublot. « Nous voici au bout du canal de Suez, et déjà à l'entrée de cette légendaire mer Rouge. Si nous montions sur le pont, pour la saluer ?

— Excellente idée ! » déclara Tante Mame.

Nous nous rendîmes donc sur le pont arrière et nous installâmes sur de vieux transats branlants, observant un officier britannique qui montait à bord, vêtu d'un short immaculé. « Excusez-moi, Madame, excusez-moi, mon père, où pourrais-je trouver le capitaine, je vous prie ? » s'enquit-il. « Hum, voyons... C'est bien le *Lesbos*, vaisseau grec sous pavillon nicaraguayen ? Étrange.

— Le capitaine est, hhhmmmrrr, dans les parages, Monsieur », dit le révérend Shumway, « mais malheureusement, il ne parle pas anglais.

— J'ai pour ordre de vérifier la cargaison. Je sais que c'est contraire aux usages, mais avec ce conflit sino-japonais...

— Ah, mais vous vous adressez précisément à la bonne personne, Monsieur », intervint Tante Mame. « Cet homme de foi est le propriétaire de la cargaison, et Dieu sait que celle-ci est précieuse, puisqu'elle est entièrement composée de bibles en chinois, grâce auxquelles le révérend Shumway, ici présent, pourra prêcher la bonne parole aux païens de l'Orient. N'est-ce pas, mon révérend ?

— Hhhrrrmmm. Eh bien, hum, oui.

— Et nous transportons également un magnifique orgue Wurlitzer, pour que nos frères jaunes puissent entonner les chants spirituels », reprit Tante Mame. « D'ailleurs, révérend Shumway, pourquoi ne pas nous réunir un soir autour du piano du salon, pour chanter ensemble quelques-uns de ces hymnes superbes et éternels ? Ah, oui, cette cargaison est plus précieuse que des perles, pour le révérend Shumway, et je suis certaine qu'il se fera une fierté de vous la montrer.

— Hhhrrrmmm. Eh bien, tout ceci est... contraire aux usages, en effet, et... hhhrrrmmm.

— Mon Dieu, je crois que ce serait une perte de temps, et je ne vais donc pas vous retenir plus longtemps, déclara l'officier.

— Ah », reprit Tante Mame, élevant une main pieuse, « c'est donc *moi* qui vous retiendrai, un instant. Nous allons nous agenouiller sur ce pont brûlant — si la saleté ne vous incommode pas trop — et prier, guidés par le révérend Shumway, pour que notre voyage soit paisible, et pour un règlement de ce conflit si cruel. Venez, Patrick, Mary Rose, à genoux...

— Oh, mais... commença le révérend Shumway, épongeant son front ruisselant.

— Pardonnez-moi », coupa l'officier, l'air absolument effaré, « mais j'ai tellement de bateaux à vérifier, je ne peux guère... Au revoir. » Sur quoi il fila comme un lapin et descendit du bateau avant que le révérend Shumway eût pu tourner son regard vers Notre-Seigneur.

« Eh bien », fit celui-ci, épongeant derechef son front ruisselant et cramoisi, « ma chère Rosemary, pourquoi ne tiendrais-tu pas compagnie à ce charmant jeune homme, pendant que nous finissons de remplir les formalités ? Il fait une telle chaleur que, pour ma part, je vais rejoindre ma modeste cellule pour, hhhrrrmmm, pour *méditer* un moment. Si vous voulez bien m'excuser...

— Quant à moi, je vais aussi rejoindre *ma* modeste cellule et essayer de dormir un peu », déclara Tante Mame.

Ce qui nous laissait, Rosemary et moi, tels que je voulais que nous soyons, depuis vingt-quatre heures que je l'avais rencontrée : seuls. Jamais je n'oublierai cet après-midi. Rosemary était la perfection même, indicible. Douce, timide, et en même temps ardente et passionnée. Et quand je dis ardente, le mot est faible. Sur le *Lesbos*, immobilisé en plein soleil, attendant de quitter le canal de Suez, la température dépassait allégrement les quarante degrés. Mais peu m'importait. Nous nous installâmes sur le divan de rotin grinçant de la cabine-salon, dans la brise épuisée que dispensait le ventilateur. Tout en tenant des propos insipides, je m'approchais de Rosemary, centimètre après centimètre. Bien que j'eusse déjà eu quelque expérience du flirt aux bals de fin d'année, mes partenaires avaient toujours été des filles de New York, plutôt délurées — oh, cette petite brune de chez Miss Walker !

L'amour, jusqu'alors, c'était pour moi un baiser furtif dans les vestiaires, un chahut au fond d'un taxi. Jamais encore je ne m'étais trouvé seul avec une fille de pasteur anglais, aussi belle que vertueuse, et j'étais nerveux. Mais Rosemary se révéla d'un calme et d'une maîtrise extraordinaires, me parlant tendrement à l'oreille, avec son ravissant accent anglais — infiniment plus châtié que celui de son père. Et soudain, elle se jeta sur moi. Quand je repris mes esprits, j'étais allongé sur le dos, Rosemary rampant sur moi, me suffoquant de baisers. J'eus à peine conscience de la présence de deux officiers du canal, sur le seuil, lesquels filèrent sur la pointe des pieds.

Sur quoi Rosemary se redressa, rouge de confusion, défroissant sa robe. « Excusez-moi, Patrick », dit-elle. « Je ne sais pas du tout ce qui m'a pris.

— Ne vous excusez pas », haletai-je. « J'espère simplement que cela vous reprendra. »

Ce fut le cas. Rosemary me parlait de son travail à la mission quand j'entendis de nouveau des pas sur le pont. Soudain, elle se précipita sur moi, tandis que les deux officiers du port, quelque peu surpris, s'éloignaient discrètement. Je me demandai s'il n'y avait pas un soupçon d'exhibitionnisme chez elle. Quoi qu'il en soit, ce furent les deux heures les plus remarquables que j'eusse jamais passées en compagnie d'une femme.

J'allais passer moi-même à une offensive de front quand le bateau fit soudain une embardée, tandis que s'élevait un rugissement de moteurs, et Rosemary se précipita au hublot.

« Regardez ! » s'écria-t-elle. « Nous sommes repartis. Nous sommes enfin sortis du canal, et nous traversons la mer Rouge ! » En effet, nous traversions la mer Rouge, à toute vapeur, soit sept ou huit nœuds.

« Merveilleux. Et maintenant, encore un petit baiser. Oh, Rosemary ! Vos yeux, vos lèvres, vos cheveux ! »

Fermant les yeux, je m'avançai vers elle pour l'enlacer de nouveau. Quand je les rouvris, elle était déjà sur le pont.

« Pardonnez-moi, je vous en prie, mais il fait une telle chaleur... Je crois que je vais descendre dans ma cabine. C'est l'heure de *ma* méditation.

— Hé, mais attendez une... »

Elle m'envoya un baiser et s'éclipsa.

Bouleversé, je trouvai juste la force de descendre dans ma petite cabine suffocante, de prendre à nouveau un bain, et de passer mon smoking blanc. Tante Mame, elle aussi, avait fait quelque effort d'élégance pour le dîner, mais le *Lesbos* n'exigeait aucunement les mondanités du *Normandie*. Le révérend Shumway avait gardé sa tenue tropicale de pasteur, ornée de taches noires et humides sous les bras. Le capitaine et ses officiers, pour leur part, étaient juste un peu plus sales et en sueur qu'à midi. Rosemary ne parut pas au dîner. Lorsque je m'enquis d'elle, le révérend Shumway me répondit : « Ah, mon cher garçon, ma malheureuse fille ne supporte pas cette chaleur oppressante. Nous la verrons très certainement apparaître dans la soirée, quand la fraîcheur sera tombée. »

Tante Mame désigna cette fois un plat succulent appelé *Γιαχνί*, déclarant : « Cela a l'air fameux. Je suis tellement impatiente d'apprendre le grec, avec l'aide du révérend Shumway. Je connais certes Sigma Khi et Phi Bêta Kappa, et les montres Oméga, mais... » Elle s'interrompit, comme une assiette graisseuse atterrissait brutalement devant elle. C'était le même ragoût que nous avions déjà dégusté à midi.

Il ne nous fallut guère de temps pour achever le repas. Le révérend Shumway accompagna Tante Mame à la cabine-salon et, m'excusant, je filai aussitôt écrire un mot passionné à Rosemary pour lui dire que je l'attendrais sur le pont arrière. Je le glissai sous sa porte et retournai auprès de Tante Mame et du révérend Alfred Shumway. Mais quand j'arrivai au salon, je trouvai Tante Mame toute seule. « Je n'y comprends rien, mon chéri », me dit-elle. « Je lui parlais des Livres deutérocanoniques, comme ça, histoire de lui faire plaisir, et il a filé comme un lapin. Enfin, peu importe. Je vais ôter cette robe absolument étouffante et me replonger dans *Sodome et Gomorrhe*. Ne veille pas trop tard, Lonchivar. » Elle m'embrassa et disparut.

Même en pleine mer, et la nuit tombée, il ne faisait guère plus frais. M'assurant que j'étais impeccablement coiffé, je sortis sur le pont arrière, pour attendre Rosemary. Donc, j'attendis. J'attendis longtemps. Minuit passa, et aucune trace de mon *inamorata*. Puis je dus m'endormir, car l'aube se levait quand j'ouvris les yeux — toujours seul, mais avec un torticolis, et ma veste blanche couverte de suie.

Le lendemain, il fit plus chaud encore. Rosemary n'apparut ni au petit déjeuner, ni au déjeuner. Je glissai un nouveau mot sous sa porte et attendis dans la cabine-salon surchauffée. Tante Mame passa la journée à lire et, à l'heure du dîner, j'avais également épuisé tous les numéros de *The Modern Priscilla*. Le dîner passa. Je mangeai — ou plutôt, ne mangeai pas — seul avec Tante Mame, le révérend Shumway se déclarant trop incommodé par la chaleur. « Eh bien, si c'est le cas, c'est probablement aussi bien comme ça », déclara Tante Mame. « Je ne suis pas sûre que je l'aurais supporté. Quand on pense qu'il existe tant de déodorants efficaces sur le marché, comment un homme de Dieu peut-il rester sans rien faire, quant à cette...

— Allons, Tante Mame, n'abordez pas ce genre de sujet avec lui.

— Oh, mais c'est hors de question, mon chéri. De toute façon, je ne peux aborder *aucun* sujet avec lui sans le voir filer ventre à terre. Ils ont tous deux l'air de me considérer comme le démon incarné. Elle, surtout. Mais j'ai pensé qu'en tant qu'homme tu pourrais peut-être donner à ce pauvre révérend Shumway quelques conseils en matière d'hygiène. Mon Dieu, son projet est de faire venir à lui les païens, pas de les repousser, et...

— Est-ce la chaleur qui vous rend folle ?

— Sans doute. Je crois que je vais descendre et prendre un bon bain frais, avant de lire encore un peu. Ne veille pas trop tard avec ta petite amie. Bonne nuit. »

Nulle inquiétude à avoir. Rosemary ne se montra pas. Ito préparait des plats pour Tante Mame, qu'il lui portait sur un plateau. La délicatesse de son palais était telle que pour rien au monde elle n'aurait repris place à la table du capitaine, lequel, d'ailleurs, apparaissait à présent aux repas seulement vêtu d'une serviette autour des reins — vision qui vous aurait coupé l'appétit chez Lapérouse, pour ne pas parler de la salle à manger du *Lesbos*. Un nouveau billet glissé sous la porte de Rosemary ne donna pas plus de résultat.

Le quatrième jour — il faisait encore plus chaud —, je ne portais plus que mon caleçon de bain, comme tout l'équipage. Les passagers demeurèrent invisibles. Un panneau manuscrit indiquant « Ne Pas Déranger » était accroché à la porte de Tante Mame. En désespoir de cause, je montai jusqu'au petit pont supérieur, espérant y trouver un souffle de vent. De vent, point, mais en passant devant la cabine-radio, je perçus les échos emphatiques de Carroll Gibbons et Ses Amis, qui passaient sur la BBC — non sans force friture. Jetant un coup d'œil par la porte ouverte, je vis un jeune Grec qui buvait du vin au goulot. Installé devant une radio quelque peu vétuste, il avait aménagé son carré de manière aussi intime que hideuse, avec un horrible tapis turc sur le sol, des rideaux roses à la fenêtre, des coussins-souvenirs sur sa couchette, une statue de la Liberté en plomb, et des photos punaisées partout. Il devait y en avoir deux cents, dans la minuscule cabine — clichés « coquins » de Jean Harlow, Toby Wing, Mary Carlisle, Ginger Rogers, Mae West, Anita Louise, Alice Faye ; enfin, toutes les blondes possibles et imaginables.

M'apercevant, l'opérateur-radio me sourit. « Hhhelloh », fit-il avec un fort accent. « Entrez. Vous parrrlez anglais ?

— Un peu, oui. Je suis américain.

— Oh ! » s'exclama-t-il avec enthousiasme, me faisant signe de m'asseoir. « Trrrès beau, l'Amérrrrique. Trrrès joli. Alors, vous connaissez mes cousins à Edie, Pencil-vonia. Joli, Edie, Pencil-vonia. J'ai un oncle à Edie, et des cousins aussi. Attends. » Il se rua sur un placard de la taille de ma cabine — à peu près — et en revint chargé de liasses de photos, ainsi que d'une nouvelle bouteille. « Du rrrretsina. Vin grrrec. Trrrès bon. » Il me versa un énorme verre de retsina, si résineux, en effet, que j'eus l'impression de lécher une caisse de violon plus que de boire du vin. « Il est bon ?

— Il est fameux, mentis-je.

— Voilà mes cousins de Edie, Pencil-vonia. Hélène, Caliope, Achille, Pythagore, Socrate, Platon, Terpsychore, Ophélie, Athéna, Hermaphrodite, Midias, Méduse, Pachysandre, et George. Jolis ?

— Très jolis, dis-je, contemplant une série de physionomies broussailleuses, aux yeux comme des prunes.

— C'est mon dernier voyage. Je vais en Amérrrique ; à Edie, Pencil-vonia. J'apprrrends la rrradio ici, surrr le bateau. En Amérrrique, je serrai animateur à la rrradio WLEW, à Edie. Je parrrrle bien anglais, non ?

— Non. Heu, je veux dire si, très bien. Vous devez être la seule personne qui parle anglais, sur ce bateau. »

Sur quoi, réglant le volume sonore de la radio au maximum, El Greco se lança dans un interminable monologue, parlant de lui-même, de ses cousins d'Edie, du jazz, du métier d'animateur de radio. Ayant bravement vidé mon verre de retsina, je me vis offrir une seconde rasade, plus immense encore. Je titubais en quittant El Greco, mais il était dans un état pire que le mien.

Regagnant la petite étuve que j'appelais ma cabine, j'y trouvai un mot de Tante Mame :

Mon garçon chéri,

Ne t'inquiète pas de mon absence prolongée. Je sens bien que Rosemary est timide devant moi. C'est pourquoi je reste dans ma cabine, pour te laisser toutes les chances de mener à bien ta première affaire*. *Comme je l'ai dit, nul sacrifice ne sera trop grand. Et manquer les repas avec le capitaine n'est* nullement *un sacrifice, crois-moi. Si tu veux manger quelque chose de correct, viens dans ma cabine. Mais je suppose que tu préfères demeurer avec elle. Fais bien attention, cela dit. Je ne me sens pas encore tout à fait prête à élever une nouvelle génération.*

Bisous, bisous, bisous,
Tante Mame.

Heureux que Tante Mame ne sache pas à quel point mon histoire d'amour s'avérait un échec, je me déshabillai et pris un nouveau bain. Il faisait si torride quc se laisser bercer dans cette eau tiède et salée était un soulagement. En sortant, je croisai le révérend Shumway qui se rendait aux lavabos, dans une tenue on ne peut plus anticléricale — une robe de chambre de satin rouge. Je ressentais un désir si éperdu de voir Rosemary que même son père se révélait un ersatz convenable. « Révérend Shumway », dis-je, l'interceptant (je compris ce dont voulait parler Tante Mame), je suis si content de vous voir enfin. J'étais inquiet. Vous n'êtes pas venus aux repas depuis... enfin, depuis longtemps. Et Rosemary... ?

— Hhhrrrmmm... elle... euh... Elle jeûne, mon cher garçon. Elle jeûne. » Sur quoi il se dégagea, entra dans la salle de bains et referma la porte.

Je me rendis à ma cabine et rédigeai un nouveau billet pour Rosemary :

Ma chérie,

Pourquoi refusez-vous de me voir, ou même de répondre à mes messages ? Je vous attendrai ce soir encore, comme tous les soirs.

Tout à vous,
Patrick.

Puis je passai mon pantalon et ma chemise les plus légers, et me rendis au mess pour le ragoût. Comme je prenais l'escalier des cabines, je vis Ito qui portait un plateau à Tante Mame. Derrière lui, le steward grec, en vieux sous-vêtements, portait également un plateau, beaucoup plus garni, à Rosemary. Dans la pénombre, j'eus peine à distinguer ce que c'était, mais crus néanmoins identifier un poulet rôti.

Je passai la soirée à attendre Rosemary sur le pont, malade de désir et d'ennui. À onze heures, j'avais compris que c'était inutile. J'allais rentrer quand El Greco descendit l'échelle branlante qui menait au pont supérieur. « Bonsoirrr. Vous aimez Ben-niii Gudman ? Venez. Nous buverons du retsina. »

Ma cabine elle-même me semblait préférable aux bavardages d'El Greco et, déclinant son invitation, j'allai me coucher. Lorsque je m'éveillai, le bateau gîtait terriblement, et des giclées d'eau de mer entraient par le hublot. Il faisait froid. Tremblant, je pris mon nécessaire de rasage et me dirigeai vers la salle de bains.

Comme j'arrivais à la porte, je vis Tante Mame en sortir, pâle et l'air bouleversé.

« Tante Mame, que se passe-t-il ? Qu'avez-vous...

— Oh ! Patrick, mon petit amour », gémit-elle, « ne me demande même pas de *parler*. Je suis dans un état épouvantable. À quatre heures du matin, j'ai dû quitter ma couchette d'urgence, avant de me retrouver enterrée vivante sous mes propres bagages. Ohhhhhh ! »

De nouveau, le bateau donna de la bande, et nous fûmes projetés contre la cloison. « Ohhhhh », gémit encore Tante Mame, visiblement sur le point d'être très, très malade.

« Vous devriez prendre un peu l'air », dis-je. « Cela fait des jours que vous n'avez pas mis le nez hors de votre cabine. »

Le bateau roula derechef, et elle s'accrocha à moi pour ne pas perdre l'équilibre. « J'essayais simplement de ne pas être dans tes jambes, mon petit amour. J'avais mes livres, et Ito pour préparer mes repas. Oh, manger ! Comment ai-je la force de simplement *évoquer* une chose aussi abominable ! Tâche de savoir quand nous arrivons à Aden, mon petit amour. Tu pourras rester à bord si tu veux, mais moi, j'abandonne. » Sur quoi elle s'éloigna, titubante, vers sa cabine.

Personne ne parut au petit déjeuner — pas même les officiers. La mer était grise, menaçante. Le vent soufflait en bourrasques, et d'immenses vagues s'écrasaient sur le pont. Grâce au ciel, j'ai le pied marin et, comme je ne touchais pas à la nourriture, je n'avais pas lieu d'être malade.

Inquiet pour Tante Mame, je descendis à sa cabine. C'est alors que je croisai Rosemary, pâle, échevelée. « Rosemary ! » m'écriai-je, « Ma chérie, comment...

— Je vous en prie... » gémit-elle, avant de disparaître dans la salle de bains, bientôt suivie du révérend Shumway.

« Dites-moi, Tante Mame », fis-je, entrant sur la pointe des pieds dans la cabine où elle ballottait, inerte, sur sa couchette, « puis-je faire quelque chose pour vous ? » Sur quoi je m'écartai brusquement, comme deux ou trois malles traversaient la cambuse, manquant de me faucher.

« Non, rien, mon chéri. À part m'euthanasier, peut-être. Tu te souviendras, n'est-ce pas, que j'aurai toujours été pour toi un soutien et un... Ohhhhhhhh !

— Cela ne va pas durer, dis-je, essayant d'empiler les bagages dans un coin — travail de Sisyphe.

— Laisse tomber les valises, Patrick. Tâche plutôt de savoir quand nous arrivons à Aden. La terre ferme et un bon verre me remettront sur pied. Tu peux débarquer avec moi et Ito — il est encore plus malade que moi, si possible — ou rester sur cette épave, si ton histoire d'amour en vaut la peine. Pour ma part, j'ai fait tous les sacrifices possibles à Éros. Mais je t'en prie, essaie de *savoir* quand nous faisons escale. »

La seule personne avec qui je pouvais communiquer était El Greco, dans sa cabine-radio. Risquant ma vie, je grimpai jusqu'au pont supérieur. El Greco était allongé sur sa couchette, chantant en chœur avec Tommy Dorsey et son orchestre, dont les échos entrecoupés de parasites résonnaient sur les ondes courtes. Il avait les yeux bien vitreux, et je remarquai deux bouteilles de retsina vides posées sur le sol.

« Bonjourrrr, fit-il d'une voix pâteuse.

— Bonjour », répondis-je brièvement. « Dites-moi, la mer Rouge est-elle toujours aussi agitée ?

— Ce n'est pas la Merrrrrouge. »

Me rendant compte qu'il était ivre mort, je tentai d'aborder les choses plus abruptement. « Quand faisons-nous escale à Aden ?

— Oddden ? Nous allons pas à Oddden. Dépassé

depuis deux, trois jourrrs. Le bateau arrive à Singapourrr dans deux semaines, peut-êtrrrre.

— Dans deux *semaines* ? Mais Aden, Bombay, Colombo ?

— Oh, non. Jamais. Toujours Le Pirrrée, Porrrt-Saïd, et Singapourrrr, c'est tout. » Sur quoi la radio se mit à éructer toutes sortes de messages, tandis qu'El Greco sombrait dans un coma éthylique.

Je repoussai, pendant des heures, le moment d'apprendre la nouvelle à Tante Mame. La scène qui eut lieu quand elle sut qu'elle était condamnée à demeurer sur le *Lesbos* pendant quinze jours encore fut trop douloureuse pour être racontée ici.

La journée du lendemain fut pire, et celle du surlendemain pire encore. Je ne voyais plus personne, sauf Tante Mame, parfois, lors de ses innombrables allées et venues au bout du couloir. Mais elle ne m'avait plus adressé la parole depuis qu'elle avait appris que notre prochaine escale serait Singapour. Ito, le teint couleur chartreuse, demeurait allongé sur sa couchette, marmonnant des prières que le révérend Shumway n'aurait sans doute guère approuvées. Je compris que nous nous trouvions en pleines tempêtes d'équinoxe et, aussi ennuyeux El Greco fût-il, je pris l'habitude de passer le temps dans la cabine-radio. Ceci pour trois raisons : tout d'abord, El Greco était le seul à parler anglais, et à avoir quelque contact avec le monde extérieur, grâce à sa radio ; ensuite, parce que sa cabine était encore l'endroit le plus confortable du bateau ; enfin, parce que, les tempêtes l'angoissant au plus haut point, il s'enivrait systématiquement. Compte tenu de l'état du *Lesbos* et de celui d'El Greco, il me paraissait judicieux que *quelqu'un* d'autre que lui sache comment lancer un SOS, le cas échéant. Je lui demandai donc de m'apprendre le code, que je vérifiai dans un de ses manuels — trois points, trois traits, trois points. Au cours du quatrième jour, le pire, je ne dirai pas que je ne fus pas cruellement tenté d'envoyer effectivement ce message lorsque le *Lesbos* se vit soudain entièrement soulevé par une vague et qu'El Greco déboucha sa sixième bouteille de retsina.

Puis la tempête se calma aussi soudainement qu'elle s'était levée. J'avais dormi vêtu de mon gilet de sauvetage, ayant décidé qu'il serait quand même un peu *trop* inconfortable de passer la nuit attaché au mât, et ouvris les yeux sur une mer d'huile. Le soleil brillait, les auvents en lambeaux claquaient doucement sous une brise tiède. Jetant un œil par le hublot, je m'attendais presque à voir une colombe passer dans le ciel, un rameau d'olivier au bec. Mais c'est un navire de l'armée américaine que j'aperçus, le *USS Hoboken*, posé sur les eaux calmes, les soldats vêtus de maillots de bain improvisés sautant gaiement à l'eau, riant et s'éclaboussant.

La vision de l'armée américaine en pleines réjouissances contribua largement à améliorer mon moral. Cela signifiait non seulement que la tempête était passée, que nous étions à présent en sécurité, ayant échappé au naufrage et aux requins, mais également que nous nous rapprochions du pays natal. J'avais le cœur joyeux en montant sur le pont.

Le capitaine et ses hommes se chamaillaient sans malice, et même El Greco, malgré une gueule de bois épouvantable, m'adressa un pâle sourire, m'annonçant qu'Ambrose et son orchestre passaient sur la BBC.

Juste avant midi, Tante Mame émergeait à son tour, vêtue d'une robe bain-de-soleil très seyante. M'étant vu signifier, de la manière la plus stricte, qu'il était dorénavant inutile de lui adresser la parole, je tentai de disparaître, mais elle fut comme un vrai rayon de soleil. « Bonjour, mon petit amour ! Quelle journée merveilleuse, merveilleuse !

— Tante Mame, comment allez-vous ? N'avez-vous pas trop souffert ?

— Atrocement, mon petit amour. Ah, quels sacrifices nous faisons pour la jeunesse ! Cela dit, *regarde*-moi. J'ai retrouvé ma taille trente-huit. Cette petite robe de Vionnet *flotte* littéralement sur moi ! Je ne connais aucun régime aussi efficace. Oui, je te pardonne, Patrick. Allons, dis-moi, maintenant, comment va notre *grand amour** ? J'espère que tu n'as pas fait de bêtise. »

L'apparition du révérend Shumway m'épargna de révéler l'humiliante vérité. Lui aussi semblait aminci, mais il suait toujours autant, malgré la fraîcheur de l'air.

« Bonjour, révérend Shumway ! » s'exclama Tante Mame. « Je suis absolument enchantée de vous voir. J'ai passé des journées entières dans ma cabine, à relire la Bible, de manière à pouvoir parler intelligemment avec vous. Et j'ai une autre bonne nouvelle : Ito, mon domestique, parle également chinois, de sorte que vous pourrez l'aider à étudier la Bible. Mais, d'abord, je voudrais vous demander une immense faveur.

— Oui, hhhrrrmmm, de quoi s'agit-il ?

— D'une prière d'actions de grâce, pour remercier le Seigneur de nous avoir délivrés de cette terrible tempête, qui aurait pu nous être fatale. Et j'ai pensé que nous pourrions demander à Ito, votre fille et l'équipage de se joindre à nous. Comme cela, vous pourriez la faire en chinois, en grec et en anglais. N'est-ce pas une bonne idée ? Je vous en prie. Pour moi...

— Eh bien, chère Madame... Hhhrrrmmm, je ne suis pas certain qu'il existe une prière appropriée pour...

— Mais c'est absurde, cher révérend Shumway. Je suis persuadée qu'en feuilletant votre missel, vous allez trouver quelque chose de parfaitement approprié.

— Mon quoi ? » fit le révérend Shumway, sur quoi

il eut un tel accès de catarrhe qu'il était inutile de répondre. Il ruisselait littéralement.

« Excusez-moi, mon révérend », dis-je, « mais Rosemary ne va-t-elle pas nous rejoindre, maintenant qu'il fait plus frais, et que la tempête s'est calmée ?

— Euh... Hhhrrrmmm... euh... non. Non, Rosie... ma fille ne se sent pas très bien. Elle... hhhrrrmmm... jeûne toujours.

— Malgré tous ces plateaux qu'on n'a cessé de lui apporter ? » s'enquit Tante Mame. « Elle me semble pourtant avoir au moins autant d'appétit que de ferveur religieuse...

— Excusez-moi, dit le révérend Shumway, s'éloignant pour se racler la gorge dans sa cabine.

— Tante Mame ! Vous n'auriez pas dû dire cela.

— Mais pourquoi pas ? C'est la vérité. “Grande est la Vérité, et puissante au-delà de tout” — les Apocryphes, 4, 41. Oh, Patrick, je me suis replongée dans tout ça, dans ma cabine, j'espérais tellement converser de manière charmante avec notre guide spirituel — enfin, quand la chaleur se serait calmée, et qu'il aurait cessé de suinter comme un porc à la broche.

— Tante Mame !

— Eh bien, cela aussi, c'est vrai, et je vais te dire autre chose, qui est encore plus vrai : le révérend Shumway ne s'y connaît pas plus que moi, en matière de religion, c'est-à-dire *très peu*. C'est un sale vieux bonhomme, un imposteur, et sa fille également ; *s'il* s'agit de sa fille, ce dont je doute au plus haut point. Ma cabine est contiguë à la sienne, et les propos que je les ai entendus échanger au travers de la cloison n'avaient rien de liturgique, crois-moi. Je ne sais pas ce que trafique cette vieille crapule, mais en tout cas, il nous utilise comme paravent, pour les moments un peu délicats, quand les autorités...

— Non ! Vous mentez ! Rosemary est une jeune fille

merveilleuse, digne de respect. Je l'aime, et elle m'aime, et...

— Alors, va la retrouver, Patrick. Vas-y, immédiatement. J'insiste.

— Parfaitement, j'y vais ! » Sur quoi je dévalai le petit escalier puant. Mes émotions étaient difficiles à décrire. J'étais fou de rage contre Tante Mame ; non tant à cause de ce qu'elle disait que parce que, tout au fond de moi, je craignais qu'elle n'eût raison. Le révérend Shumway était un pénible vieux faiseur, qui n'aurait pas su faire la différence entre la Bible et le bottin. Et si mon histoire d'amour avec Rosemary était pure fiction, j'étais doublement humilié que Tante Mame le sache aussi. C'est une chose que d'être pris pour un idiot, mais il est pire encore de s'apercevoir qu'autrui est au courant. Je décidai d'aller trouver Rosemary pour provoquer une explication, et je m'apprêtais à frapper à la porte quand je les entendis se quereller, dans la cabine.

« Bravo, c'est une jolie paire, que tu nous as trouvée là, ma petite Rosie ! » râlait le révérend Shumway, de la voix la moins cléricale qui fût. « Alors, tu viens me raconter que tu as mis le grappin sur le couple idéal — des Amerloques pleins aux as, avec une bonne femme complètement idiote —, et on se retrouve avec quoi ? Avec une toquée de religion et son môme !

— Oh, boucle-la deux minutes, Alf », fit Rosemary d'une voix pâteuse. Plus trace de son accent si délicat ; si ce n'était pas exactement du cockney, cela ne venait pas non plus de Mount Street. « J'l'ai vue à l'hôtel, à l'agence de voyages, au bar — avec le môme, et le larbin, et leur grosse bagnole — et elle avait vraiment l'air d'avoir un petit pois dans la...

— Ouais, eh bien tu t'es plantée, Rosie. Elle est dix fois plus futée que toi, ma fille. Et maintenant, évidemment, tout ce que tu trouves à faire, c'est de rester assise sur ton derrière avec le nez dans une bouteille de gin, jusqu'à ce qu'il ressemble à un bouchon.

— Oh, laisse tomber, Alfie.

— Non, je laisse pas tomber. "J'ai à peine dix-huit ans, voyez-vous" », fit-il d'une voix aiguë, la parodiant. « Ma petite fille chérie. Eh bien, tu peux baisser le rideau, Rosie. Dix-huit ans ! Y a de quoi se bidonner, tiens. On t'en donnerait quarante.

— Tu vas fermer ta sale trappe, oui ? J'ai même pas trente ans, et tu t'étonnes que je dois avoir l'air usée, avec la vie que tu me fais mener — un vrai lit de roses, hein ? À vendre des saletés d'armes à qui veut bien nous en acheter. À fricoter avec les Espagnols, les Ritals, et maintenant, une bande de Chinetoques. Ah, une belle vie, on peut le dire. Tu ne vas pas me reprocher de prendre une petite goutte de temps en temps, non ? Je passe mon temps à voyager sur des rafiots pourris, et à jouer les Shirley Temple. 'Peux même pas m'occuper de mes tifs correctement. Il faut faire des saloperies avec n'importe quel truand, quand tu en as décidé — et maintenant, avec un gosse, que tu lui appuierais sur le nez, il en...

— Depuis quand craches-tu sur la bagatelle, Rosie ? Je me rappelle qu'...

— Oui, eh bien, c'était mieux avec ce gosse qu'avec toi, si tu veux le savoir. Lui au moins, il est propre... »

Comme je saisissais la poignée de la porte, une violente détonation retentit. J'arrivai sur le pont ouvert juste à temps pour voir un énorme destroyer japonais tirer une deuxième fois en direction de l'étrave du *Lesbos*.

« Grands dieux, c'est *quoi*, à présent ? fit Tante Mame, me saisissant la main.

— Tante Mame, le révérend n'est pas du tout un homme de foi. C'est un trafiquant d'armes, et cet orgue et toutes ces bibles chinoises... ce sont des armes.

— Mais mon chéri, ce bateau est sous pavillon neutre.

— Mais ça reste du trafic d'armes. Pour la guerre sino-japonaise. »

Le *Lesbos* s'immobilisa et, sur le destroyer japonais, à moins de trois cents mètres à présent, des hommes se préparaient à monter à bord.

« Que faire, mon chéri ? Ils vont certainement embarquer Ito.

— Occupez-les », dis-je. « Occupez-les, aussi longtemps que possible. »

Puis je me précipitai jusqu'à la cabine-radio. El Greco était vautré sur sa couchette, en train d'écouter Hal Kemp et son orchestre, et de soigner sa gueule de bois avec un fond de retsina.

« Hhhello, fit-il d'une voix rauque.

— Salut ! Si nous ouvrions une nouvelle bouteille de ce fameux petit vin de chez vous ?

— Ah, boooon », dit-il, se redressant péniblement.

Je le suivis jusqu'au placard et, dès qu'il eut ouvert la porte, je le poussai à l'intérieur avant de refermer à clef. Puis je m'assis devant la radio et commençai d'envoyer le SOS comme il me l'avait appris.

Je transmis, transmis, jusqu'à ce que mon bras manque se décrocher. Puis je ramassai la bouteille vide et redescendis sur le pont, prêt à défendre la vie de Tante Mame contre tous les trafiquants du monde et contre la Flotte impériale du Japon.

Je m'attendais presque à la voir passée à la planche, mais quand j'arrivai, je la trouvai assise en tailleur sur le pont, entourée d'officiers japonais visiblement admiratifs. Elle exécutait la très solennelle cérémonie du thé et — Ito lui servant d'interprète — les tenait visiblement sous son charme.

« Ôte tes chaussures et rejoins-nous, Patrick », dit-elle. « Cet homme charmant, avec toutes les rayures sur ses manches, s'est montré *tellement* compatissant envers une pauvre veuve en butte à l'adversité. Il semble aussi croire, je ne sais pourquoi, qu'Ito est un quelconque cousin à lui, et je ne vois aucune raison de le contredire. Un sucre, ou deux ? »

J'allais répondre lorsque j'aperçus soudain Rosemary, ma créature de rêve. On l'avait fait monter sur le pont telle qu'elle était, c'est-à-dire en piteux état. N'ayant pas quitté sa cabine depuis plus d'une semaine, elle grimaçait au grand soleil. Ses yeux d'un bleu limpide étaient à présent striés de rouge, bouffis, enflés. Ses cheveux décoiffés, résolument sombres à la racine, s'éparpillaient en tous sens. Elle portait une robe de chambre vulgaire bordée de marabout déplumé, et des mules crasseuses dont un des pompons avait depuis longtemps disparu. Alf avait raison. Peut-être n'avait-elle pas trente ans, mais elle en paraissait quarante bien tassés. En tout cas, pas dix-huit. Je sentis les cordes de mon âme vibrer une dernière fois, et détournai le regard.

C'est alors que le *USS Hoboken* fit son apparition dans des gerbes d'écume, et nous fûmes promptement rejoints par un nouveau canot.

« Ito, apporte d'autres tasses ! » fit Tante Mame, comme le canot abordait. « Et tu peux aussi ouvrir une ou deux bouteilles d'alcool. Je sais qu'à cause d'un règlement obsolète nos vaillants matelots n'ont même pas droit à une petite goutte quand ils sont en mer. Bien, veuillez ôter vos chaussures, Messieurs, pendant que je fais les présentations. »

Une demi-heure plus tard, Tante Mame parvenait à entraîner le capitaine de corvette dans la cabine-salon, afin de lui expliquer notre triste situation. Et, après force drapeaux agités, signaux lumineux et hurlements échangés au porte-voix, un nouveau canot abordait par tribord la coque rouillée du *Lesbos*. Celui-ci était destiné aux bagages de Tante Mame.

Ayant passé un élégant tailleur de voyage, elle se mit en devoir de superviser elle-même le chargement. « Attention, les garçons. Ces sacs en alligator iront dans ma cabine. Je n'aurai besoin de rien d'autre durant la traversée, à moins que vous ne donniez un bal costumé ou une réception, pour la dernière soirée en mer.

— Mais, Mrs. Burnside, nous sommes en manœuvres, fit remarquer le capitaine de corvette.

— Alors, vous pouvez très bien nous manœuvrer une petite fête, non ? Je ne pourrais même pas vous *dire* combien je me suis ennuyée sur cet affreux petit rafiot. De plus, j'ai quantité de rafraîchissements dans les malles marquées « Fragile ». Grands dieux, êtes-vous forts, mes braves garçons ! Au revoir, capitaine », dit-elle. « Il est bien entendu que j'attends votre remboursement, pour la partie du voyage que nous n'aurons pas effectuée. Viens, Patrick ! Ito ! Prochaine escale, San Francisco ! »

Je ne saurai jamais ce que Tante Mame avait raconté à l'officier américain, car elle se montra toujours d'un flou exaspérant sur ce sujet. Sur le carnet de bord, on pouvait lire : « Évacué trois ressortissants américains en péril imminent, dû à un incident relatif à la guerre sino-japonaise. Un navire transportant des armes... » — ce qui ne m'en apprenait guère plus. Quant à ce qu'il advint de Rosemary, d'Alf et du joyeux équipage du *Lesbos*, je n'en sais rien, et ne souhaite pas le savoir.

Nous nous installâmes dans la chaloupe, et nous dirigeâmes vers le *USS Hoboken*, Tante Mame faisant déjà part aux jeunes officiers de ses projets de soirée à bord. « Mon Dieu, jamais je n'oublierai ces sauteries fantastiques à Annapolis, quand j'étais jeune fille. À présent, c'est bien mon tour de rendre à la Navy ce qu'elle a fait pour moi !

— Tante Mame », dis-je à mi-voix, « il faut que je vous avoue quelque chose. C'est à propos de Rosemary et moi.

— Non, mon petit amour, pas un mot. J'ai peut-être fait de toi un démon envers les femmes, mais je t'ai aussi élevé en gentleman. Je ne veux rien savoir, Patrick, *s'il* te plaît. »

CHAPITRE X.

Tante Mame Rentre à la Maison.

« Et ensuite ? s'enquit Pegeen.

— Eh bien, je suis rentré, je suis allé à l'université, je t'ai rencontrée, et nous avons vécu heureux pour l'éternité.

— C'est tout ?

— Oui, c'est tout. Pourquoi ? fis-je, évitant son regard.

— Eh bien, je trouve que, pour un homme qui gagne sa vie en rédigeant de brillants textes publicitaires pour des produits qui sans cela seraient invendables, tu fais paraître ce voyage autour du monde encore plus terne qu'un voyage dans un train de banlieue.

— Mais c'est ce que je n'ai cessé de te répéter, Pegeen. Il n'y a aucune raison de s'inquiéter. Tante Mame a sans doute été excentrique, excessive, mais cela remonte aux années vingt ; n'oublie pas que le temps passe pour tout le monde. Je ne sais pas exactement quel âge elle a aujourd'hui...

— Toujours trente-neuf ans, dit-elle.

— Mon Dieu, elle est sans doute plus près des soixante. C'est une adorable vieille dame aux cheveux blancs. Je suis sûr qu'à cette heure elle doit être tranquillement installée dans sa suite, buvant une tasse d'Ovomaltine et faisant une patience, après avoir fait réciter ses prières à Michael, et l'avoir bordé dans son... »

Je fus interrompu par les premières mesures de la Doxologie, égrenées par la sonnette — trait caractéristique autant que pénible des maisons de Verdant Greens.

« Grand dieux, je me demande qui cela peut être, dis-je.

— Si c'est Mrs. Merkin, du Club des Activités Féminines, tu peux lui dire que... »

La Doxologie résonna derechef.

« Tu ne crois pas que c'est plutôt la quête pour Noël ? fit Pegeen, jetant un coup d'œil par le store.

— Si c'est ça, va chercher le tuyau d'arrosage. C'est tout le problème, dans cette communauté : l'esprit communautaire. Alors ?

— Écoute, je ne sais pas. Je vois deux personnes, habillées de manière complètement saugrenue.

— Des gosses, non ? »

De nouveau, la sonnette nous enjoignit : « Prions Dieu qui nous Dispense ses Bienfaits. »

« Bon, qui que ce soit, je vais les expédier en une seconde », dis-je, me dirigeant vers la porte d'un pas décidé. J'ouvris. « Oui ? » Devant moi se tenaient deux personnes vêtues de parkas eskimo, évoquant immanquablement les Clicquot Kids.

« Patrick, mon chéri ! fit une voix cristalline.

— Papa !

— Mon Dieu ! » Je ne pus en dire plus, promptement étouffé dans la fourrure de glouton. « Pegeen ! Ils sont revenus ! C'est Michael et Tante Mame !

— Mon bébé ! » s'écria Pegeen, se ruant vers lui. Suivit une scène non dépourvue d'émotion, avec force baisers, étreintes et larmes. « Tu n'embrasses pas papa, Michael ? demanda Pegeen, une fois l'émoi un peu calmé.

— J'ai dix ans, et je mesure un mètre soixante »,

répondit Michael. « Tante Mame dit toujours que deux hommes qui s'embrassent sont...

— Je crois que tu peux faire une exception, mon petit amour », intervint Tante Mame précipitamment. « Bien, j'ai juste le temps de prendre un verre, et je file. J'ai garé la Volvo juste devant chez vous, sur un endroit parfaitement interdit, j'en suis bien certaine.

— La quoi ?

— La Volvo. Une adorable petite voiture suédoise que j'ai achetée. La Rolls est vraiment trop encombrante. En fait, Ito la ramène de Fairbanks, s'il ne s'est pas perdu en chemin. Ah, Patrick, mon chéri, quelques doigts de scotch, et ce sera le paradis. » Elle ôta sa parka de glouton, révélant une silhouette toujours aussi svelte et une couronne de boucles d'étain.

« Eh bien ! » fis-je, ébloui. « Le retour de Mrs. Burnside ! Nous sommes ravis de vous revoir, évidemment, mais cela fait quand même quatre mois que nous étions sans la moindre nouvelle. Vous n'auriez pas pu au moins envoyer une carte postale ?

— Nous en avons écrit beaucoup, papa », répondit Michael, « mais personne n'avait de timbre, dans le camp de nudistes.

— Dans le quoi ? fit Pegeen.

— Allons, n'ennuie pas tes parents avec des histoires sans intérêt, mon chéri », coupa immédiatement Tante Mame. « Il veut parler d'une station balnéaire suédoise. Une petite île, sur la Baltique. Absolument merveilleux pour se remettre en forme, si tonique...

— J'ai eu une grosse angine, et...

— Oh, Michael ! » s'exclama Pegeen. « J'étais si inquiète pour ta santé...

— Ce n'était rien », dit Tante Mame d'un ton léger. « J'ai été autorisée à le laisser porter un cache-col pendant quelques jours, et il s'est tout à fait rétabli. Vous devez admettre que cet enfant est l'image même de la bonne santé. Et imaginez-vous qu'il parle à présent sept langues, dont trois couramment.

— Mais, quatre mois », insistai-je, « quatre longs mois sans un mot... Pegeen et moi étions malades d'angoisse. J'ai envoyé des télégrammes à tous les gens que je connais à l'étranger. J'ai prévenu le Département d'État. J'ai fait appel à un détective privé...

— Ah, mais mon chéri », fit Tante Mame, prenant élégamment une gorgée de son scotch, « c'est que nous sommes allés dans des endroits si isolés... Je me suis dit que, plutôt que d'emmener cet enfant dans des pays parfaitement banals, pour touristes, le Tibet, l'Afghanistan, l'Éthiopie, que sais-je, il était plus intéressant de sortir des sentiers battus. Et donc, après en avoir terminé avec la Scandinavie, nous avons visité l'Islande, le Groenland, et l'Alaska. Oh, je peux te dire que l'avenir est dans la congéla...

— Excusez-moi », fis-je, « n'entendez-vous pas un drôle de bruit ?

— Oh, c'est Muscatel, papa, dit Michael.

— C'est *quoi* ?

— Le bison musqué de Michael. Nous l'avons trouvé dans une foire, au Groenland, près de Godthaab. C'est un charmant vieux Danois qui les élève, et nous n'avons pas pu résister. Bien sûr, Muscatel était bébé, à ce moment-là. Il n'a d'ailleurs pas encore terminé sa croissance. Mais il est doux comme un agneau, et je suis certaine que *tout le monde* en voudra un semblable, après l'avoir vu.

— Et... Qu... que mange un bison musqué ? s'enquit Pegeen.

— De l'herbe, des fleurs, des choses comme ça », dit Michael. « Il pourra dormir avec moi, ce soir ?

— Certainement pas », dis-je. « Dieu sait quelle maladie tu pourrais attraper. En outre, je crois qu'ils muent, en cette saison.

— Oh, je n'attraperai rien, avec Muscatel, papa. D'ailleurs, quand Tante Mame et moi sommes allés voir les lépreux, en...

— Les *quoi* ? fit Pegeen, les traits figés.

— Michael, mon chéri », intervint Tante Mame d'un ton lourd de sens, « tes parents vont penser que je ne t'ai pas *du tout* appris les bonnes manières. Tu ne dois pas monopoliser la conversation. N'oublie pas que, aussi mûr sois-tu pour ton âge, tu n'as que dix ans à peine. Il veut parler des *léopards*, ma chère. Nous en avons rencontré des quantités, en traversant la Somalie. *N'est-ce pas*, Michael ?

— Oh, oui, Tante Mame », répondit Michael, vaguement mal à l'aise. « Et puis aussi, il y avait un homme qui dressait des pythons, et Tante Mame m'a laissé entrer avec lui, et...

— Elle a fait *quoi* ? s'écria Pegeen.

— Michael, mon petit amour », dit Tante Mame, se levant, « n'oublie pas que nous avons des choses dans la voiture, des petits souvenirs, pour tes parents. Veux-tu bien m'aider à les décharger ? Et j'ai aussi quelque chose à te dire.

— Je vais les chercher, dis-je.

— Oh, non, Patrick. J'ai une ou deux choses à dire à Michael, de toute façon. Viens, mon chéri. Et ensuite, Tante Mame va devoir se sauver. Je dois donner une conférence au club Explorateurs du Monde, ce soir. Et j'ai aussi promis à Cris Alexander de poser pour lui. Il veut faire mon portrait, juste moi, toute petite, parmi des tonnes et des tonnes de fourrure. » Sur quoi ils disparurent.

« Eh bien, je n'arrive pas à le croire », déclara Pegeen. « Elle nous a quand même rendu notre enfant — et en meilleure forme que quand elle nous l'a enlevé.

Mais que crois-tu qu'il voulait dire, à propos de lépreux, et d'...

— Oh, rien », fis-je précipitamment. « Tu sais quelle imagination ont les enfants...

— Non. Mais ce que je sais, c'est que nous allons devoir préparer un bon vieux Noël en famille à la vitesse grand V. Rends-toi compte, nous allons pouvoir décorer le sapin, et lui offrir le train électrique, la panoplie de petit chimiste, le microscope — enfin, tout ce qui l'attend depuis deux ans.

— Nous pourrions aussi songer à le faire dîner, et à préparer sa chambre, pour lui et Muscatel.

— Oh, regarde cette horreur ! » s'écria soudain Pegeen, se retournant vers la porte restée ouverte. « Il a brouté tous les rhododendrons ! File, file, vilaine bête ! Va-t'en ! Tiens, je les vois qui reviennent de la voiture, mais ils ont les mains vides. Pas trace de "petits souvenirs".

— Elle a dû les déposer quelque part », dis-je, me dirigeant vers la porte. « Elle a toujours eu le goût du... »

Je m'arrêtai net en entendant Tante Mame : « Souviens-toi, mon petit amour, qu'il y a *certaines* choses que les parents n'ont simplement pas à savoir. Ce sera notre secret, à tous les deux... Mon Dieu, je commence à perdre la mémoire ! » s'exclama-t-elle soudain, m'apercevant. « J'ai laissé les cadeaux dans le hall du St. Regis, avec mes totems. D'ailleurs, je n'ai *aucune* idée de l'endroit où je vais pouvoir mettre ces fameux totems.

— J'aurais bien une suggestion, dis-je, sachant d'expérience ce que mon fils avait enduré avec sa grand-tante.

— Hélas, mon chéri, je n'ai guère le temps de t'écouter maintenant. Je suis déjà presque en retard pour ma conférence. » Elle nous embrassa vivement,

Pegeen et moi. « Désolée d'être aussi rapide, mais tout le monde veut entendre le récit de notre voyage, minute par minute.

— Personne n'y tient plus que moi, affirmai-je.

— Au revoir, Michael, mon petit amour », dit Tante Mame, le prenant dans ses bras. « Je crois que je n'ai jamais voyagé avec un compagnon plus délicieux. Plus depuis ton père. Nous pourrons peut-être repartir ensemble, l'été prochain.

— Pour deux ans et demi ? s'enquit Pegeen.

— Oh ! Non, non, juste un petit tour — le temps de descendre l'Amazone, ou de la remonter. Ou peut-être les deux. *À bientôt**, mes chéris. Et joyeux Noël. Moi, je pars pour les Indes. Et n'oublie pas ce que t'a dit Tante Mame, Michael.

— Qu'il ne fallait rien raconter à... ? commença Michael.

— Adieu, mes amours, Adieu, adieu ! » fit Tante Mame d'une voix sonore. Puis elle s'éloigna, courant presque.

« Michael », dit Pegeen, observant Tante Mame qui montait dans sa petite voiture suédoise, « *où* êtes-vous allés, exactement ?

— Autour du monde, maman.

— Mais qu'avez-vous fait ?

— Rien.

— Au revoir, mon petit amour ! » cria encore Tante Mame, par-dessus le rugissement du moteur. « Cela a été un voyage merveilleux. »

ANNEXE

Le Chapitre manquant.

En 1958, mon défunt mari Patrick Tanner, *alias* Patrick Dennis, publiait une suite à son roman *Tante Mame*, qu'il intitula *Autour du monde avec Tante Mame*, et dans laquelle son héroïne se lançait dans diverses aventures en différents points du globe, parmi lesquelles une escale dans un kolkhoze russe, la Ferme Communautaire de Mère Bloor (je vous traduis ça en anglais).

Le livre parut un an après la mort du sénateur Joseph McCarthy, lequel avait inauguré dans notre pays une période de disette intellectuelle encore inégalée, déclarant sans la moindre preuve qu'il possédait une liste de fonctionnaires des Affaires étrangères « connus » comme membres du Parti communiste. En 1955, deux mille deux cents « personnes à risque » avaient été éliminées de l'administration. En 1952, McCarthy lançait une attaque virulente contre Adlaï Stevenson, le candidat du Parti démocrate. En un *lapsus linguae* hypocrite (« Alger, non, je veux dire Adlaï »), il faisait un rapprochement entre Stevenson et Alger Hiss, accusé d'espionnage, qui avait été condamné à cinq ans de prison pour faux témoignage, à l'issue de son second procès. C'était l'époque des listes noires dans les milieux du cinéma, celle des « enquêtes de moralité ». Les bibliothèques d'outre-Atlantique furent l'objet de vérifications destinées à prouver leur pureté idéologique.

Certaines filèrent doux, brûlant les livres suspects. Le *Washington Post* et le *New York Post* furent respectivement qualifiés par McCarthy d'« Édition de Washington » et d'« Édition de luxe » du *Daily Worker*. McCarthy devait être condamné par le Sénat en 1954, à la suite d'une attaque contre l'armée. Lorsque Mame fit son apparition dans un kolkhoze, le cauchemar était terminé, mais le public n'était pas encore vraiment prêt à trouver drôles les communistes. C'est ainsi que la visite de Mame au Paradis des Travailleurs fut écartée, parce que trop sujette à controverse.

Je me souvenais vaguement d'une discussion à ce sujet, mais j'étais la seule. Le chapitre « russe » avait purement et simplement disparu. Puis, mon fils, qui était un jeune garçon à cette époque, me dit un jour : « Tu sais, le chapitre dans lequel Mame devient coco, il se trouve dans les affaires de papa, à Yale. »

Je le trouvai effectivement dans la collection Beinecke, de Yale, et me surpris bientôt à rire de bon cœur en retrouvant Sid, l'anarchiste qui pensait que la famille royale britannique devait partager le sort des Romanov, les filles de Bryn Mawr qui parlaient comme Katharine Hepburn, les illuminés qui rêvaient de l'aube communautaire dans une ferme où nul ne savait traire une vache ou conduire un tracteur.

En 1958, personne ne pouvait deviner que l'Irak remplacerait un jour l'Empire rouge au rang de nos ennemis publics. Patrick ignorait que la Géorgie, décor de ce chapitre, deviendrait une « république séparatiste ». Cependant, les disciples de Mère Bloor devaient subir les épreuves auxquelles sont aujourd'hui confrontés Gorbatchev et Eltsine. Le chapitre VII de *Autour du monde...* fut intitulé *Tante Mame dans la Poudrière du Proche-Orient*. La boule de cristal de Pat fonctionnait mieux que celle du sénateur McCarthy. Et maintenant... en route pour la vie au grand air.

TABLE